はじめてでも失敗しない
素敵に作れる
着物リメイク

ナツメ社

はじめてでも失敗しない 素敵に作れる着物リメイク

Contents

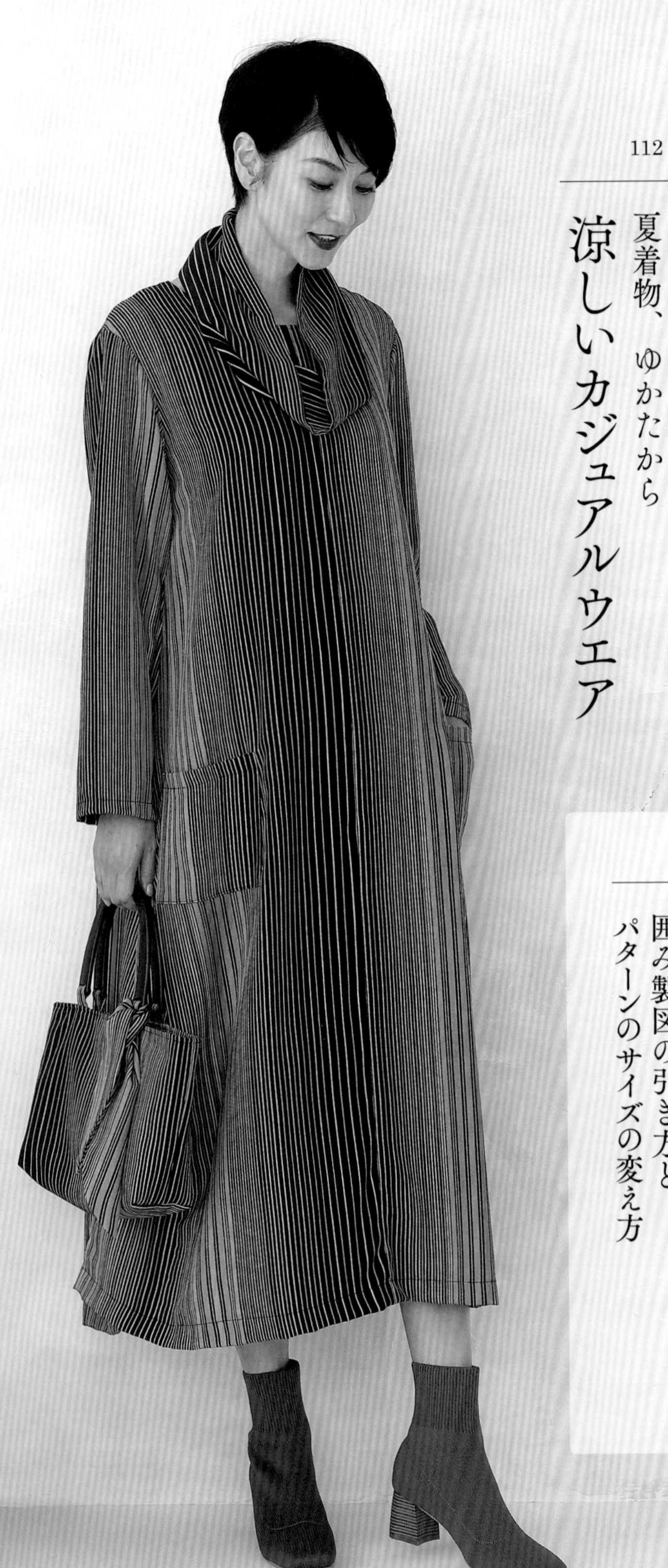

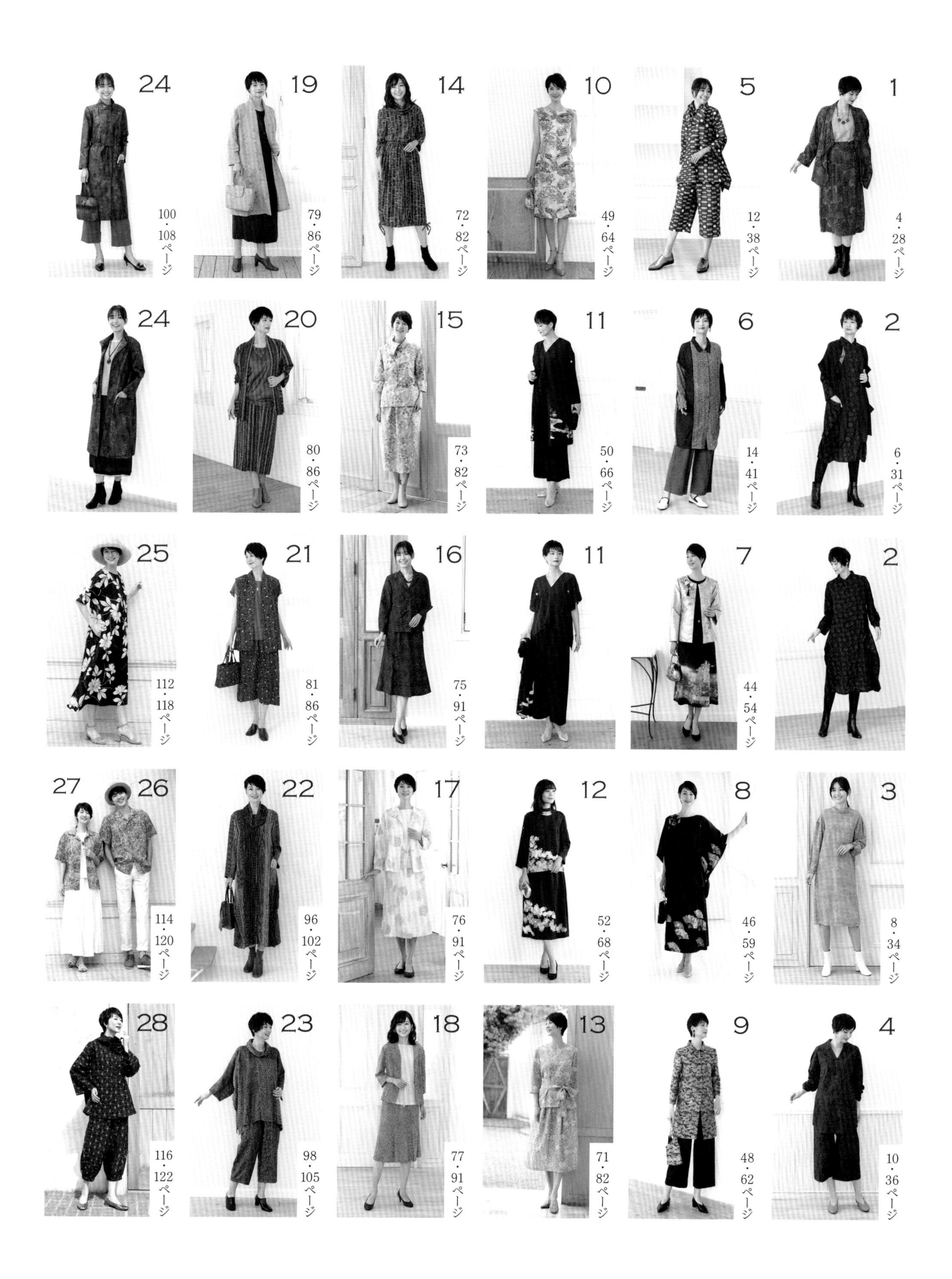
1
4・28ページ
2
6・31ページ
2
3
8・34ページ
4
10・36ページ
5
12・38ページ
6
14・41ページ
7
44・54ページ
8
46・59ページ
9
48・62ページ
10
49・64ページ
11
50・66ページ
11
12
52・68ページ
13
71・82ページ
14
72・82ページ
15
73・82ページ
16
75・91ページ
17
76・91ページ
18
77・91ページ
19
79・86ページ
20
80・86ページ
21
81・86ページ
22
96・102ページ
23
98・105ページ
24
100・108ページ
24
25
112・118ページ
27
26
114・120ページ
28
116・122ページ

和柄を生かした スタイリッシュウエア

1

日本の伝統美を誇る大島紬。その素朴で味わい深い紬を洋装に変えると、モダンな印象によみがえるから不思議です。八掛から作ったブラウスの色合いのおしゃれ感、残布から作ったネックレスのあしらいも素敵です。

元型

デザイン 見崎智子

作り方 20・28ページ

ブーツ／MAMIAN

大島紬

えりぐりに通してある共のひもを縮めて着ると、ご覧のようにまったく印象が変わるツーウエイ仕様のジャケット。コサージュの添え方もおしゃれです。

裏裾の八掛から作ったブラウス。ネックレスや共ベルトなど、一枚の着物をほどくと驚くほどのアイテムが作れることも着物リメイクの魅力です。

デザイン **郷 裕隆** 作り方31ページ

2

えんじの花の小紋からワンピース、黒羽織からチュニックベストを仕立てたおしゃれなセットアップ。ベストの見返しに使用した羽織の背裏の生地が、動くたびにちらりと見える細部にこだわった素敵なひと揃い。

元型

タイツ／17℃（Ｂｌｏｎｄｏｌｌ 新丸の内ビル店）、ブーツ／ダイアナ（ダイアナ 銀座本店）

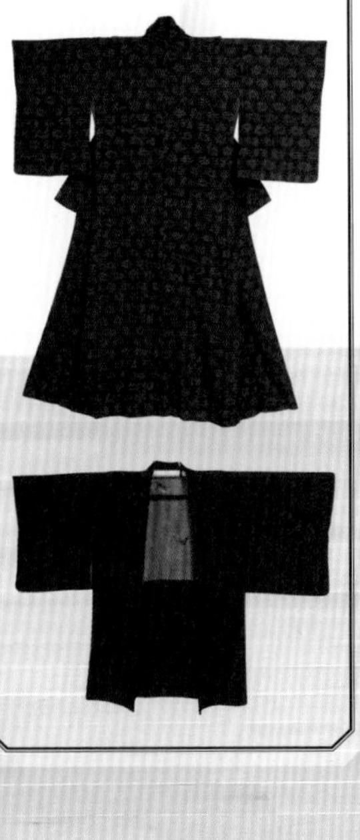

縮緬黒羽織・小紋

両脇にポケットとしても使える脇布をつけた個性的なシルエットのワンピースですが、印象はシンプルで着やすいフォルムというところが魅力。

ベストの背に小紋と羽織の残布から作った椿の絵紋をあしらい、後ろ姿もおしゃれに演出。

ブラウス・スカート／100% a hundred percent（マーク アンド プラス）、ブレスレット／アビステ

深くゆるやかなカーブのＶネックに、脇スリットが入ったチュニックベスト。手持ちの服と組み合わせると、印象がまた変わります。

3

デザイン 月居良子　作り方 34ページ

しなやかな絹の肌ざわりが心地よい、正絹の小紋縮緬を利用したワンピース。すとんとカジュアルに着てもいいし、写真左のように共のひもベルトを締めてもいい感じ。ＴＰＯに合わせて装ってみてください。

元型

ブーツ／アトリエブルージュ

小紋縮緬

一見シンプルなようで、ロールカラーにドロップショルダー、ギャザースリーブという旬ディテールをさりげなく取り入れたデザイン。

帽子／ATRENA　ジャケット／FERAL FLAIR

ジャケットのインナーにも重宝するワンピース。この場合は、共のひもベルトでウエストを絞ったほうがシルエットがきれいに見せられます。

デザイン　月居良子
作り方36ページ
4
黒地に濃紺の大島紬から、クラシックなVネックのチュニックとキュロットパンツのツーピースに。単品ずつでも重宝なひと揃い。キュロットパンツは、かんたんウエストゴム仕上げです。
元型
靴／Joli Encore（Charlotte）

大島紬

キュロットパンツをおしゃれなトップスと組み合わせた着こなしバリエ。ダークな織り柄の大島紬だから、無地感覚で着回しも豊富。

トップス／100% a hundred percent（マーク アンド プラス）
ネックレス／アビステ　靴／MAMIAN

えりぐり見返しにえんじの八掛を利用。えり元からちらりとのぞく鮮やかな色の印象は、着物のおしゃれ感と同じ心憎いデザイン。

デザイン 見崎智子 作り方38ページ

5

張りのある紬の素材感を生かしたデザイン。テントライン風に脇裾に切り替え布をあしらった、アシンメトリーヘムラインのチュニックにキュロットパンツ、スヌードと八掛から作ったロールカラーブラウスの4点セット。

元型

靴／MAMIAN

帽子／ATRENA、靴／Joli Encore（Charlotte）

八掛を利用したロールカラーブラウス。八掛は元々着物地に合わせた色味を使っているので、生かせればおしゃれでお得なセットアップアイテムに。

スカート／IKUKO

チュニックに無地のスカートを組み合わせた着こなしバリエ。さりげなく、すっきりとした今風の雰囲気に着こなせます。

アクセサリー代わりにも重宝するスヌードを2重巻きに。写真右は3重巻きにしています。

6

柄の印象も質感も違う小紋の2種を組み合わせた、おしゃれアンサンブル。このコートドレスは、身頃の切り替え位置にボックスプリーツをほどこし、ゆるやかなバルーンシルエットに仕上げている個性的な一枚。

—デザイン 郷 裕隆— 作り方41ページ—

イヤリング／アビステ、パンツ／motomi-m、靴／ダイアナ（ダイアナ 銀座本店）

元型

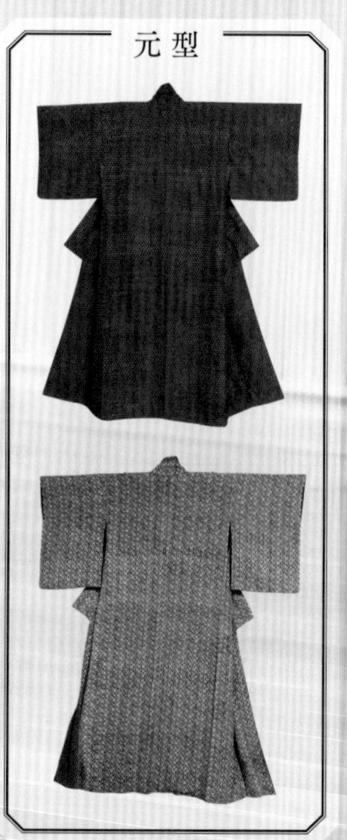

小紋縮緬・小紋

パンツ／IKUKO

インナーのチュニックブラウスは、裾に切り替えを配し、脇裾にゴムテープを通してコートドレスとは、ひと味違うバルーンシルエットを完成させています。

2枚を組み合わせて装うと、切り替えのたて横の対比が生きて、よりおしゃれな印象に。洋装の身幅には狭い着物幅を、切り替えで補うのも着物リメイクのポイントになります。

覚えておきたい着物リメイクの基礎知識

着物の優美な色彩と柄、織り、職人の巧みな技の素晴らしさは、洋服地にはない魅力があります。ただ、その味わい深い着物たちは、今は残念ながら着る機会も少なく、タンスに眠ったままのものが多いのではないでしょうか。最近ではアンティーク着物が注目され、着物のよさが見直されて和柄のウエアも人気を呼んでいます。それなら、思い切って洋装によみがえらせてはいかがでしょう。

本書は、実際に着物一枚をほどき、布地のよさを生かしながら、今の時代のウエアと小ものに無駄なく生かして作りかえ、和と洋をモダンに融合させた作品にして紹介しています。ぜひ、美しい伝統美を現代によみがえらせる参考にしてください。

ここでは着物リメイクの基礎知識を解説します。

ほどいたときの寸法 ★長さや幅は多少異なります

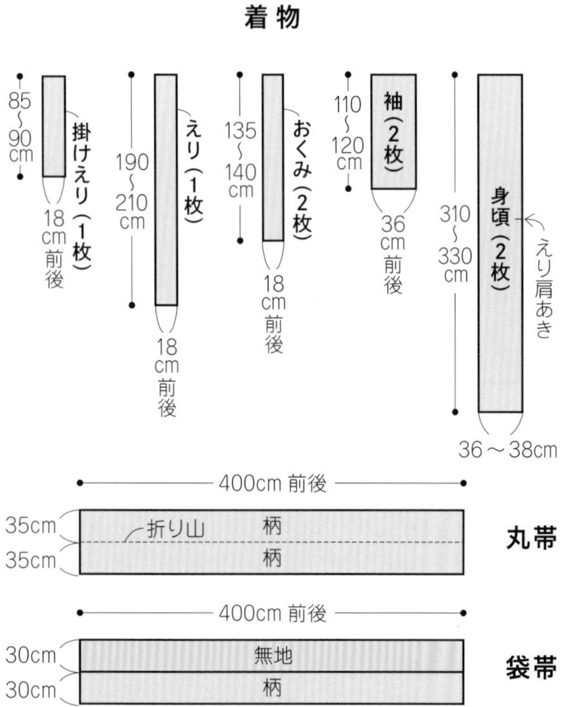
着物
85〜90cm
掛けえり（1枚）
18cm前後
190〜210cm
えり（1枚）
18cm前後
135〜140cm
おくみ（2枚）
18cm前後
110〜120cm
袖（2枚）
36cm前後
310〜330cm
身頃（2枚）
えり肩あき
36〜38cm
400cm前後
35cm
折り山
柄
35cm
柄
丸帯
400cm前後
30cm
無地
30cm
柄
袋帯

着物の各部の名称（袷）

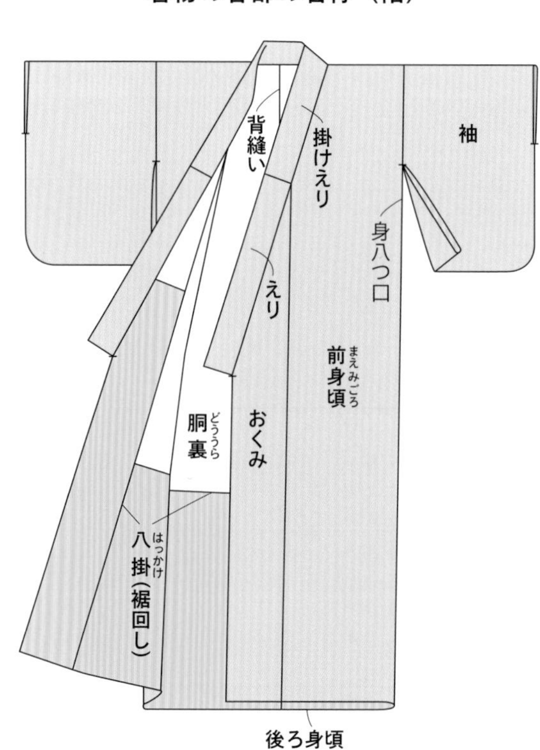
背縫い
掛けえり
袖
身八つ口
えり
前身頃
胴裏
おくみ
八掛（裾回し）
後ろ身頃

リメイク前の下準備

指導●見崎智子

着物をほどく

高価な着物や思い出深い着物、祖母や母から受け継いだ愛着のある着物に、はさみを入れるのには少し勇気がいりますが、着物一枚をほどくと、かなりの布地量になり、裏布に使われている胴裏や八掛（はっかけ）（裾回し）も、表地に負けない美しい色合いのものも多く、それらをウエアや小ものに作り直すと、驚くほどたくさんのアイテムが作れます。

着物は、ひとつの反物から、すべてのパーツをほぼ直線で縫っています。したがって縫い目をほどくと、一枚の長方形の布に戻り、布幅いっぱい使うことができます。

● 着物を丁寧にほどいていきますが、そのためには縫い糸を切るための、切れ味のいい小ばさみ、リッパー、目打ちが必須です。

● 着用頻度や保管状況により、シミや汚れ、虫食いや日に焼けてしまったものなど、使える部分が少ないこともあるので、先に傷んだ部分をチェックし、その部分に印をつけておきます。

キズ

● まずは、着物本体と胴裏、八掛（裾回し）の縫い合わせの糸をほどきます。背縫い、えりつけなどの長い縫い目は、途中で2、3カ所縫い目を切っておき、目打ちを使って糸を抜くようにすると、ほどきやすく、生地も傷めません。えり先、身八つ口、袖つけなどのとめ糸は、古い着物の場合、布に入り込んでいることが多いので、その部分は、リッパーやはさみの先で丁寧に糸を切ります。

● ほどき 終えたら、もう一度生地の傷みの箇所を確認して、その部分は糸印や、写真のようなあて布で印をつけておきます。また、着物地は、裏表の区別がつきにくいものが多く、ほどくとわかりづらいので、裏表の表示の印もしておいたほうが安心です。

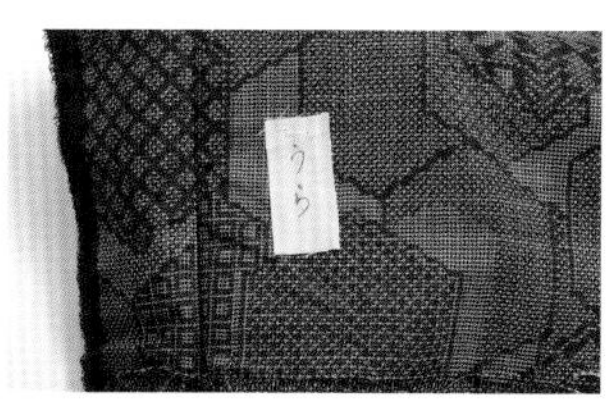
うら

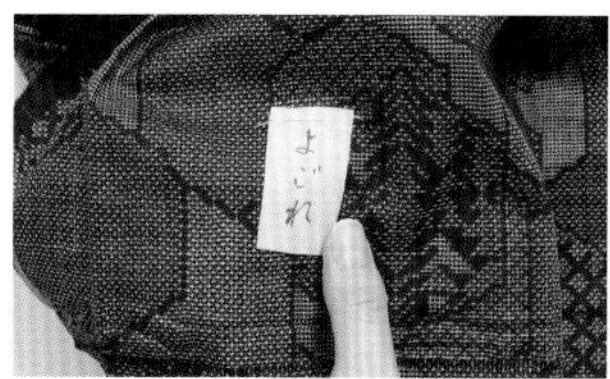
よごれ

布地を洗う

ほどき終えたら、布地を洗いますが、縮緬や絞りなどちぢみやすい布地や刺しゅう入りの繊細なものは、手洗いせずに専門店やクリーニングに出すほうが安心です。事前にどの段階で出すかお店と相談してください。

手洗いは、手洗いすることにより、色落ちしたり、ちぢんでしまうこともあるので、先に掛けえりなどで試し洗いをしたほうがよいでしょう。手洗いしたら、布地が生乾きのときに、裏側から、またはあて布をしてドライアイロンをかけます。このとき、布目が整うように前後左右に布幅を揃えるようにしてかけます。

● 手洗いは、中性洗剤を入れたぬるま湯に浸け、手早く押し洗いしたら2、3回すすぎ、絞らずに手で押さえるようにして水気を取り、シワを伸ばして陰干しします。

型紙を配置し、裁断する

布地の下準備ができたら、作りたい作品の型紙を作って裁断しますが、大きな型紙のパーツから置いて配置を考えます。布幅が足りない場合は、型紙に切り替えを入れるなど、はぎ合わせる工夫をするとよいでしょう。どうしても、傷んだ部分がさけられない場合は、できるだけ表側には出ない縫い代位置に合わせる、または目立たない位置に合わせて布補修するようにします。布補修の仕方は、左ページを参照してください。

身頃から
後ろ身頃
2枚
スカート
みみを利用する
袋布
ブラウスの袖

身頃から
前身頃
2枚
スカート
ポケット

えりから
サッシュベルト
サッシュベルト
ひもベルト
えりひも
ベルト通し
えり肩あき（えりぐりのあき）

掛けえりから
ウエストベルト
ウエストベルト

● 紬の長着から、ジャケットとスカートを裁断した一例です。

八掛から

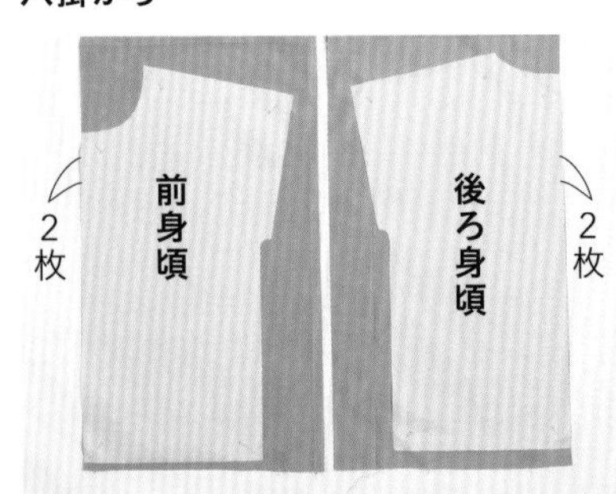
前身頃
2枚
後ろ身頃
2枚

● 八掛からブラウスなどを裁断する場合は、八掛（裾回し）や胴裏は、結構傷みやシミがあるので、布地の傷みをしっかり確認し、大丈夫であれば生かして作品に。傷みが多いようであれば、使える部分を小もの作品の裏地などに使用するとよいでしょう。特に八掛は着物地に合うように色合いもセレクトされているので、布地が生かせれば、本体の着物地作品に似合う、効果的なアイテムが作れます。

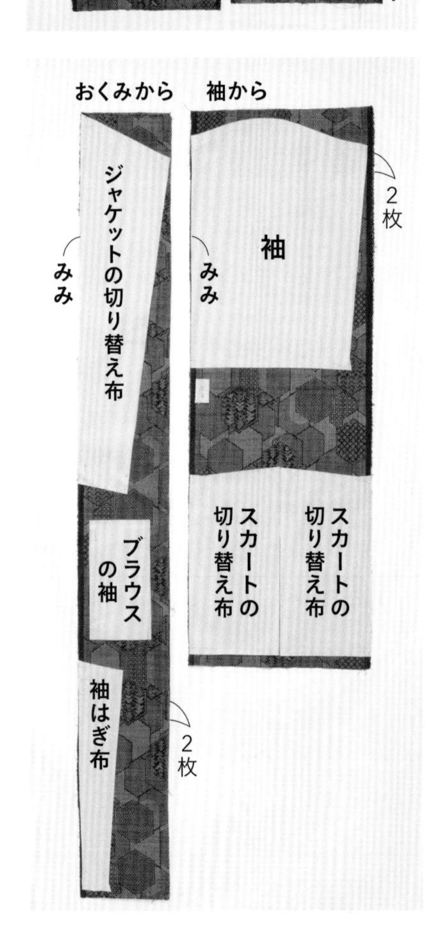
おくみから
袖から
ジャケットの切り替え布
みみ
袖
2枚
みみ
ブラウスの袖
スカートの切り替え布
スカートの切り替え布
袖はぎ布
2枚

よごれ

キズ

● ほどくときに印した、傷や汚れ部分は、極力避けて裁断するように型紙を配置します。また、布のみみが縫い代端になるように配置すれば、布端の始末がなくなります。

布地のかんたん補修方法

虫食いやすり切れ、かぎ裂きなどの布地の補修は、その道のプロに頼まなければ、なかなかきれいには補修できませんでしたが、最近は手軽にできる便利用具があるので、それを使えばかんたんに、かなり目立たなく補修できます。ここではその一部を紹介します。

布地の破れ、かぎ裂き

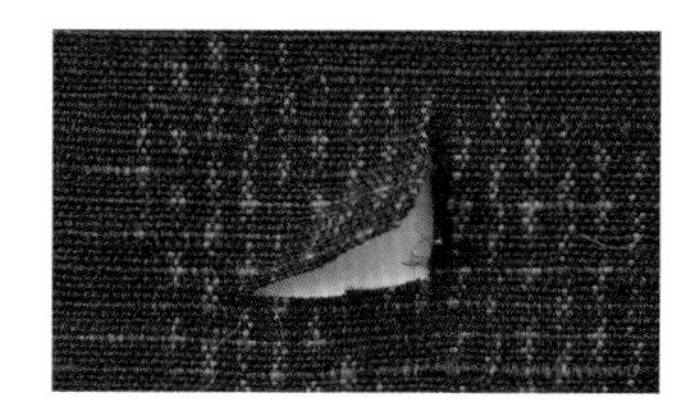

かぎ裂きや破れ部分を、アイロンでかんたんに接着できる「熱接着補修シート、テープ」で補修します。

Clover
この印刷面を上にして アイロンをあてます

❶補修する部分の裏に貼る布（共布か似た色）を用意し、その大きさに合わせて接着シートをカットします。

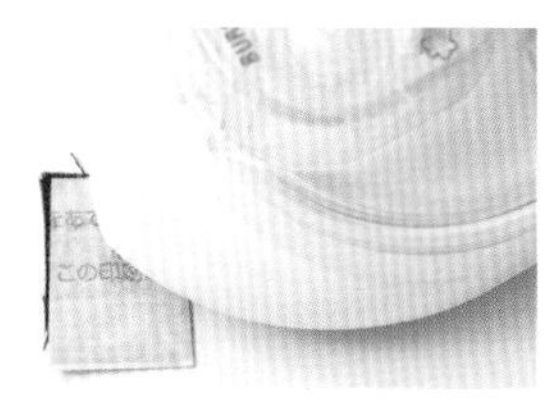

❷裏貼り布の表面にシートを合わせ、ドライアイロンで2～3秒プレスします。温度が下がったら、はくり紙をゆっくりはがします。

❸裏貼り布の角を丸くカットして、はがれにくくしてから、かぎ裂き部分の裏側に裏貼り布のシート接着側をあて、かぎ裂き部分を寄せて完全におおいます。

❹おおった布の上からアイロンをかけます。あて布をしてドライアイロンで10～15秒プレスし、接着が十分でない場合は、再度アイロンをかけます。

❺接着部分の温度が下がったら補修完了。ご覧のように、ほとんどわかりません。

虫食い穴、ほころび

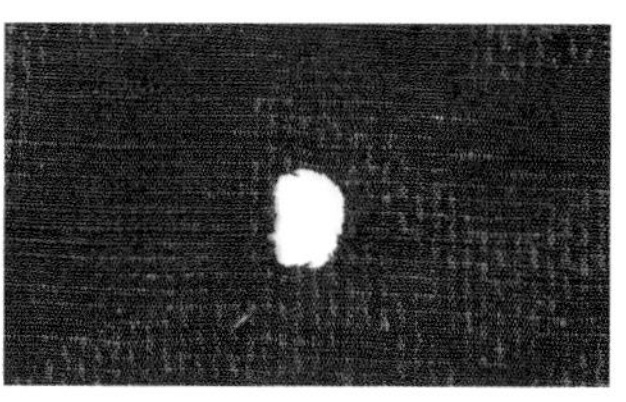

虫食い穴やほころびの小さな穴を「熱接着補修パウダー」を使い、共布で埋める補修をします。

❶穴の周りをきれいに切り取っておき、穴と同じ形の共布で、柄や布目を合わせて切り取ったものと、穴の裏に貼る裏貼り布を、その穴より大きめに切り取って用意します。

❷穴の後ろ面に裏貼り布を置き、穴部分にパウダーを振り入れ、指で均一にならして余分なパウダーを取り除きます。

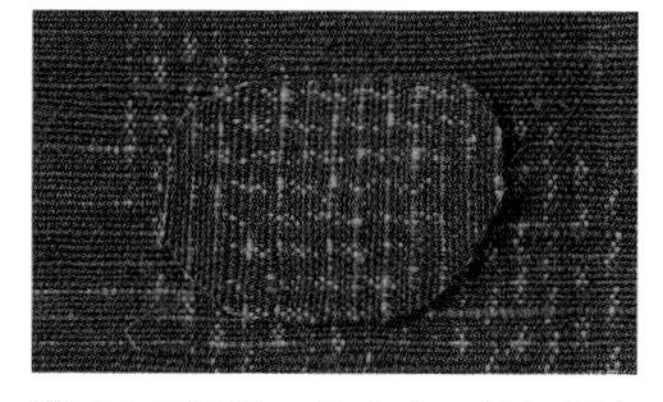

❸穴と同じ形の共布を、特に柄ものは柄をぴったり合わせて、穴にかぶせます。

❹その上に製品に同梱してあるはくり紙をあて、ドライアイロンで10～15秒プレスします。

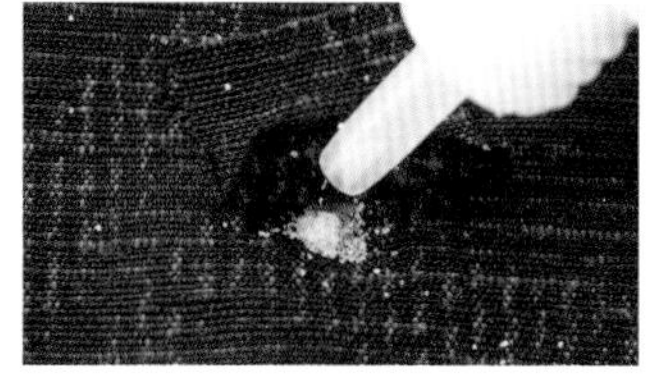

❺温度が下がったら、裏面の裏貼り布の未接着部分にパウダーを振り入れて、表面同様にアイロンをかけて接着します。

❻温度が下がったら完成。ほとんど見た目にはわからずに補修できました。

ここで使用した補修製品は
「熱接着補修シート」「強力熱接着補修シート」「熱接着補修パウダー」
製品／クロバー

詳しい縫い方プロセス解説

大島紬のジャケットとスカートの縫い方

指導●見崎智子

作品 1

〈裁断〉

ここでは、あらかじめ型紙に縫い代をつけておく「縫い代つき型紙」を使って裁断し、印をつけない、かんたんな縫い方の方法で解説します。

※縫い代つき型紙の場合は、ポケットつけ位置などの印以外はつけません。それは、そのほかの縫い代がほぼ1㎝幅で、仕上がり線の印がなくてもミシンで縫うときに、ミシンの針板に表示の定規のガイダンスに合わせて縫えばよいので、面倒な印つけを省いています。この方法で縫い慣れると手早く縫えるようになります（26ページ参照）。

ジャケット ※各パーツとも2枚裁つ

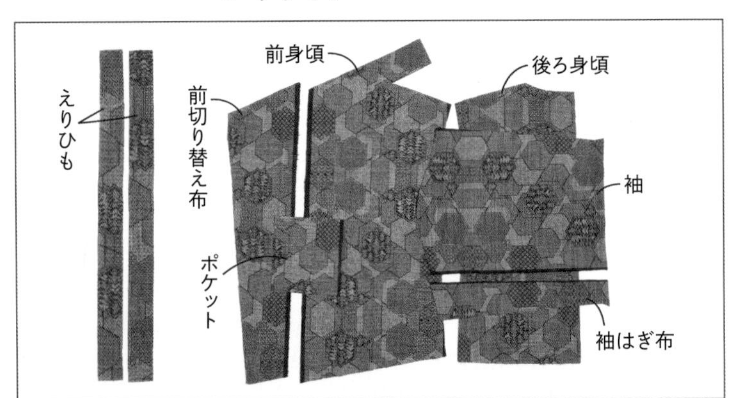

えりひも
前切り替え布
前身頃
後ろ身頃
袖
ポケット
袖はぎ布

スカート ※各パーツとも2枚裁つ

前・後ろスカート
ウエストベルト
袋布
前・後ろ裾切り替え布

●ジャケット、スカートともに、30ページの裁ち合わせ図に表示の縫い代をつけて裁断します。

※着物リメイクの場合、ほどいた着物の布端のみみを縫い代端にして裁断すると、布端の始末がいらなくなるので、できるだけみみを利用して裁断すると、ひと手間省けます。

〈ジャケットの縫い方〉

★縫い目のわかりづらい所はブルーの点線で表示しています。

1. 身頃を縫い合わせる

縁かがりミシン

1
後ろ身頃を縫い合わせますが、先に後ろ中央、肩、袖ぐりから脇の縫い代に縁かがりミシンをかけて、縫い代端の始末をしておきます。

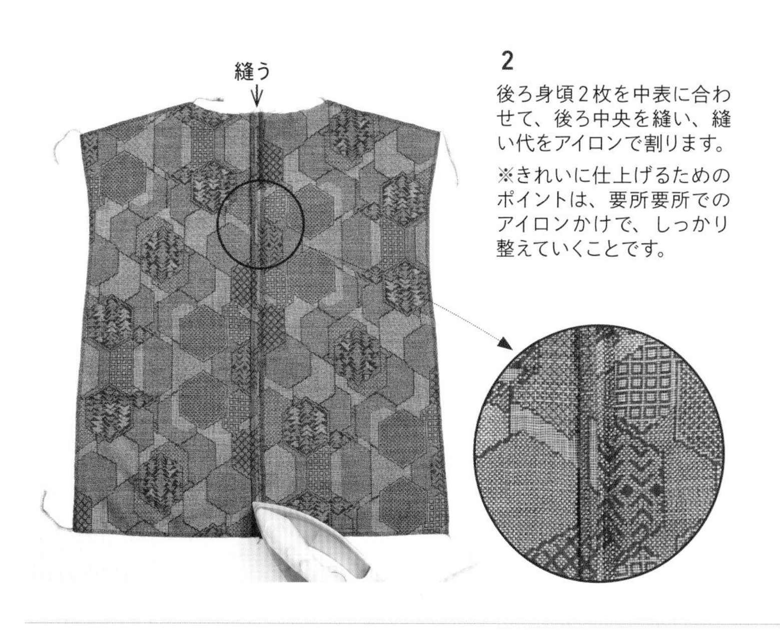
縫う

2
後ろ身頃2枚を中表に合わせて、後ろ中央を縫い、縫い代をアイロンで割ります。

※きれいに仕上げるためのポイントは、要所要所でのアイロンかけで、しっかり整えていくことです。

縫う

3 前身頃と前切り替え布を中表に合わせて縫い、縫い代を割ります。

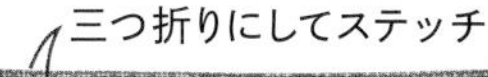
三つ折りにしてステッチ

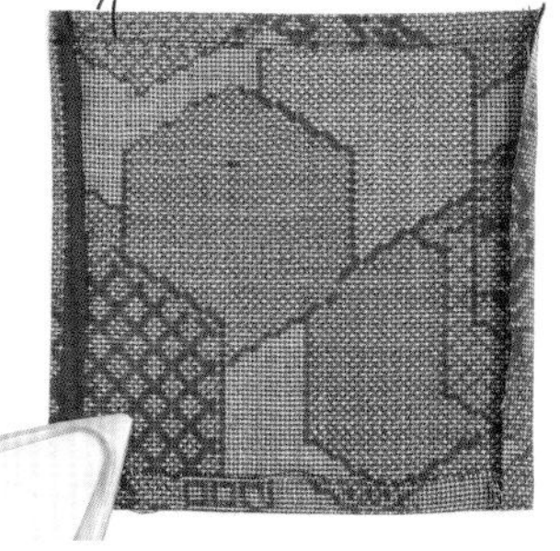

4 ポケット口を三つ折り、ステッチで押さえ、ポケット回りの縫い代を仕上がりにアイロンで折ります。

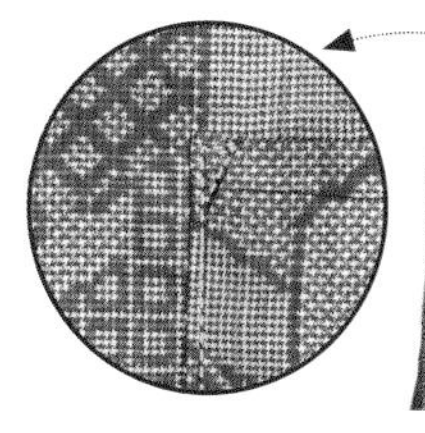

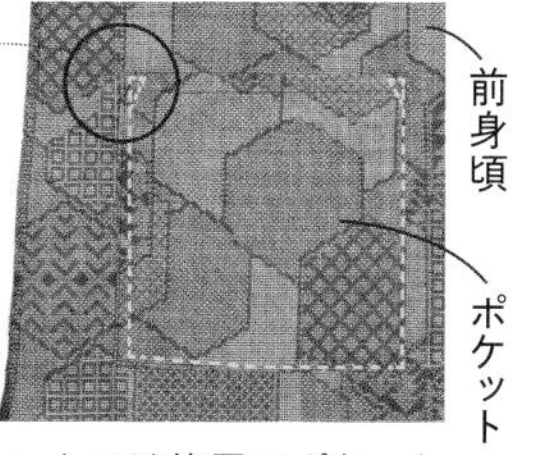
前身頃
ポケット

5 前身頃のポケットつけ位置にポケットを重ねて縫い合わせます。ポケット口の両角は、写真のように三角型に縫い、型よく補強します。

※ポケットつけ位置の印は、型紙を重ね、つけ位置の両角に目打ちで小さな穴をあけて印する。または、チャコペンで印します。

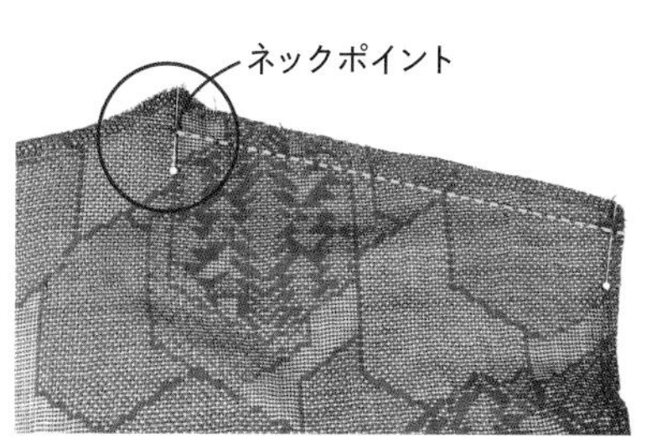
ネックポイント

6 肩を縫います。前・後ろ身頃を中表に合わせ、ネックポイントは縫い代端からでなく、仕上がり位置から縫うことに注意して縫い合わせ、縫い代を割ります。

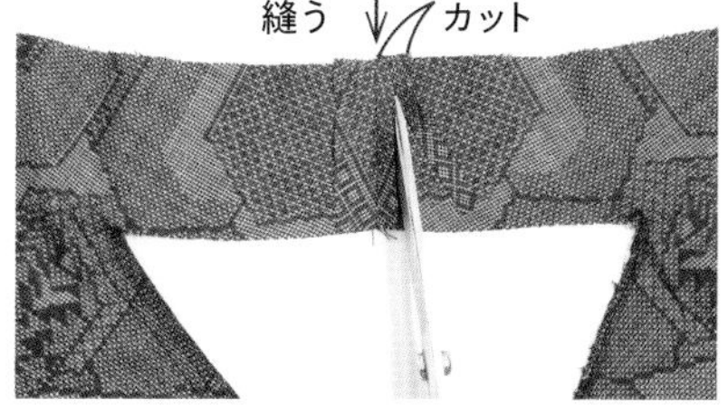
後ろえり中央を縫う
縫い代を半分にカット

7 後ろえりの中央を折り伏せ縫いで縫い合わせます。まず、中表に後ろ中央を縫い合わせて縫い代を割り、片側の縫い代を半分にカットします。

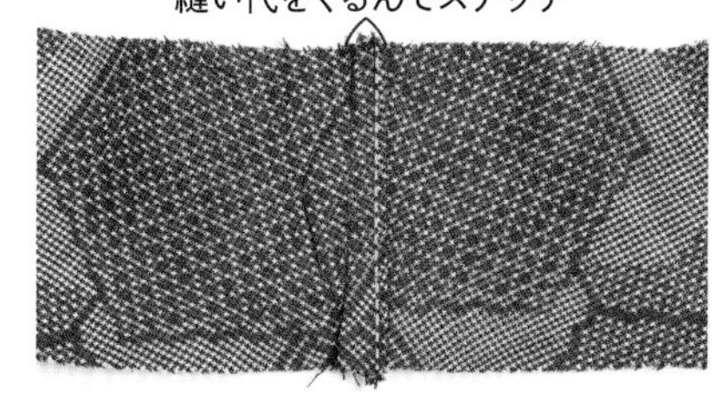
縫い代をくるんでステッチ

8 7で半分にカットした縫い代を反対側の縫い代でくるみ、くるんだ端をミシンで縫い押さえます。（折り伏せ縫い・106ページ参照）

9 身頃の後ろえりぐりを縫い合わせます。先に肩のネックポイント（P.21の6）に切り込みを入れるため、補強用に前身頃のネックポイント位置に接着芯を丸くカットしたものを、写真のように貼っておきます。

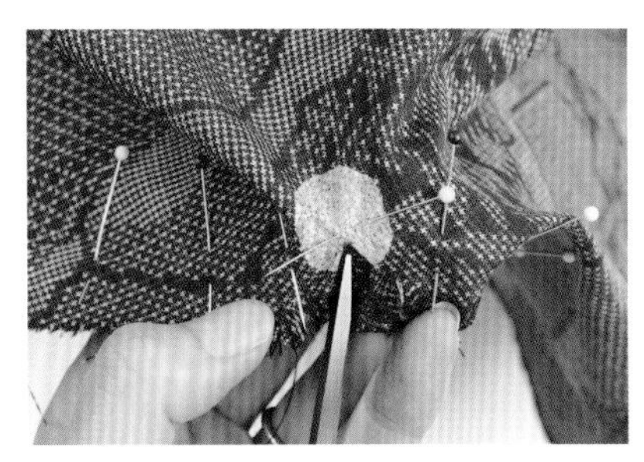

10 前・後ろ身頃の後ろえりぐりを中表に合わせて待ち針で仮どめ、前身頃側のネックポイントの縫い代にのみ、切り込みを入れます。

11 先に縫った肩のネックポイントより、肩線側に3cmほど入った位置の縫い目に重ねて、後ろえりぐり、反対側も肩の縫い目に3cmほど重ねて縫い合わせます。

12 前身頃のネックポイントの縫い代を、このように切り開いた状態で縫わないと、布がつれてきれいに縫えません。

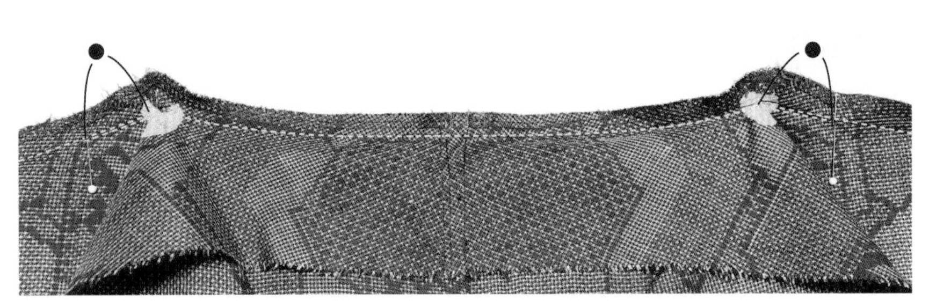

13 後ろえりぐりが縫えたところ。●が肩の縫い目に3cmほど重ねて縫う場所です。

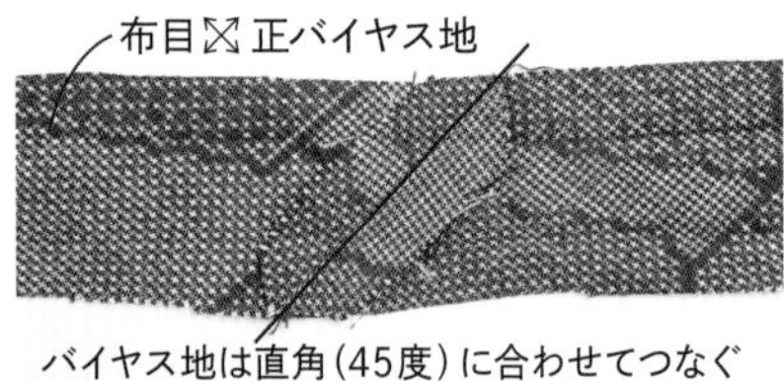
布目☒正バイヤス地
バイヤス地は直角（45度）に合わせてつなぐ

14
えり端を共布のバイヤステープで始末します。まず、残布をつなぎ合わせて4cm幅×長さ約92cmのバイヤステープを作ります。

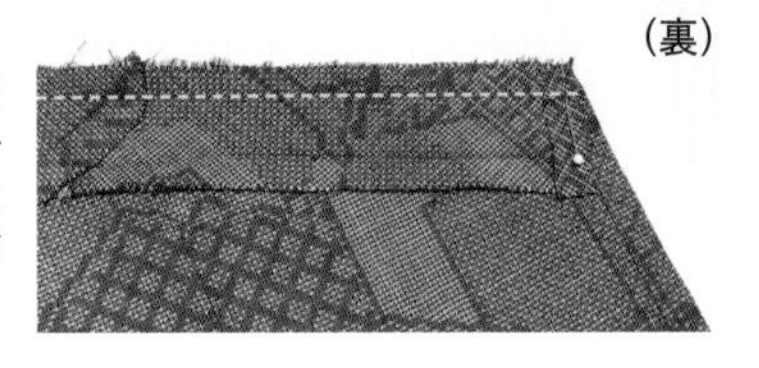
(裏)

15
前端を三つ折りにしてステッチで押さえてから、バイヤステープをえり端に中表に合わせて縫い合わせます。

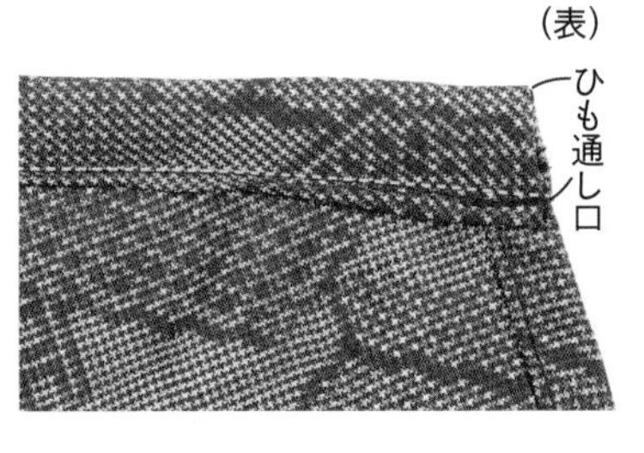
(表)
ひも通し口

16
表に返してバイヤステープ端の縫い代を1cm内側に折って整えます。両端はひも通し口に残し、奥側をステッチで押さえます。

2. 袖を縫い、身頃につける

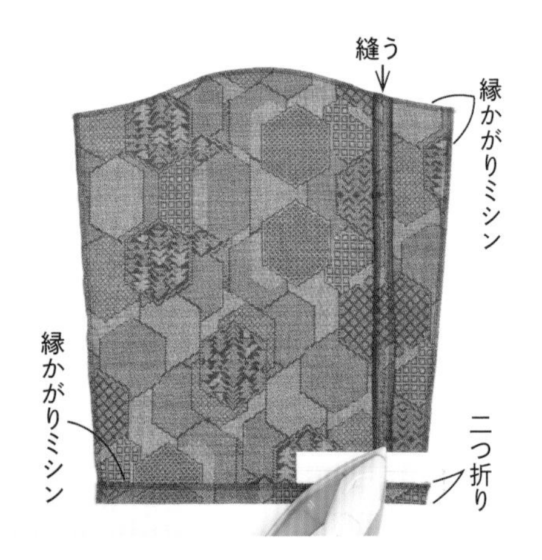
縫う
縁かがりミシン
縁かがりミシン
二つ折り

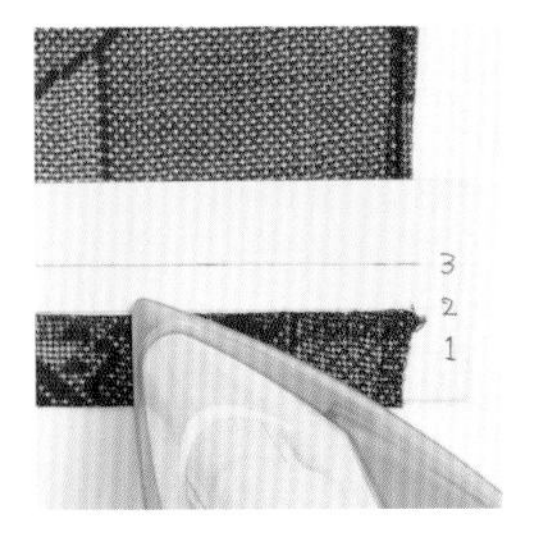

1 先に袖山、袖下、袖口の縫い代に縁かがりミシンをかけて始末し、袖と袖はぎ布を縫い合わせて縫い代を割ります。次に袖口の縫い代を仕上がりにアイロンで折っておきます。このとき、アイロン定規（26ページ参照）を使うとかんたんで正確に折り上げられます。

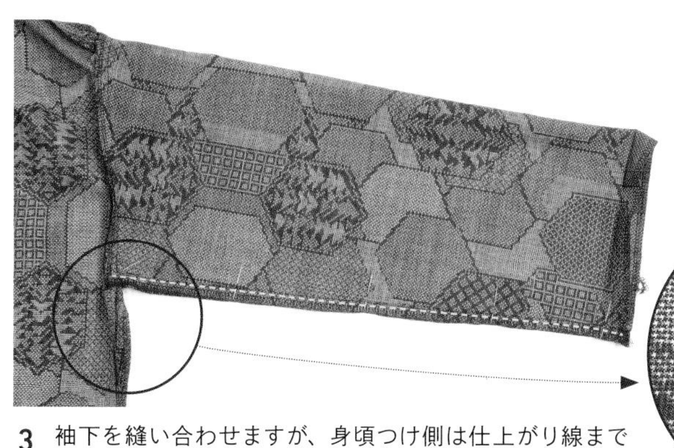
仕上がり線

3 袖下を縫い合わせますが、身頃つけ側は仕上がり線までを縫います。

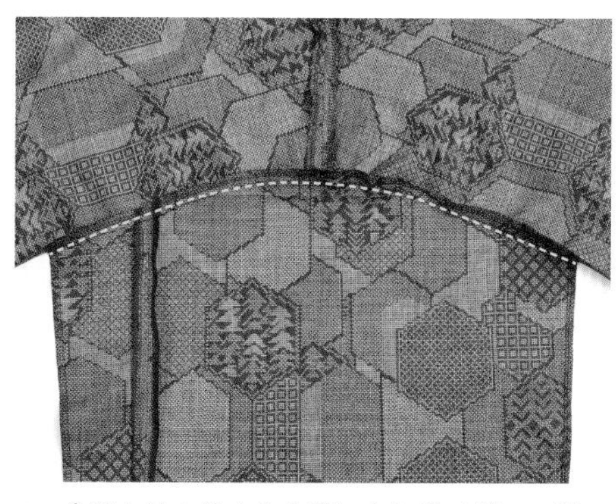

2 身頃と袖の袖山を中表に合わせて縫い、縫い代を身頃側に片返します。

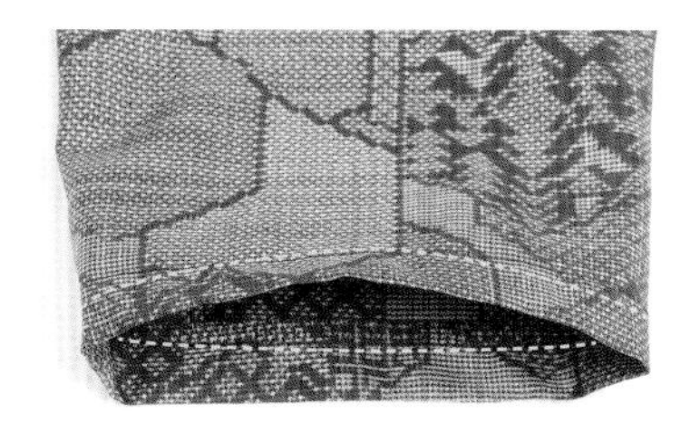

5
袖口の縫い代を二つ折りにし、ステッチで押さえます。

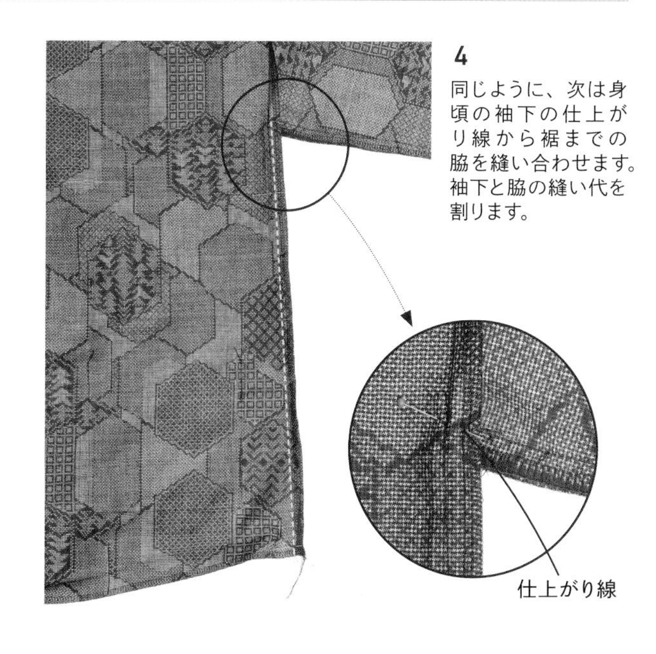
仕上がり線

4
同じように、次は身頃の袖下の仕上がり線から裾までの脇を縫い合わせます。袖下と脇の縫い代を割ります。

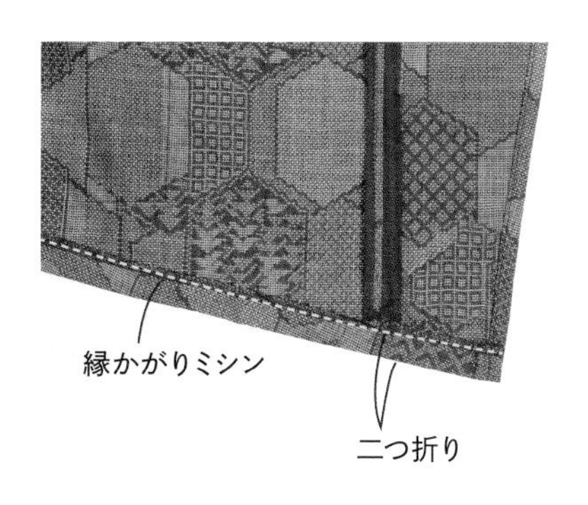
縁かがりミシン
二つ折り

6
裾の縫い代端に縁かがりミシンをかけて始末してから二つ折りにして、ステッチで押さえます。

3. えりひもを作る

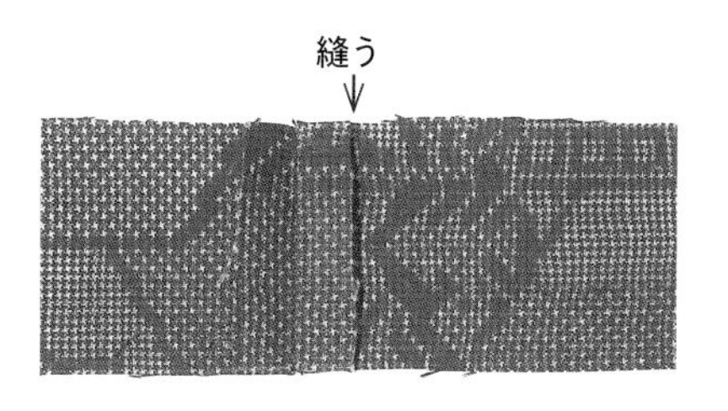
縫う

1 2本のえりひもを中表に合わせて中央を縫い、縫い代を割ります。

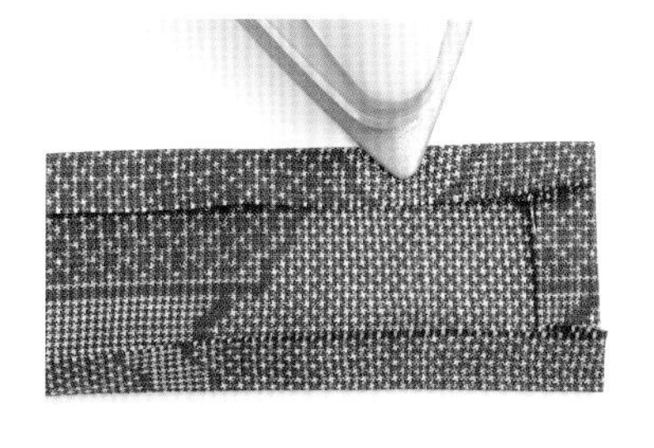

2 縫い代を内側にアイロンで折ります。

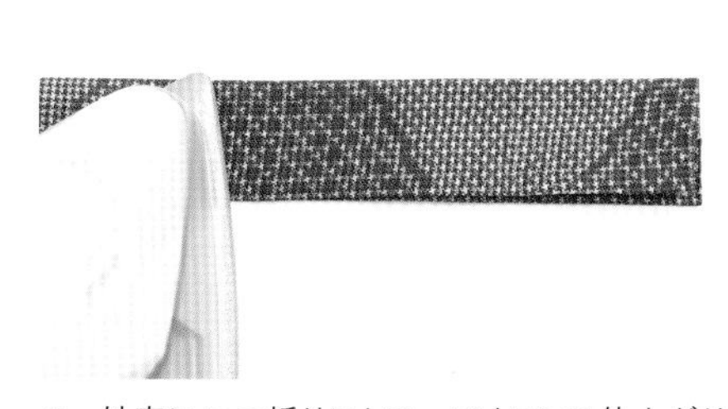

3 外表に二つ折りにして、アイロンで仕上がりに整えます。

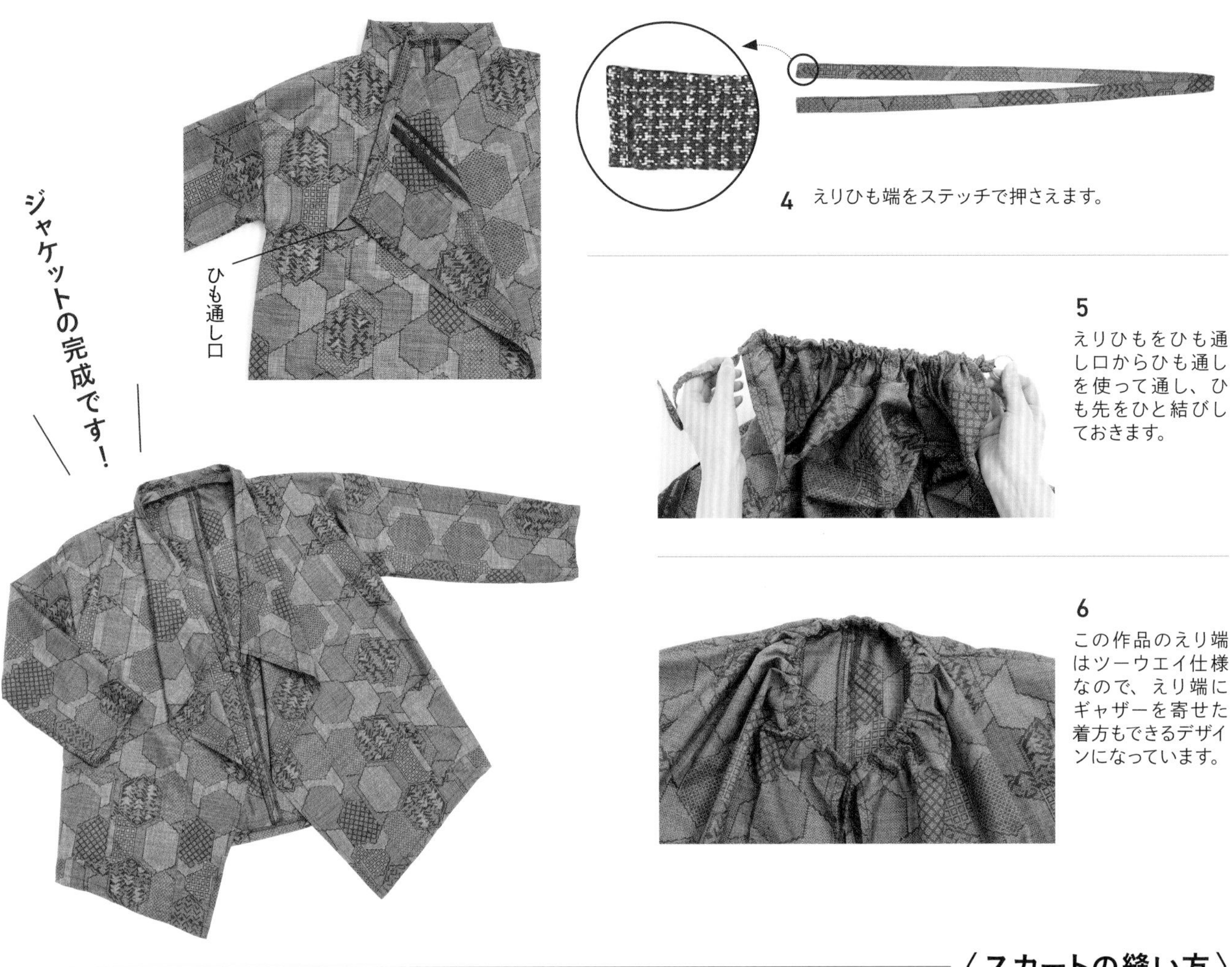
ジャケットの完成です！
ひも通し口

4 えりひも端をステッチで押さえます。

5 えりひもをひも通し口からひも通しを使って通し、ひも先をひと結びしておきます。

6 この作品のえり端はツーウエイ仕様なので、えり端にギャザーを寄せた着方もできるデザインになっています。

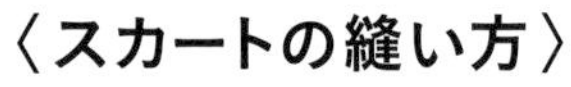

〈スカートの縫い方〉

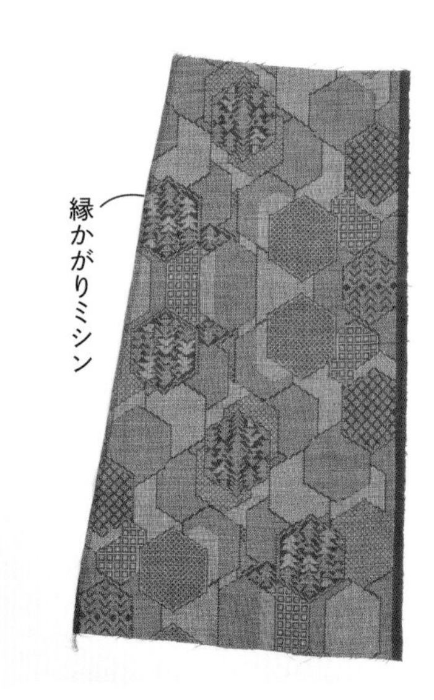
縁かがりミシン

1 前・後ろスカート中央の縫い代は、みみ利用なので、脇の縫い代に縁かがりミシンをかけて始末します。

縫う
ポケット口(右)

2 前・後ろ中央を中表に縫い、縫い代をアイロンで割ります。次に脇を縫いますが、右脇はポケット口を縫い残します。

3 裾切り替え布の前・後ろ中央と脇の縫い代の始末をしてから（裾はみみ利用）、前・後ろ中央と脇を縫い、縫い代を割ります。次に裾を仕上がりにアイロンで折り上げておきます。

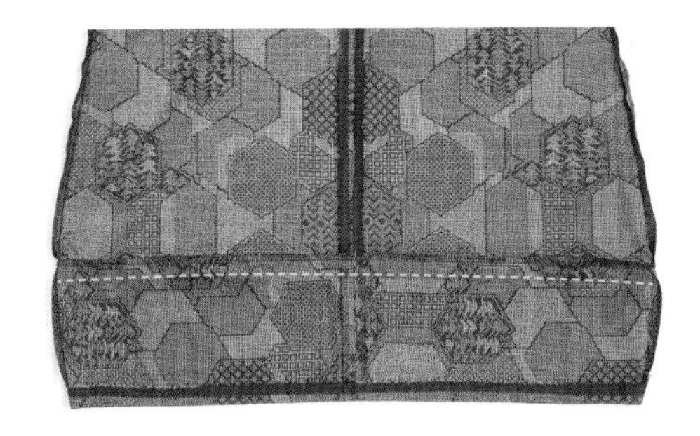

4
スカート裾に裾切り替え布を中表に縫い合わせ、縫い代を上側に片返します。

（表）

5 表に返し、もう一度切り替え位置をアイロンで整えます。

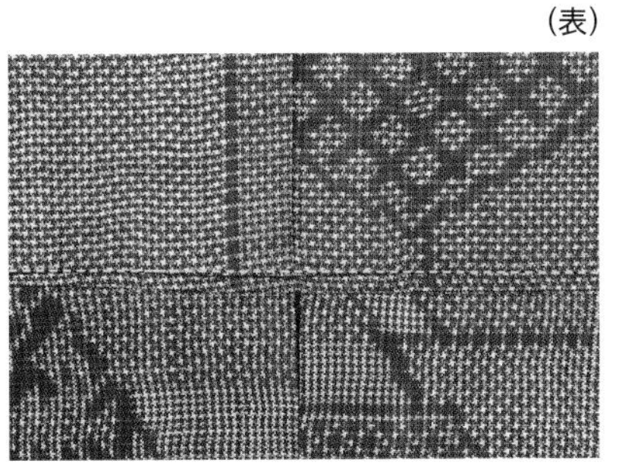
（表）

6 表側から、切り替えの縫い代をステッチで押さえます。

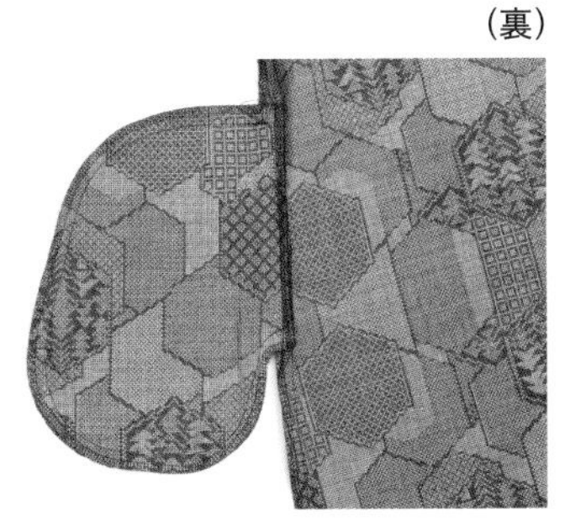
（裏）

7 右脇にスラッシュポケットを作ってつけます。スラッシュポケットの縫い方は 27 ページを参照してください。

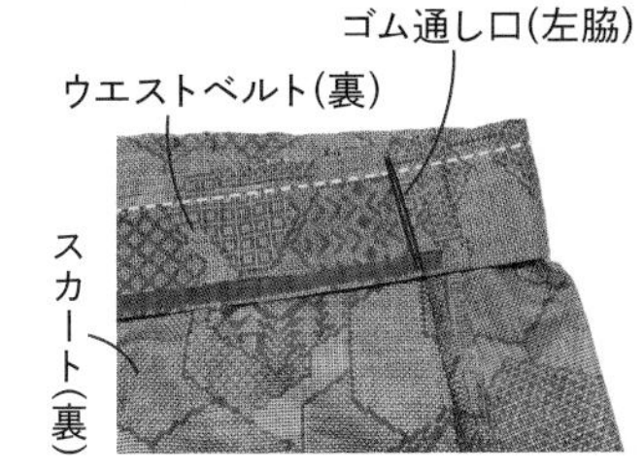
ゴム通し口(左脇)
ウエストベルト(裏)
スカート(裏)

8 ウエストベルトの左脇の縫い代をゴム通し口に縫い残して右脇を縫い、スカートのウエストの裏にウエストベルトの表を合わせて縫い合わせます。

（表）

9 ウエストベルトを表に返して整え、ステッチで押さえます。

10 左脇のゴム通し口から、ひも通しを使ってゴムベルトを通します。

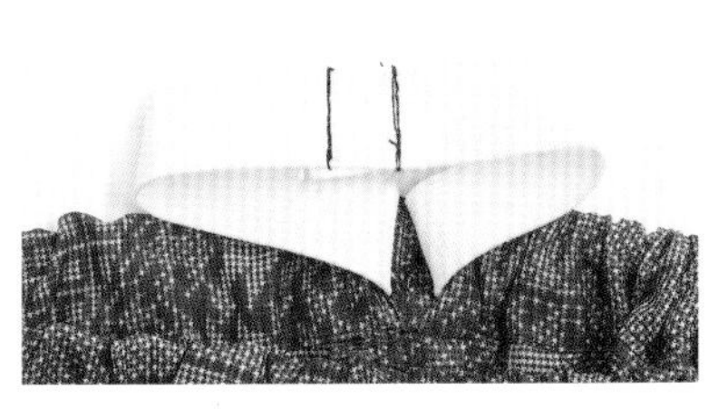

11 ゴムベルトの両端を 2cm ほど重ね、重ねた両端をステッチで押さえます。

12 裾を折り上げ、ステッチで押さえます。

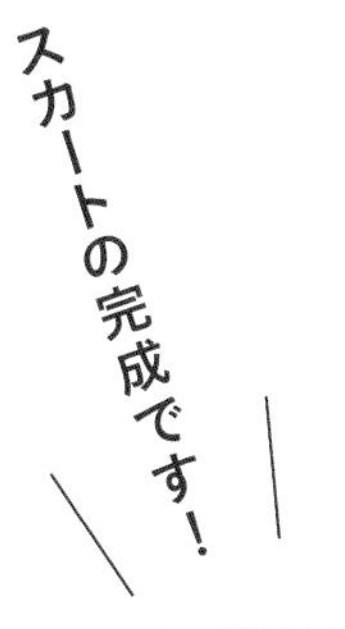
スカートの完成です！

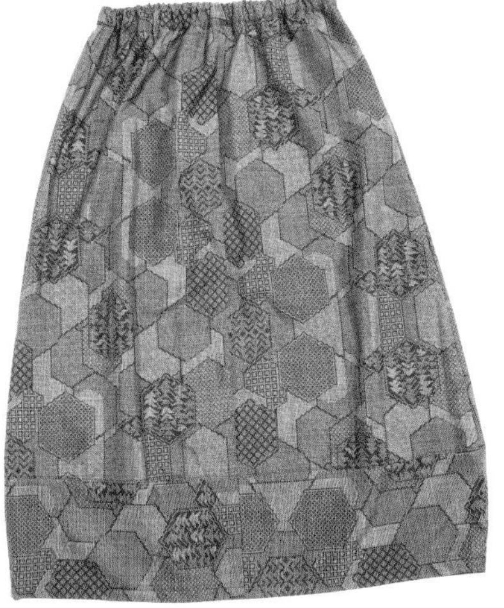

きれいに仕上げるための縫い方ポイント

印をつけない縫い方に慣れる

製図した型紙に縫い代をつけた縫い代つき型紙を作っておくと便利です。縫い代つき型紙は、縫い代幅を目安に縫うので、でき上がり線を布地に写す必要がありません。縫い代幅の基本を1〜1.5cmに決め、その1〜1.5cmに縫い慣れること。ミシンに定規がついているものはそれを利用し、ないものはミシンの針板に直接印をつけたり、ボール紙で押さえを作って板に貼ると、正確に縫えるようになります。

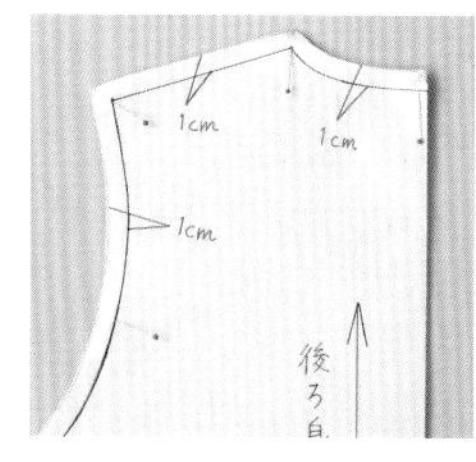

1cm
1cm
1cm

❶型紙に案内製図に表示の縫い代を定規を使ってつけた、縫い代つき型紙を作ります。

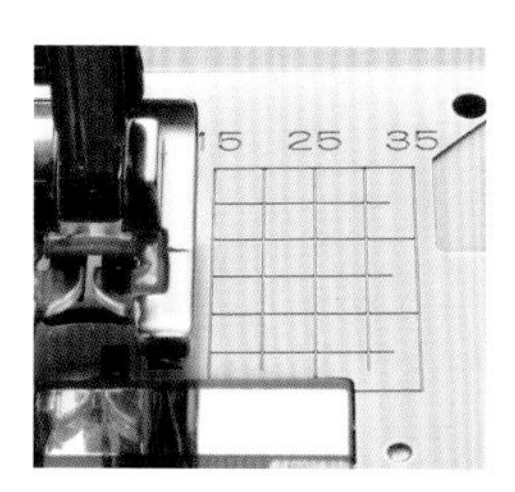

15 25 35

❷ミシンの針板に定規がついている場合は、その幅に合わせて1〜1.5cmに縫います。

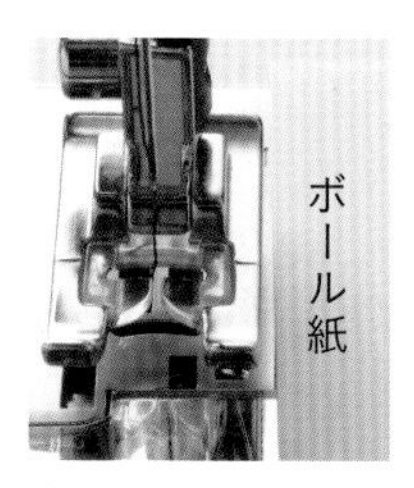

ボール紙

❸または縫い代幅にボール紙をあてて針板に貼り、そのラインに布の端を合わせて縫います。

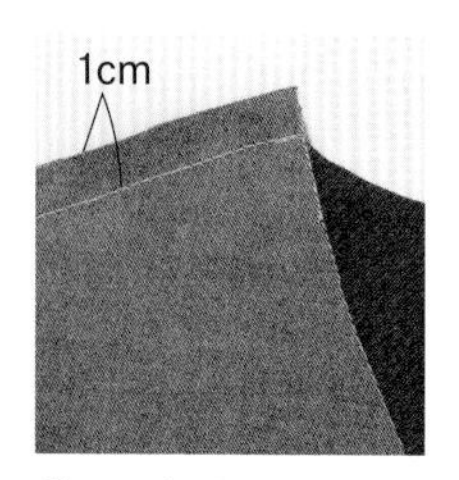

1cm

❹この方法なら、縫い代1〜1.5cm幅が印なしでも正確に縫えます。ダーツやポケットつけ位置などは印をつけてください。

便利な道具を上手に使う

熱接着糸と接着テープ

●熱接着糸

アイロンスチームの熱で溶ける糸状の接着剤で、しつけ代わりに使います。ほとんど仕上がりの状態に仮接着できるので、ミシンもずれずにきれいにかけられます。ご覧のようなバイヤステープ、裾上げなどの仮どめ、ポケットつけに利用すると便利です。

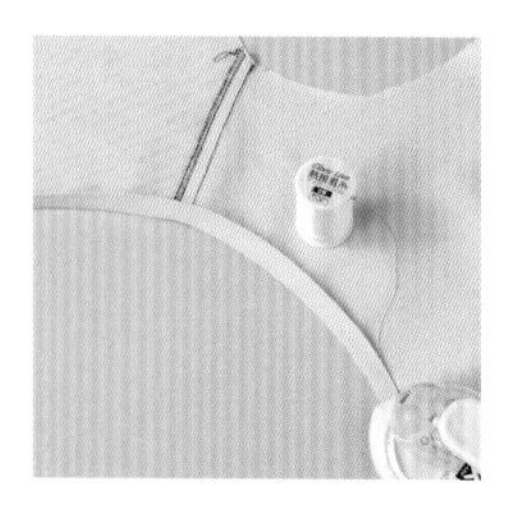

◀仮どめしたい部分の、布と布の間に接着糸をはさみ、アイロンをかけ、熱で溶かして仮接着します。

●両面接着テープ

仮どめしたい部分の布と布の間に接着テープをはさみ、アイロンをかけ、熱で溶かして仮接着します。

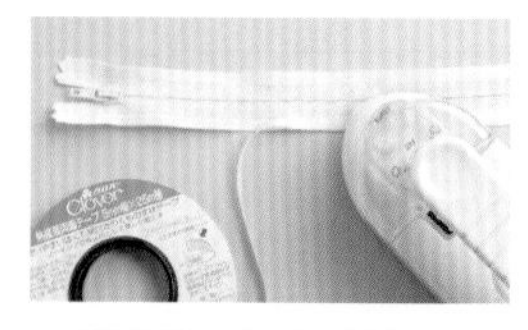

5mm幅
ファスナーつけのときの仮どめに便利。

10mm幅
スカートの裾上げのときの仮どめに便利。

アイロン定規

縫い代を折り上げるとき、アイロン定規があると正確に手早く折り上げられて便利です。6×15cmぐらいの大きさの厚紙の台紙に、折り代幅の線をサインペンなどで引きます。印がなくても折り代幅の線に合わせればよいので、均一な裾上げができ、バイヤス裁ちでも折り山を伸ばさずに、折り上げることができます。

5
4
3cm

▲6×15cmぐらいの厚紙に1cmから、0.5〜1cm間隔で線を引きます。裾上げ幅3cmの三つ折りの場合なら、まず、アイロン定規の4cmに布端を合わせ、アイロン定規をずらしながら折り上げ、次に仕上がり3cmに合わせて、布端を1cm折り込みます。これは絶対便利！

目打ち

ソーイングプロの洋裁用具の中で必需品のひとつに入るのが目打ちです。えり先や裾などの角を出したり、細かな作業をするときに一般に使われる道具ですが、プロの作業の中では、ミシン縫い、印つけなど、いろいろなところで活躍しています。目打ちを上手に使えば、仕上がりもスピーディーできれいということになりそうです。

◀普通のミシンがけのとき、針目の手前の布の上に目打ちをあて、やや目打ちを押し気味に縫い進めます。両手で押さえると、布を引っぱりすぎたり、左右にずれたりすることがありますが、目打ちを使うと安定して縫え、針目も均等になります。

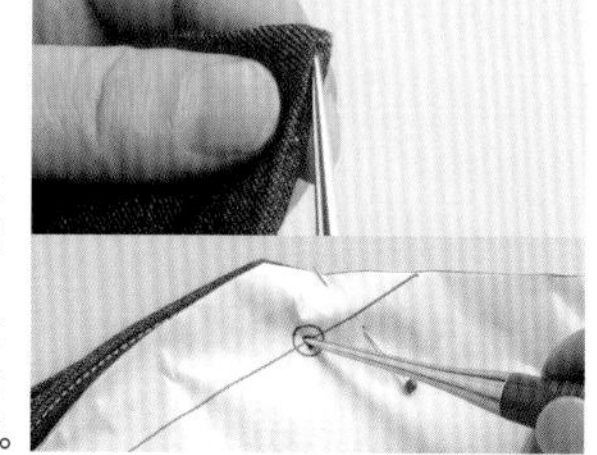

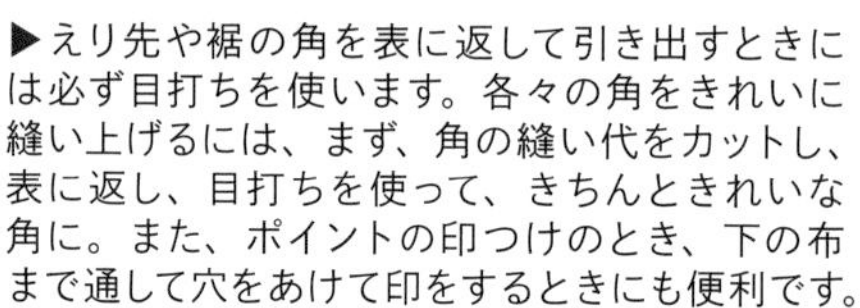

▶えり先や裾の角を表に返して引き出すときには必ず目打ちを使います。各々の角をきれいに縫い上げるには、まず、角の縫い代をカットし、表に返し、目打ちを使って、きちんときれいな角に。また、ポイントの印つけのとき、下の布まで通して穴をあけて印をするときにも便利です。

スラッシュポケットのつけ方

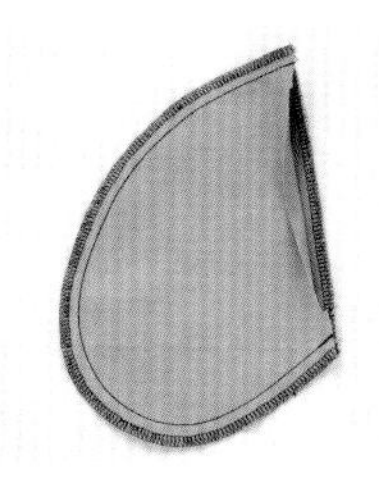

❶ 前・後ろ袋布を中表に合わせ、袋布回りを縫い、縫い代は2枚一緒に縁かがりをして始末します。

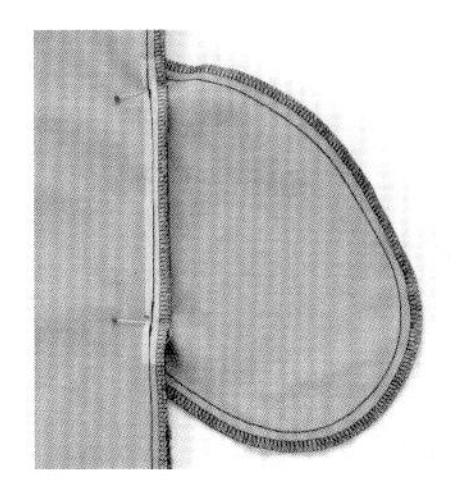

❷ 前身頃のポケット口の縫い代に、前袋布1枚の縫い代を中表に合わせてポケットを縫います。

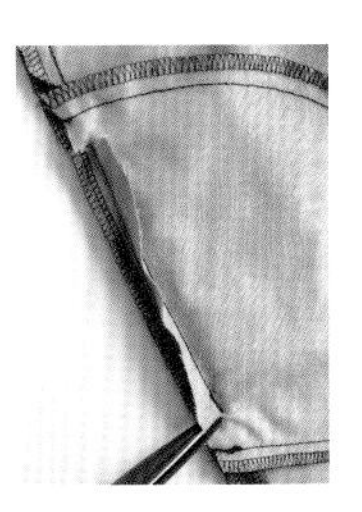

❸前袋布1枚のポケット口の上下の縫い代に切り込みを入れます。

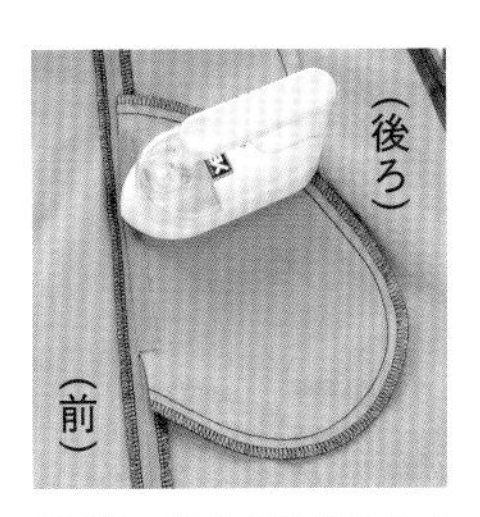
(後ろ)
(前)

❹ 縫い代を1度割ります。

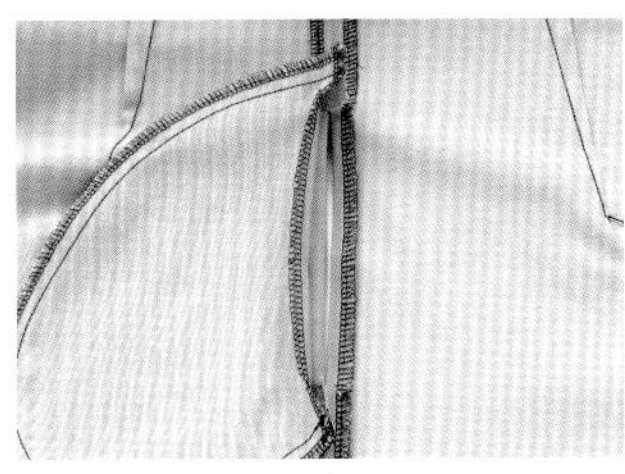

❺ 袋布を前側に倒し、ポケット口を仕上がりに折り、アイロンで押さえます。切り込みが開き、縫い代がきれいに割れています。

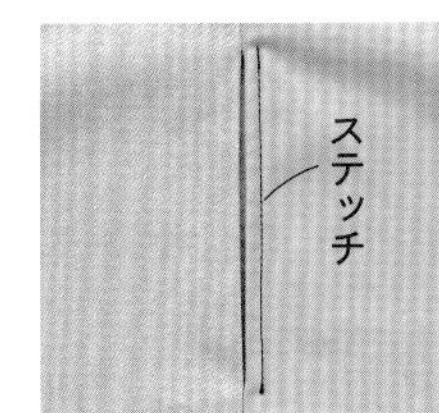
ステッチ

❻ 前ポケット口にステッチをかけます。

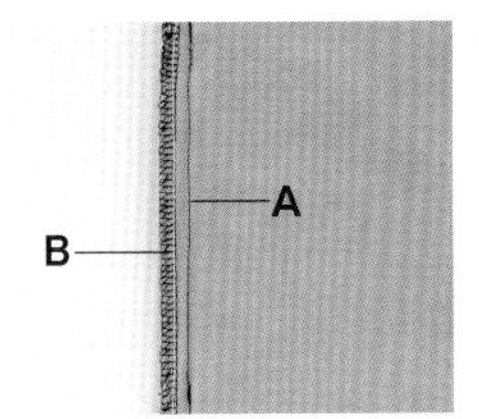
A
B

❼ 後ろ身頃と後ろ袋布のポケット口を縫います（Aの赤い糸）。次に袋布の縫い代端を縫い押さえます（Bの白い糸）。

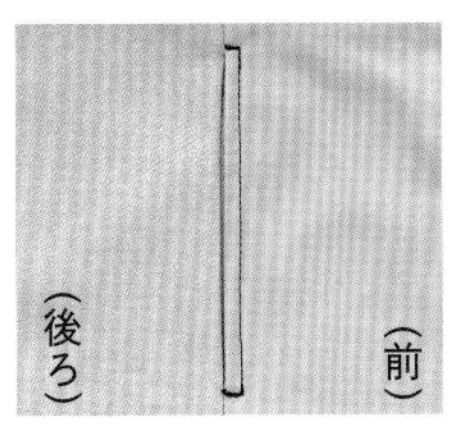
(後ろ)
(前)

❽ ポケット口を整え、ポケット口の上下に3回とめミシンをかけます。これで前身頃の内側にポケットがつきました。

見返し始末のシャツカラーの縫い方

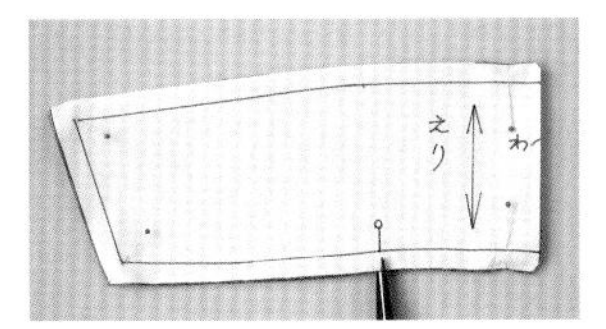
えり
わ

ポイントの印つけ

❶ 肩との合印の縫い代に切り込みの印を入れます。

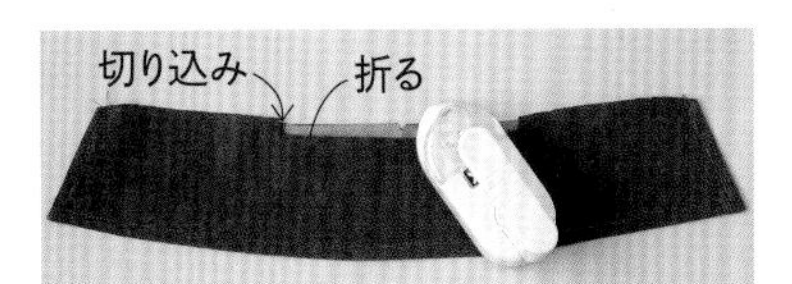
切り込み
折る

❷ 表、裏えりを中表に合わせて、えり回りを縫い、表に返します。表えりつけ側のポイントの印つけで切り込みを入れたところを仕上がり線ぎりぎりまで切ります。切り込みを入れた間の後ろえりぐりの縫い代を内側に折り込みます。

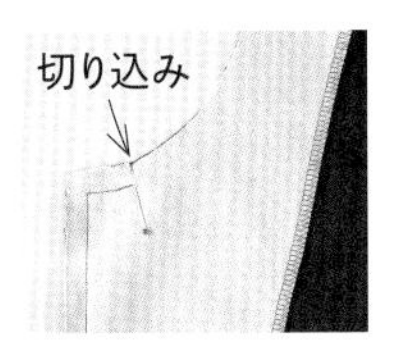
切り込み

❸ 身頃と前端見返しを中表に合わせ、えりつけどまりから裾までの前端を縫い、切り込みを入れます。

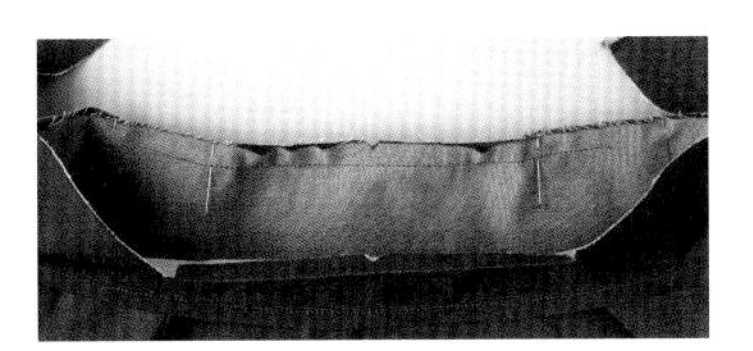

❹ 肩を縫った身頃のえりつけ位置に裏えりを待ち針で仮どめます。とめる順序は中央、えりつけどまり、肩、その中間です。次に、えりつけどまりの3cmほど手前から後ろえりぐりを縫います。

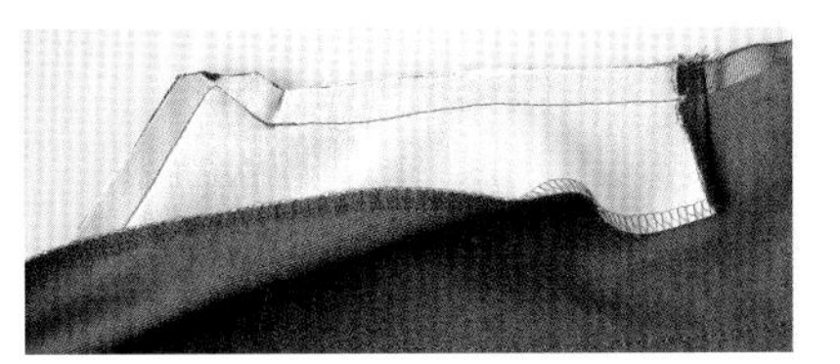

❺ まず、見返しをよけて表えりを重ねます。次に見返しをかぶせ、肩の縫い代を内側に折り返して、肩からえりつけどまりまでを縫います。

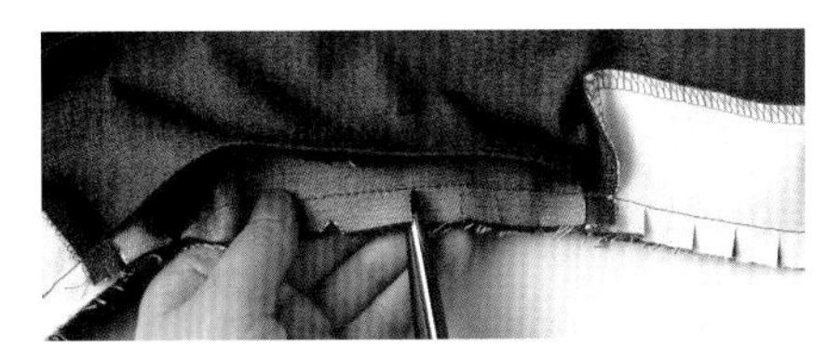

❻ 身頃とえりの肩位置に切り込みを入れてから、縫い代全体に1cmぐらいの間隔で切り込みを入れます。

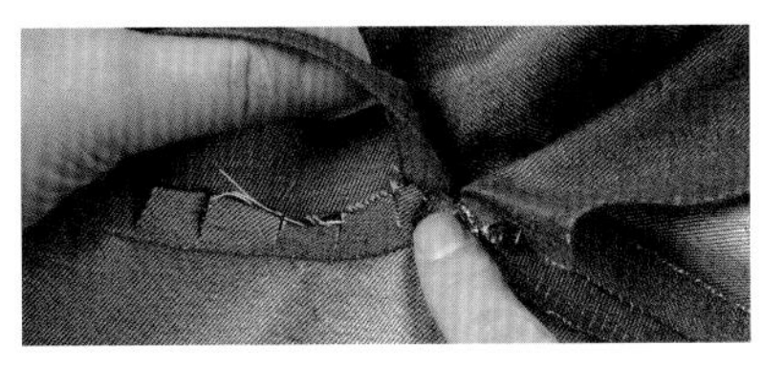

❼ 表に返し、後ろえりぐりの縫い代はえりの中に入れ込んで整えます。

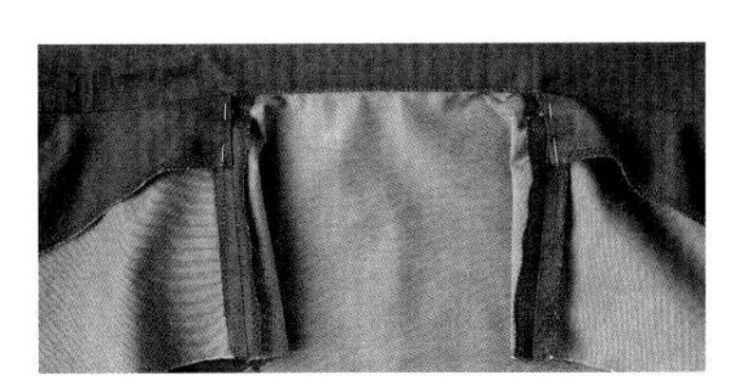

❽ 後ろえりぐりをステッチで押さえます。

❾ 前端見返しの肩の縫い代を、身頃の肩の縫い代にまつります。

❿ つけどまりから裾までの前端をステッチで押さえます。

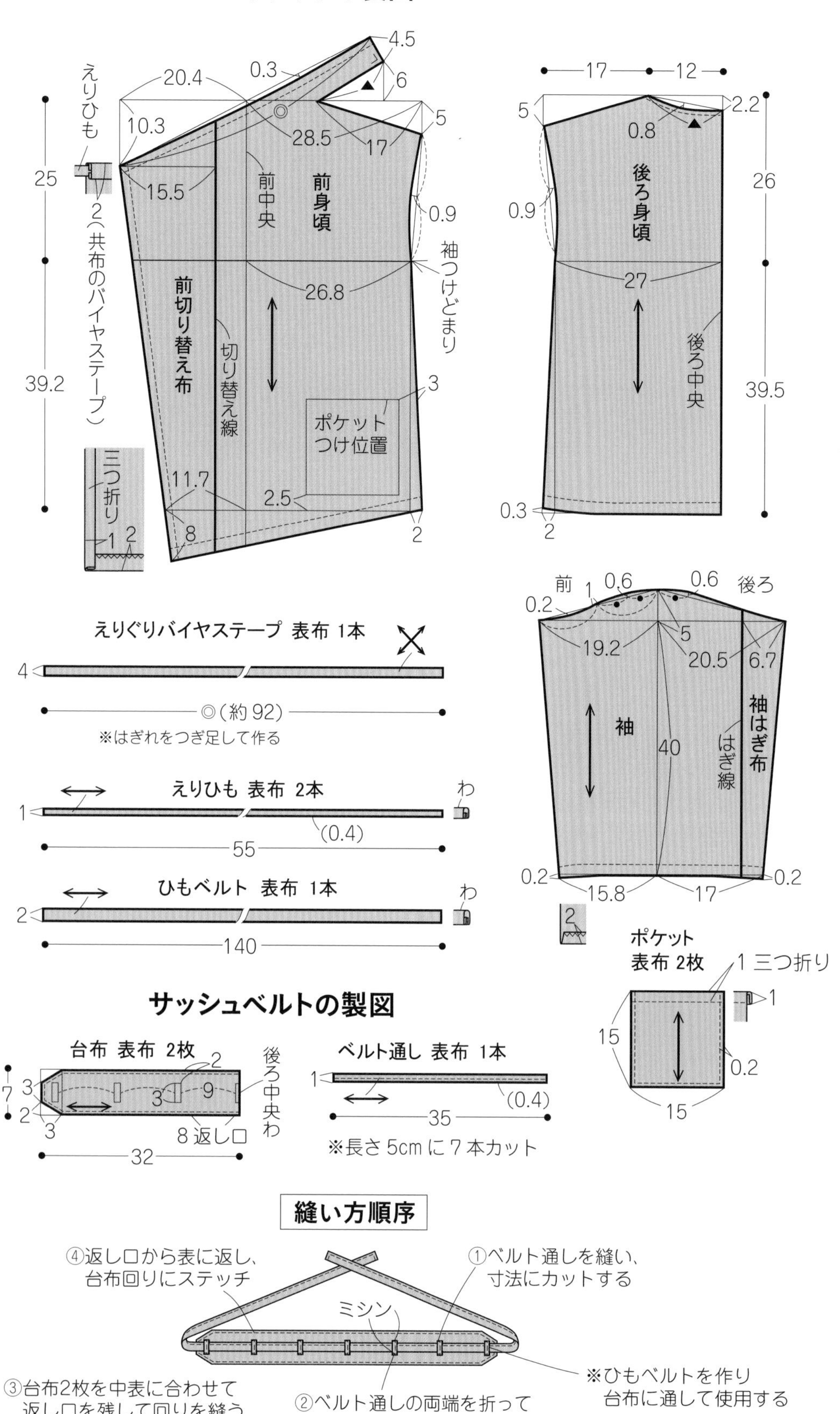
ジャケットの製図 ★( )内は縫い代、指定以外1cm
4.5
0.3
20.4
6
えりひも
10.3
28.5
17
5
25
15.5
前中央
前身頃
0.9
2(共布のバイヤステープ)
袖つけどまり
26.8
前切り替え布
切り替え線
39.2
3
ポケットつけ位置
三つ折り
11.7
2.5
8
1
2
2
17
12
5
2.2
0.8
後ろ身頃
26
0.9
27
後ろ中央
39.5
0.3
2
えりぐりバイヤステープ 表布 1本
4
◎(約92)
※はぎれをつぎ足して作る
えりひも 表布 2本
わ
1
(0.4)
55
ひもベルト 表布 1本
わ
2
140
前
0.6
0.6
後ろ
0.2
1
5
19.2
20.5
6.7
袖
40
袖はぎ布
はぎ線
0.2
0.2
15.8
17
2
ポケット
表布 2枚
1 三つ折り
1
15
0.2
15
サッシュベルトの製図
台布 表布 2枚
2
後ろ中央わ
7
3
3
9
2
3
8 返し口
32
ベルト通し 表布 1本
1
(0.4)
35
※長さ5cmに7本カット
縫い方順序
④返し口から表に返し、台布回りにステッチ
①ベルト通しを縫い、寸法にカットする
ミシン
③台布2枚を中表に合わせて返し口を残して回りを縫う
②ベルト通しの両端を折って台布の指定位置につける
※ひもベルトを作り台布に通して使用する

1
4ページ

材料

表布に大島紬の長着1枚
(八掛からブラウスを裁つ)

接着芯＝20×70cm
(ネックポイント、サッシュベルトの台布分)

ゴムベルト＝2.5cm幅を70cm
(スカート分)

くるみボタン＝
1.2cmを1個(ブラウス分)、
3cmを4個
(ネックレス、コサージュ分)

ウッドビーズ＝1.6cm幅を4個
(ネックレス分)

毛糸＝85cm(ネックレス分)

厚紙＝5cm角を1枚
(コサージュ分)

ブローチピン＝1個
(コサージュ分)

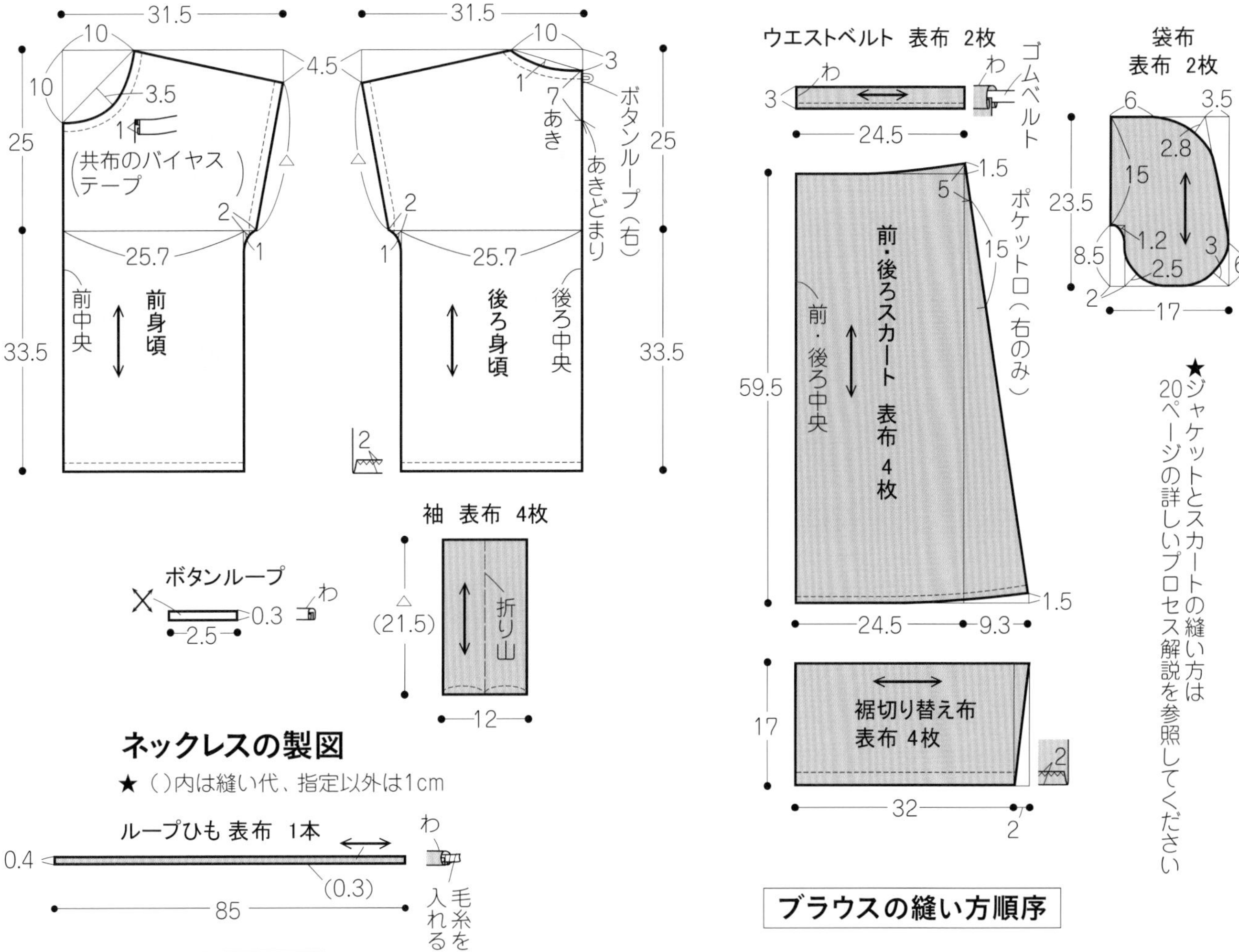
ブラウスの製図
★前・後ろ身頃は着物の八掛から裁つ
縫い代は指定以外1cm
31.5
10
10
3.5
4.5
25
(共布のバイヤステープ
2
1
25.7
33.5
前中央
前身頃
後ろ身頃
後ろ中央
ボタンループ(右)
あきどまり
7あき
3
袖 表布 4枚
(21.5)
折り山
12
ボタンループ
0.3
2.5
わ
スカートの製図
★縫い代は指定以外1cm
ウエストベルト 表布 2枚
わ
ゴムベルト
24.5
1.5
5
15
ポケット口(右のみ)
前・後ろスカート 表布 4枚
前・後ろ中央
59.5
9.3
袋布 表布 2枚
6
3.5
2.8
15
23.5
1.2
3
8.5
2.5
17
★ジャケットとスカートの縫い方は20ページの詳しいプロセス解説を参照してください
裾切り替え布 表布 4枚
17
32

ネックレスの製図

★()内は縫い代、指定以外は1cm

ループひも 表布 1本

0.4 (0.3) 85 わ 毛糸を入れる

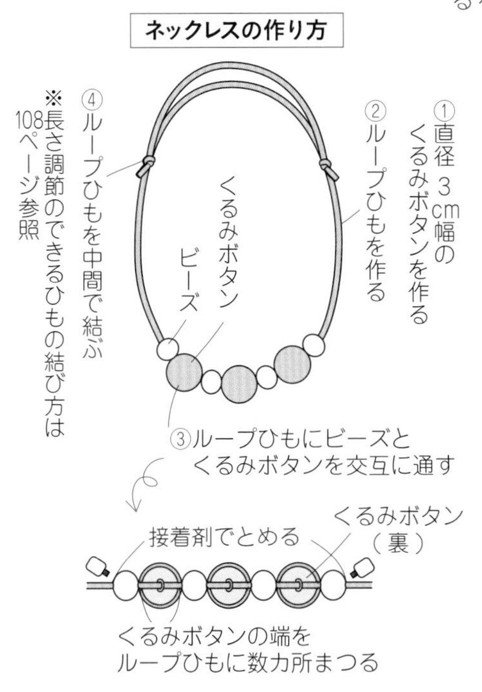
ネックレスの作り方
①直径3cm幅のくるみボタンを作る
②ループひもを作る
③ループひもにビーズとくるみボタンを交互に通す
④ループひもを中間で結ぶ
※長さ調節のできるひもの結び方は108ページ参照
くるみボタン
ビーズ
接着剤でとめる
くるみボタン(裏)
くるみボタンの端をループひもに数カ所まつる

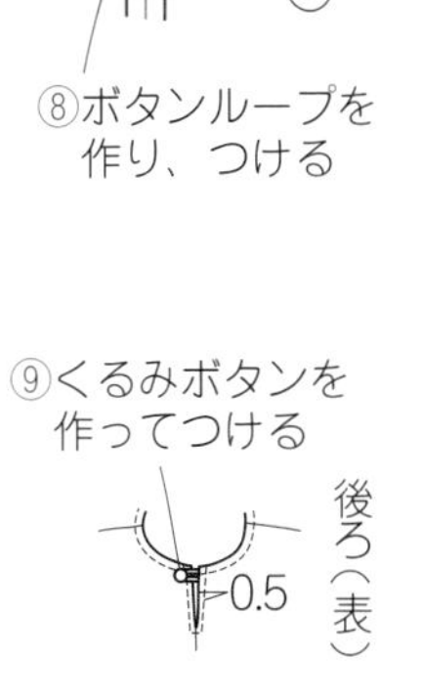
まつる
0.2
後ろ(裏)
⑧ボタンループを作り、つける
⑨くるみボタンを作ってつける
後ろ(表)
0.5

ブラウスの縫い方順序

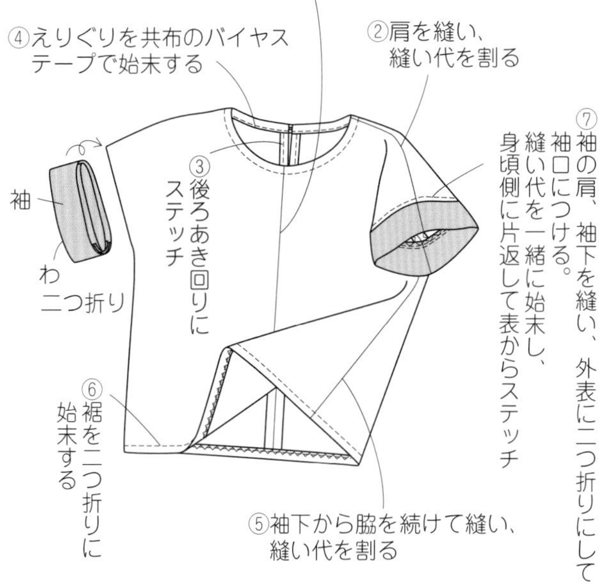
①前中央と後ろ中央のあきどまりまでをそれぞれ縫い、縫い代を割る
②肩を縫い、縫い代を割る
③後ろあき回りにステッチ
④えりぐりを共布のバイヤステープで始末する
⑤袖下から脇を続けて縫い、縫い代を割る
⑥裾を二つ折りに始末する
⑦袖の肩、袖下を縫い、外表に二つ折りにして袖口につける。縫い代を一緒に始末し、身頃側に片返して表からステッチ
袖
わ
二つ折り

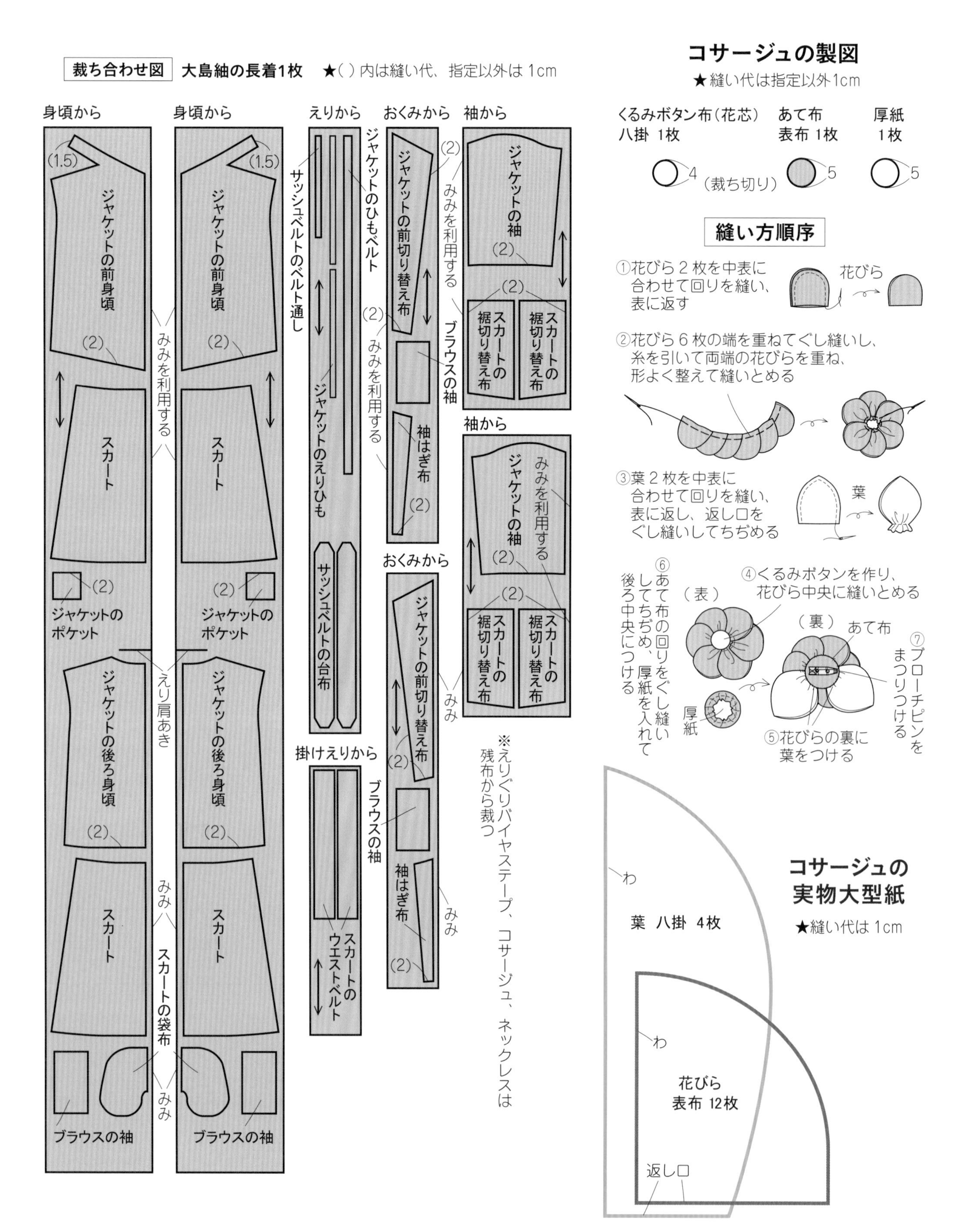
裁ち合わせ図
大島紬の長着1枚
★( )内は縫い代、指定以外は1cm
身頃から
身頃から
えりから
おくみから
袖から
ジャケットの前身頃
スカート
ジャケットのポケット
ジャケットの後ろ身頃
ブラウスの袖
スカートの袋布
みみを利用する
えり肩あき
みみ
サッシュベルトのベルト通し
ジャケットのひもベルト
ジャケットのえりひも
サッシュベルトの台布
ジャケットの前切り替え布
ブラウスの袖
袖はぎ布
ジャケットの袖
スカートの裾切り替え布
掛けえりから
スカートのウエストベルト
※えりぐりバイヤステープ、コサージュ、ネックレスは残布から裁つ
コサージュの製図
★縫い代は指定以外1cm
くるみボタン布(花芯) 八掛 1枚
あて布 表布 1枚
厚紙 1枚
(裁ち切り)
縫い方順序
①花びら2枚を中表に合わせて回りを縫い、表に返す
花びら
②花びら6枚の端を重ねてぐし縫いし、糸を引いて両端の花びらを重ね、形よく整えて縫いとめる
③葉2枚を中表に合わせて回りを縫い、表に返し、返し口をぐし縫いしてちぢめる
葉
④くるみボタンを作り、花びら中央に縫いとめる
⑤花びらの裏に葉をつける
⑥あて布の回りをぐし縫いしてちぢめ、厚紙を入れて後ろ中央につける
⑦ブローチピンをまつりつける
(表)
(裏)
あて布
厚紙
コサージュの実物大型紙
★縫い代は1cm
わ
葉 八掛 4枚
花びら 表布 12枚
返し口

チュニックベストの製図 ★指定以外の縫い代は 1cm

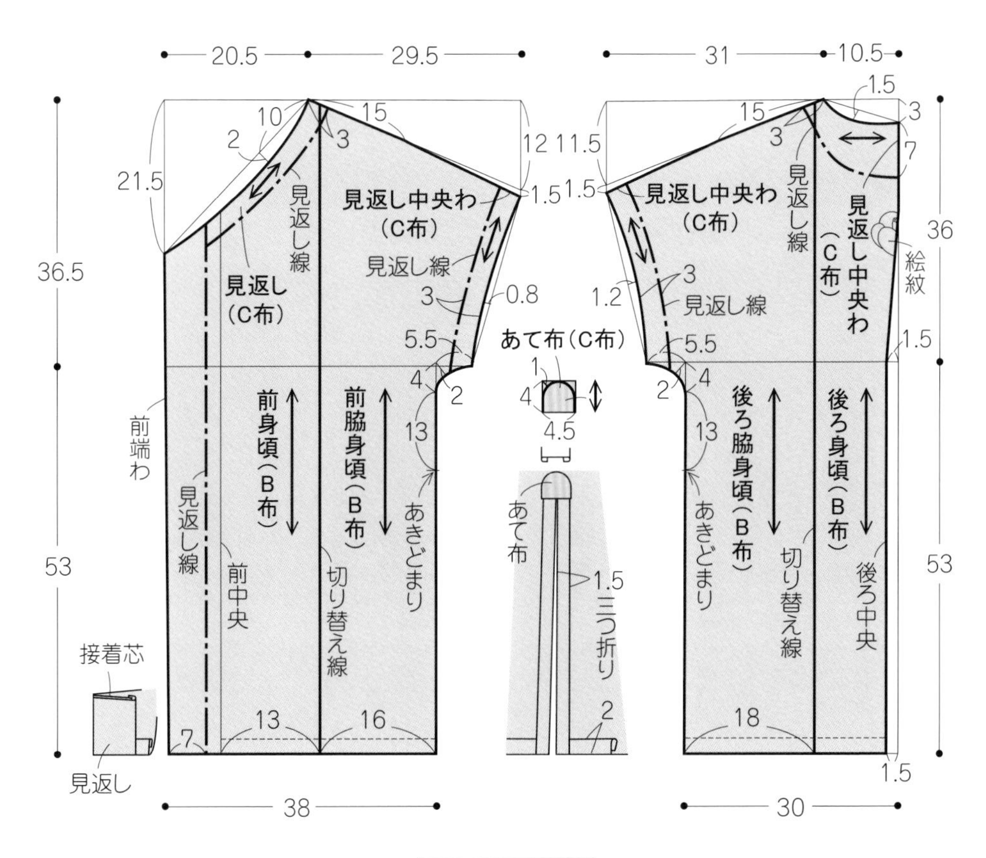

見返し中央わ（C布）
見返し（C布）
見返し線
前身頃（B布）
前脇身頃（B布）
後ろ脇身頃（B布）
後ろ身頃（B布）
見返し中央わ（C布）
前端わ
前中央
切り替え線
あきどまり
あて布（C布）
あて布
三つ折り
後ろ中央
絵紋
接着芯
見返し

2
6ページ

縫い方順序

★指定以外の縫い代は
折り伏せ縫いで始末する
（106ページ参照）

②前・後ろ身頃の切り替え線と
後ろ中央をそれぞれ縫う
⑧えりぐりから前端までを整えて
見返し奥をまつる
①前端、えりぐり、袖ぐりの
見返しに接着芯を貼る
③肩を縫う
⑥見返しの肩を縫い、
えりぐりにつける
⑨後ろ中央に絵紋の
アップリケをつける
（33ページ参照）
⑤袖口に見返しを
つけて始末する
④脇をあきどまりまで縫う
あて布
（前）
（後ろ）
⑦スリットと裾を三つ折りに始末し、
あきどまりにあて布をまつりつける

材料

A布に小紋の長着１枚

B布に黒羽織１枚
（C布に黒羽織の背裏を使用）

接着芯＝90cm幅で1m
（ワンピースの前見返し、
持ち出し、えり、
えりぐり見返し、
チュニックベストの前端見返し、
えりぐり見返し、
袖ぐり見返し、
絵紋のアップリケ分）

くるみボタン＝1.8cmを5個
（ワンピース分）

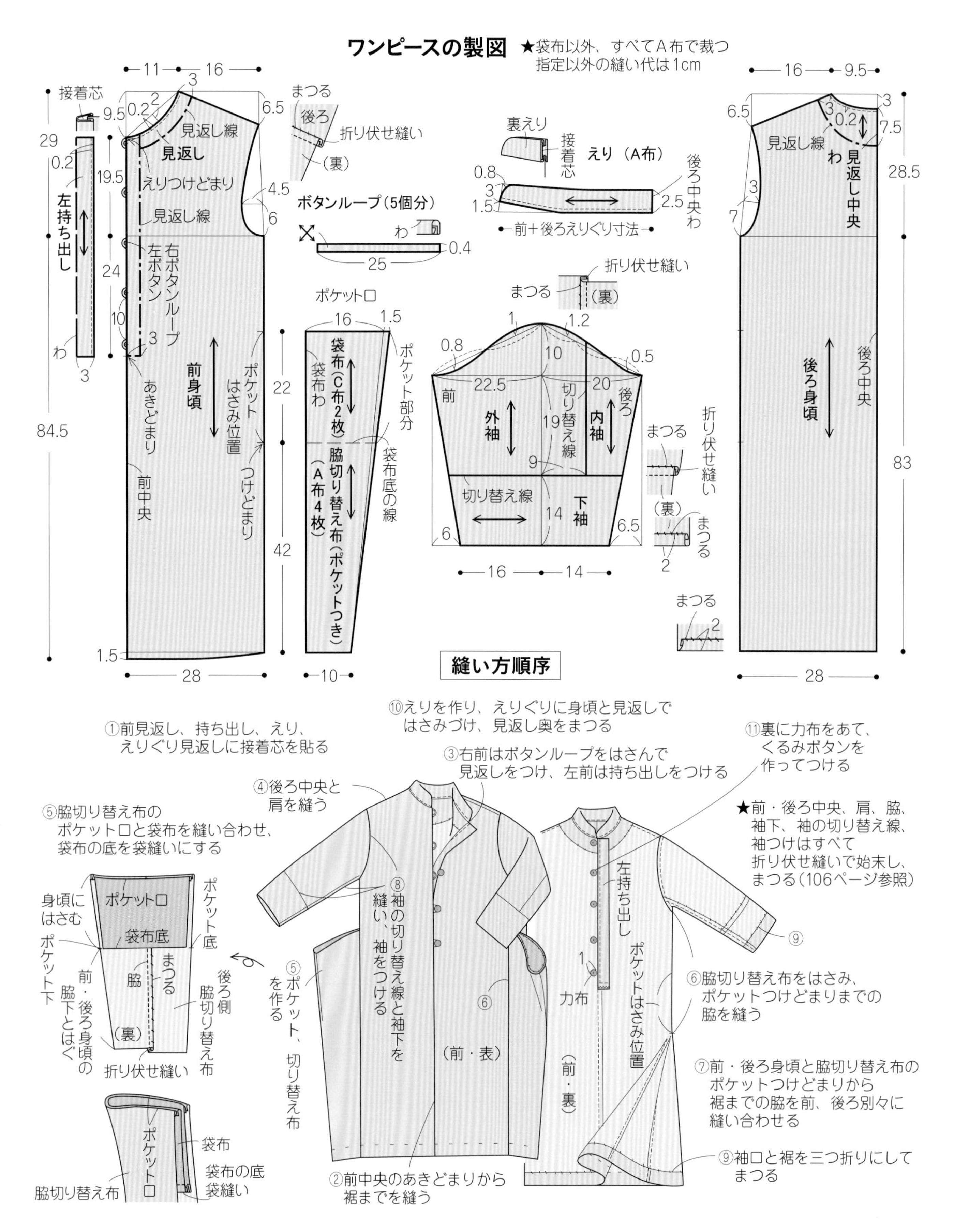

ワンピースの製図
★袋布以外、すべてA布で裁つ
指定以外の縫い代は1cm
接着芯
左持ち出し
わ
見返し線
見返し
えりつけどまり
右ボタンループ
左ボタン
あきどまり
前身頃
ポケットはさみ位置
つけどまり
前中央
まつる
後ろ
折り伏せ縫い
（裏）
ボタンループ（5個分）
わ
ポケット口
袋布（C布2枚）
袋布わ
脇切り替え布（A布4枚）
（ポケットつき）
ポケット部分
袋布底の線
裏えり
接着芯
えり（A布）
後ろ中央わ
前＋後ろえりぐり寸法
外袖
内袖
切り替え線
下袖
前
後ろ
後ろ身頃
後ろ中央
見返し中央
縫い方順序
①前見返し、持ち出し、えり、えりぐり見返しに接着芯を貼る
②前中央のあきどまりから裾までを縫う
③右前はボタンループをはさんで見返しをつけ、左前は持ち出しをつける
④後ろ中央と肩を縫う
⑤脇切り替え布のポケット口と袋布を縫い合わせ、袋布の底を袋縫いにする
⑤ポケット、切り替え布を作る
⑥脇切り替え布をはさみ、ポケットつけどまりまでの脇を縫う
⑦前・後ろ身頃と脇切り替え布のポケットつけどまりから裾までの脇を前、後ろ別々に縫い合わせる
⑧袖の切り替え線と袖下を縫い、袖をつける
⑨袖口と裾を三つ折りにしてまつる
⑩えりを作り、えりぐりに身頃と見返しではさみづけ、見返し奥をまつる
⑪裏に力布をあて、くるみボタンを作ってつける
★前・後ろ中央、肩、脇、袖下、袖の切り替え線、袖つけはすべて折り伏せ縫いで始末し、まつる（106ページ参照）
身頃にはさむ
ポケット口
袋布底
ポケット底
ポケット下
前・後ろ身頃の脇下とはぐ
脇
まつる
後ろ側脇切り替え布
（裏）
折り伏せ縫い
袋布
袋布の底袋縫い
脇切り替え布
（前・表）
（前・裏）
力布

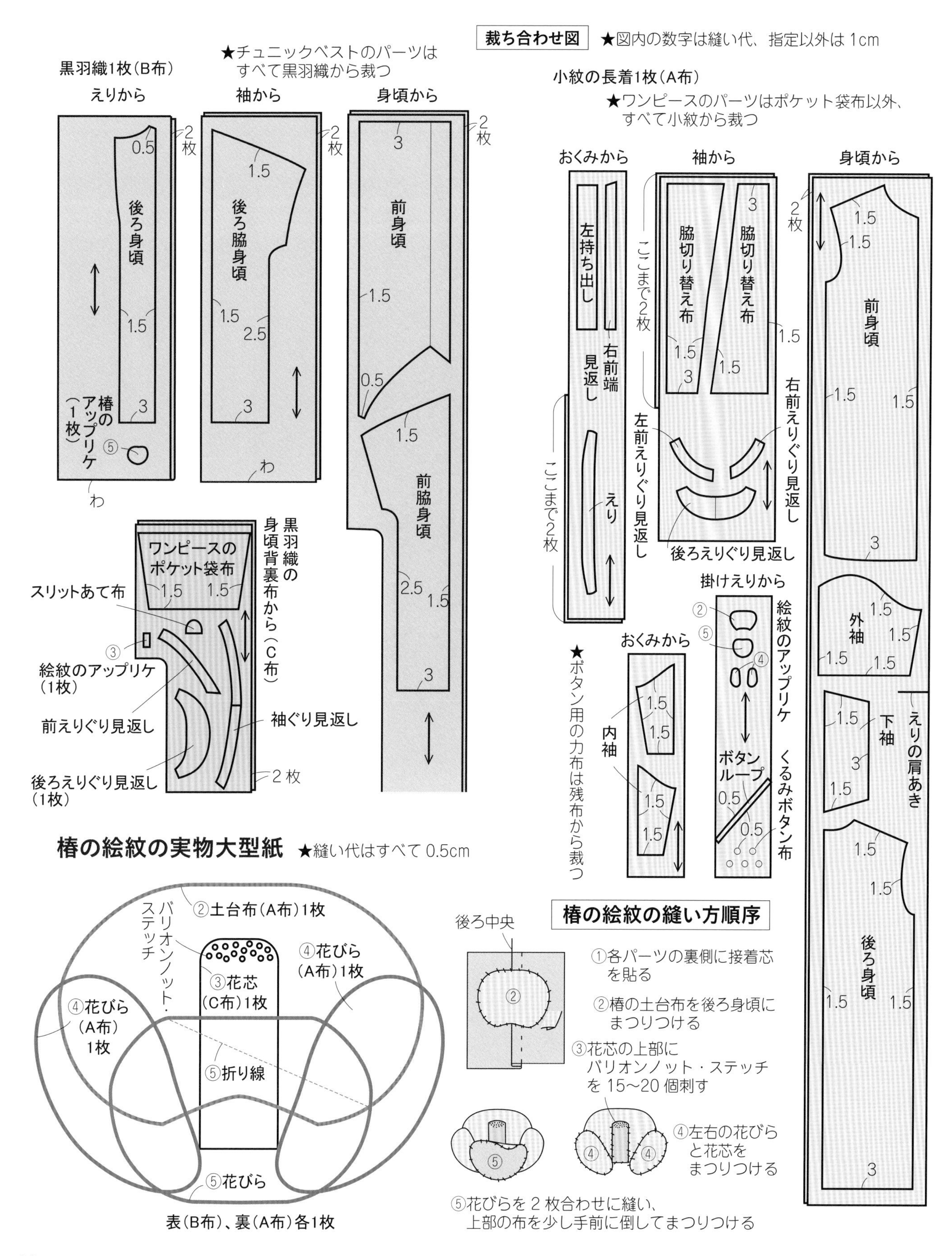
黒羽織1枚（B布）
★チュニックベストのパーツはすべて黒羽織から裁つ
えりから
袖から
身頃から
後ろ身頃
後ろ脇身頃
前身頃
前脇身頃
椿のアップリケ（1枚）
2枚
わ
ワンピースのポケット袋布
黒羽織の身頃背裏布から（C布）
スリットあて布
絵紋のアップリケ（1枚）
前えりぐり見返し
袖ぐり見返し
後ろえりぐり見返し（1枚）
2 枚
裁ち合わせ図
★図内の数字は縫い代、指定以外は 1cm
小紋の長着1枚（A布）
★ワンピースのパーツはポケット袋布以外、すべて小紋から裁つ
おくみから
袖から
身頃から
左持ち出し
右前端見返し
脇切り替え布
ここまで2枚
ここまで2枚
左前えりぐり見返し
右前えりぐり見返し
後ろえりぐり見返し
えり
前身頃
外袖
下袖
えりの肩あき
後ろ身頃
掛けえりから
絵紋のアップリケ
ボタンループ
くるみボタン布
おくみから
内袖
★ボタン用の力布は残布から裁つ
椿の絵紋の実物大型紙
★縫い代はすべて 0.5cm
②土台布（A布）1枚
バリオンノット・ステッチ
③花芯（C布）1枚
④花びら（A布）1枚
⑤折り線
⑤花びら
表（B布）、裏（A布）各1枚
椿の絵紋の縫い方順序
後ろ中央
①各パーツの裏側に接着芯を貼る
②椿の土台布を後ろ身頃にまつりつける
③花芯の上部にバリオンノット・ステッチを 15〜20 個刺す
④左右の花びらと花芯をまつりつける
⑤花びらを 2 枚合わせに縫い、上部の布を少し手前に倒してまつりつける

ワンピースの製図 ★指定以外の縫い代は1cm

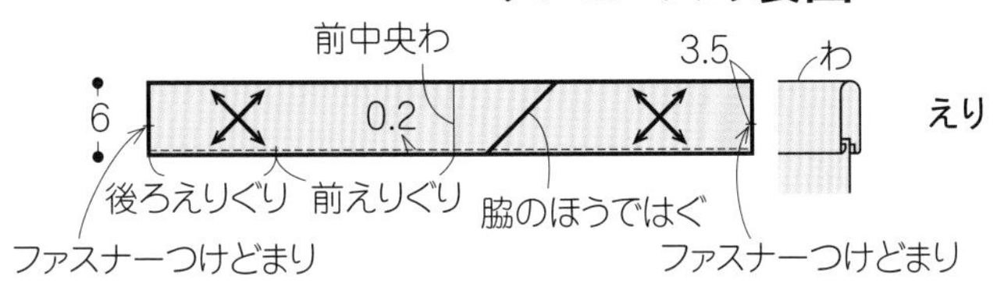

前中央わ
3.5
わ
6
0.2
えり
後ろえりぐり
前えりぐり
脇のほうではぐ
ファスナーつけどまり
ファスナーつけどまり

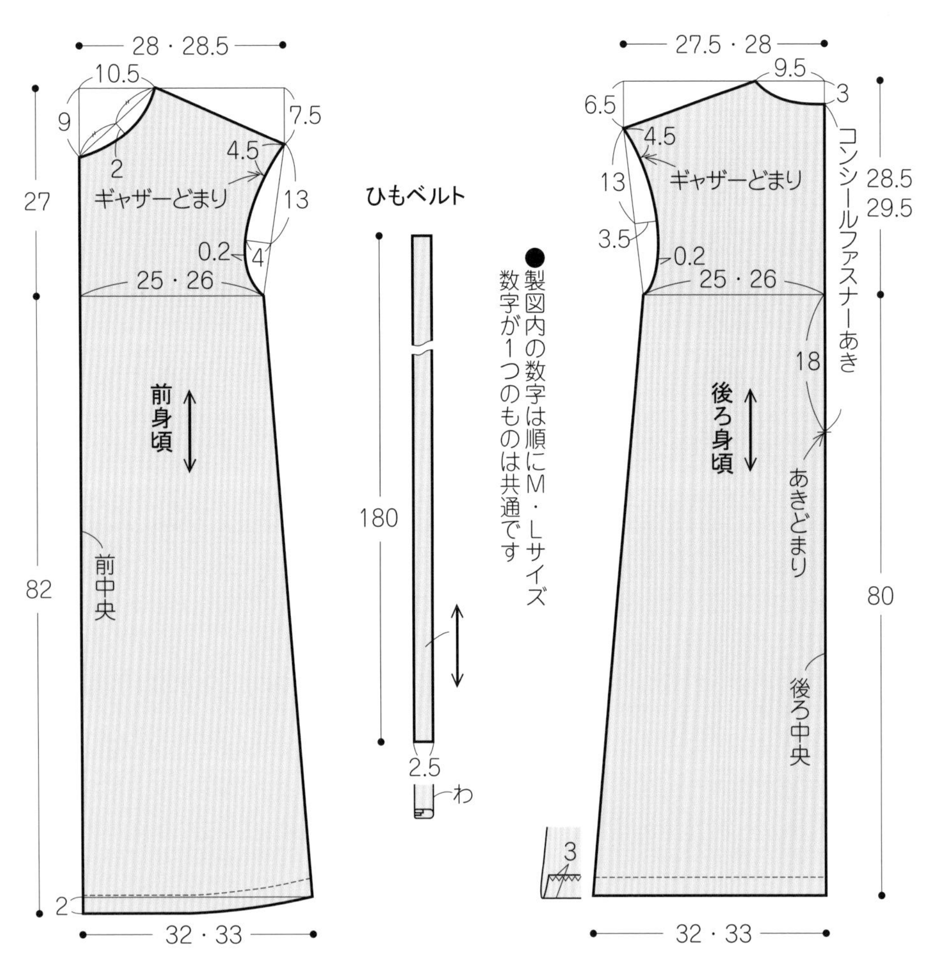

28・28.5
10.5
9
7.5
2
4.5
27
ギャザーどまり
13
0.2
4
25・26
前身頃
前中央
82
2
32・33
ひもベルト
180
2.5
わ
●製図内の数字は順にM・Lサイズ
数字が1つのものは共通です
27.5・28
9.5
3
6.5
4.5
13
ギャザーどまり
3.5
0.2
25・26
コンシールファスナーあき
28.5
29.5
18
後ろ身頃
あきどまり
80
後ろ中央
3
32・33

袖の切り開き方

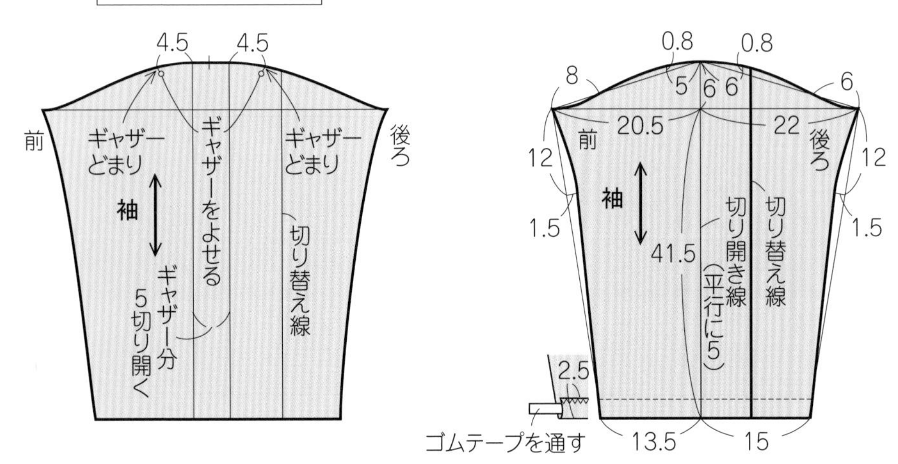

4.5
4.5
前
ギャザーどまり
ギャザーをよせる
ギャザーどまり
後ろ
袖
切り替え線
ギャザー分5切り開く
0.8
0.8
8
5
6
6
6
20.5
22
前
後ろ
12
12
袖
1.5
1.5
切り替え線
切り開き線（平行に5）
41.5
2.5
ゴムテープを通す
13.5
15

3
8ページ

材料

小紋縮緬の長着1枚

ゴムテープ＝
1.5cm幅を40cm

コンシールファスナー＝
48cmを1本

作り方要点

●ロールカラーはバイヤス地で指定寸法分にはぎ合わせてから裁ちます。

●着物をほどいた反物のみみを利用できる所は利用して裁つと、縫い代端の始末がいらなくなります。

●前・後ろ中央、袖口、裾以外の縫い代はすべて2枚一緒に縁かがりミシンをかけて始末します。

裁ち合わせ図 小紋縮緬の長着1枚

★図内の数字は縫い代、指定以外は1cm

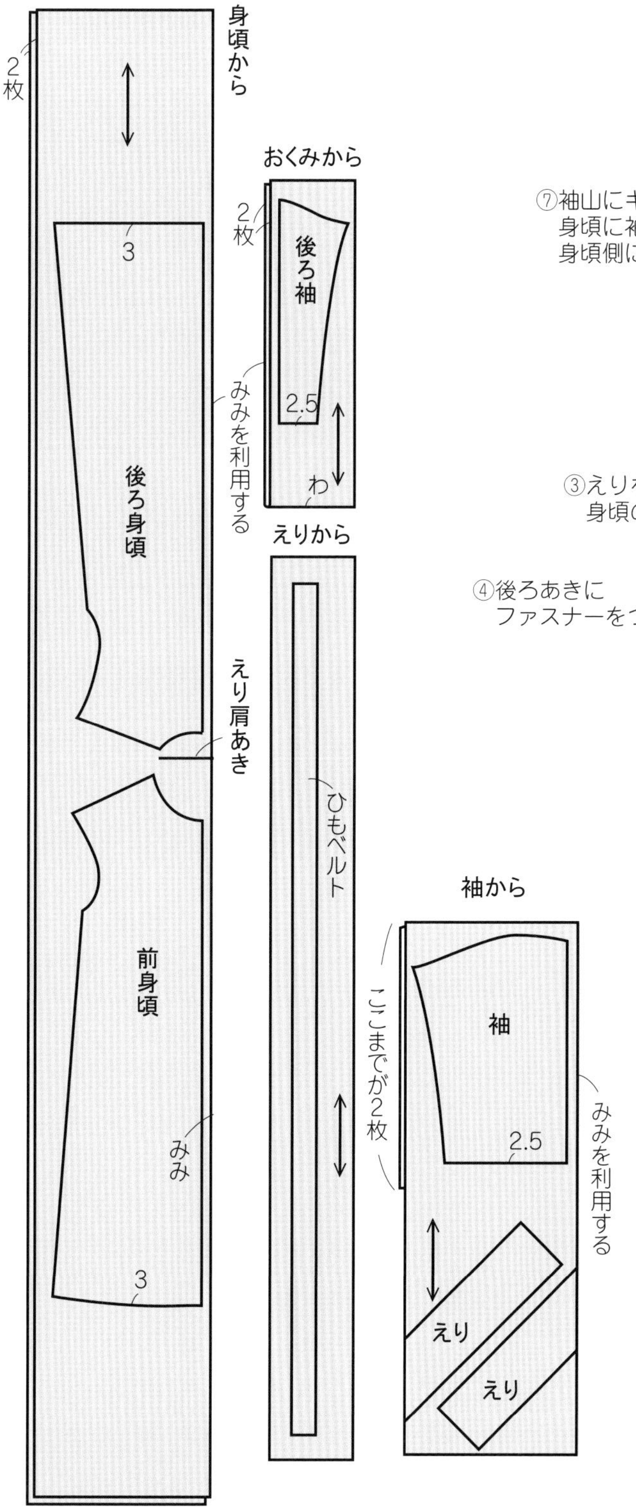

身頃から
2枚
3
後ろ身頃
みみを利用する
えり肩あき
前身頃
みみ
3

おくみから
2枚
後ろ袖
2.5
わ

えりから
ひもベルト

袖から
ここまでが2枚
袖
2.5
みみを利用する
えり
えり

ワンピースの縫い方順序

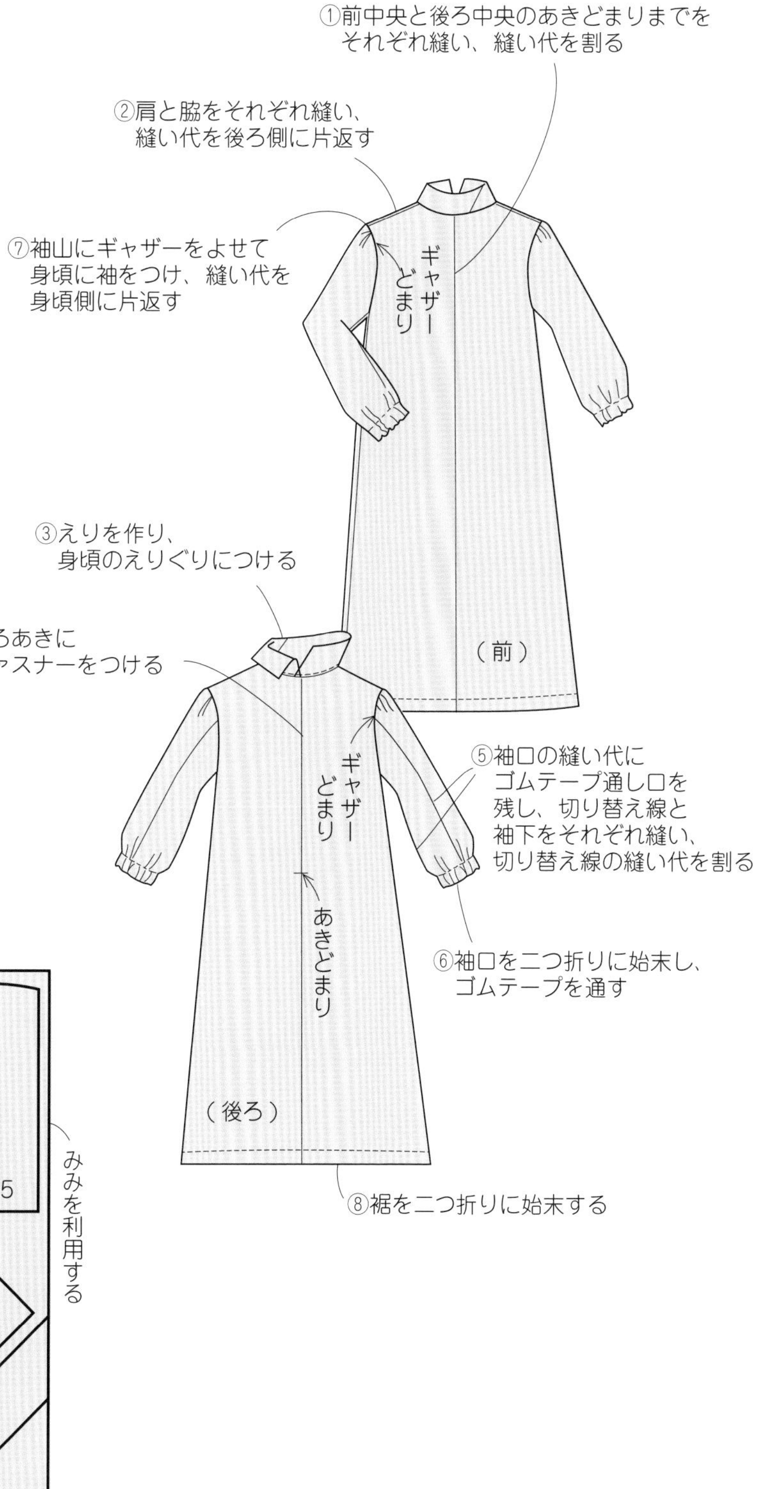

①前中央と後ろ中央のあきどまりまでをそれぞれ縫い、縫い代を割る

②肩と脇をそれぞれ縫い、縫い代を後ろ側に片返す

⑦袖山にギャザーをよせて身頃に袖をつけ、縫い代を身頃側に片返す

ギャザーどまり

（前）

③えりを作り、身頃のえりぐりにつける

④後ろあきにファスナーをつける

ギャザーどまり

⑤袖口の縫い代にゴムテープ通し口を残し、切り替え線と袖下をそれぞれ縫い、切り替え線の縫い代を割る

あきどまり

⑥袖口を二つ折りに始末し、ゴムテープを通す

（後ろ）

⑧裾を二つ折りに始末する

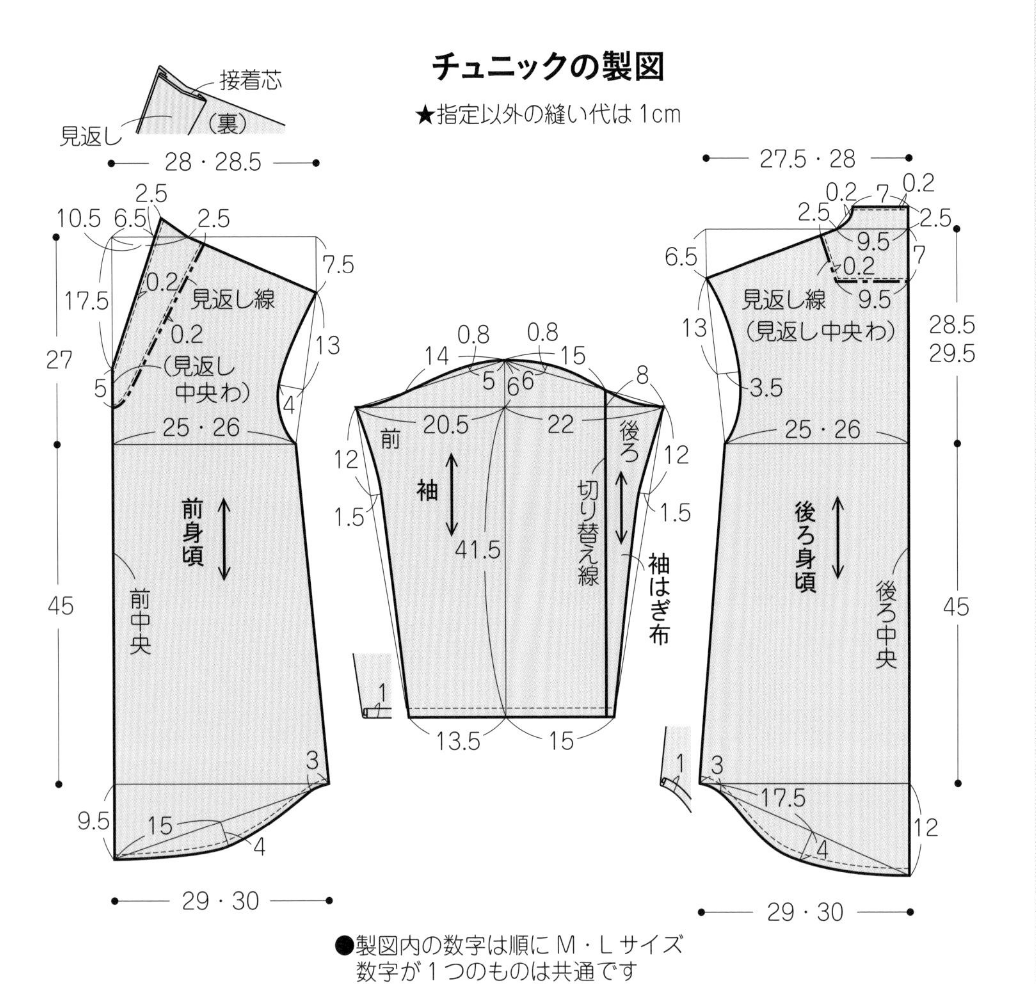

チュニックの製図
★指定以外の縫い代は1cm
接着芯
見返し
（裏）
28・28.5
27.5・28
見返し線
（見返し中央わ）
前身頃
前中央
袖
前
後ろ
切り替え線
袖はぎ布
後ろ身頃
後ろ中央
25・26
29・30
41.5
20.5
22
13.5
15
●製図内の数字は順にM・Lサイズ
数字が1つのものは共通です

縫い方順序

①見返しに接着芯を貼る

⑧えりぐり見返しをつけてえりを整え、見返し奥を二つ折りに始末する

③肩を縫い、縫い代を後ろ側に片返す

②前、後ろ身頃の中央をそれぞれ縫い、縫い代を割る

④袖の切り替え線を縫い、身頃に袖をつけ、縫い代を身頃側に片返す

⑥袖口を三つ折りに始末する

⑤袖下から脇を続けて縫い、縫い代を後ろ側に片返す

⑦裾を三つ折りに始末する

みみ利用

4
10ページ

材料

大島紬の長着1枚
（別布に八掛を使用）

接着芯＝40cm×30cm
（チュニックの見返し分）

ゴムテープ＝2cm幅を66cm
（パンツ分）

作り方要点

●チュニックのえりぐり見返しは八掛から裁ちます。

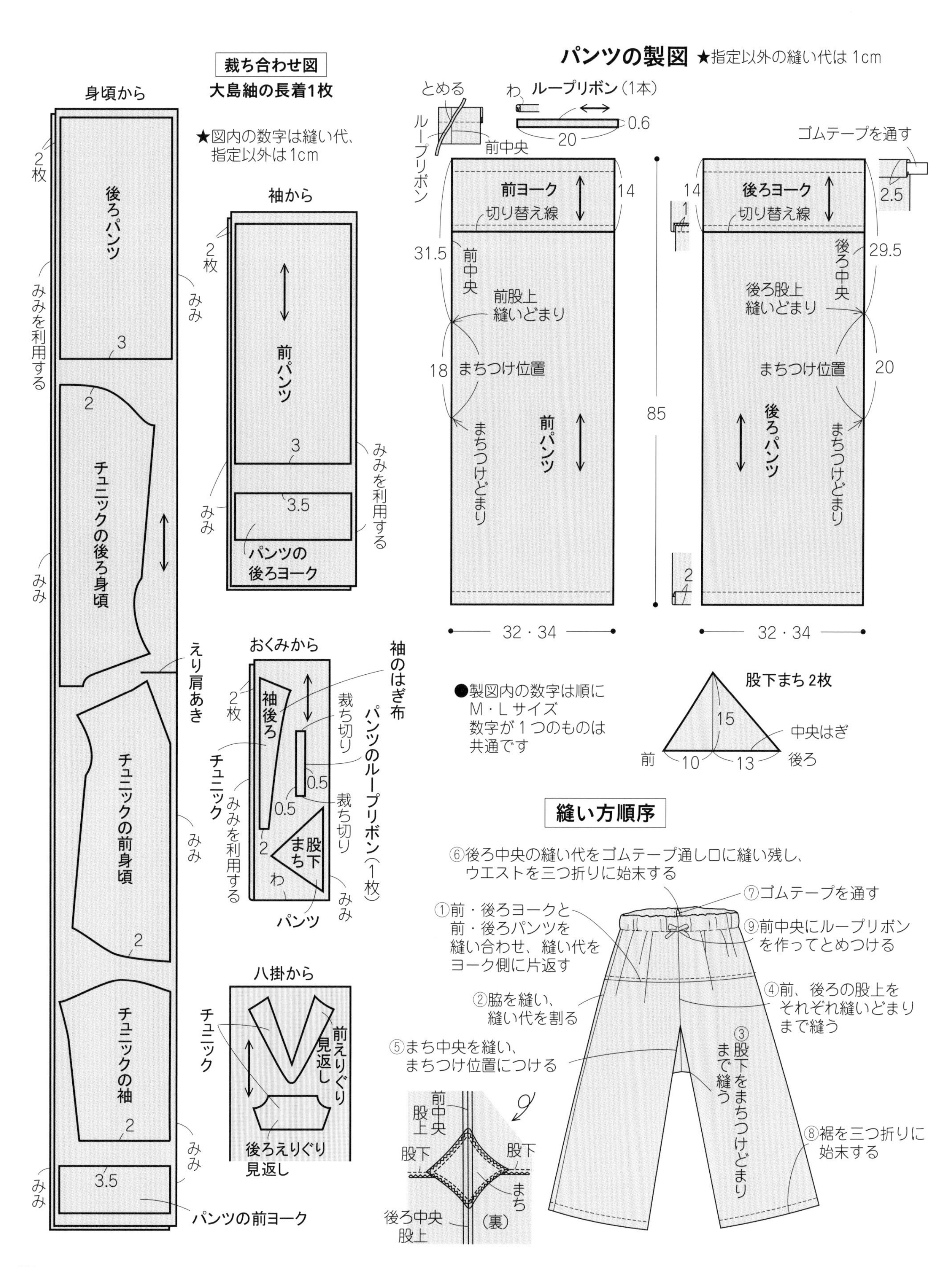

裁ち合わせ図
大島紬の長着1枚
★図内の数字は縫い代、指定以外は1cm
身頃から
後ろパンツ
チュニックの後ろ身頃
チュニックの前身頃
チュニックの袖
パンツの前ヨーク
えり肩あき
2枚
みみを利用する
みみ
袖から
前パンツ
パンツの後ろヨーク
おくみから
袖後ろ
チュニック
股下まち
わ
パンツ
袖のはぎ布
パンツのループリボン（1枚）
裁ち切り
八掛から
前えりぐり見返し
後ろえりぐり見返し
パンツの製図
★指定以外の縫い代は1cm
とめる
ループリボン
わ
ループリボン（1本）
前中央
ゴムテープを通す
前ヨーク
後ろヨーク
切り替え線
前中央
後ろ中央
前股上縫いどまり
後ろ股上縫いどまり
まちつけ位置
まちつけどまり
前パンツ
後ろパンツ
32・34
●製図内の数字は順にM・Lサイズ
数字が1つのものは共通です
股下まち 2枚
中央はぎ
前
後ろ
縫い方順序
⑥後ろ中央の縫い代をゴムテープ通し口に縫い残し、ウエストを三つ折りに始末する
⑦ゴムテープを通す
①前・後ろヨークと前・後ろパンツを縫い合わせ、縫い代をヨーク側に片返す
⑨前中央にループリボンを作ってとめつける
②脇を縫い、縫い代を割る
④前、後ろの股上をそれぞれ縫いどまりまで縫う
⑤まち中央を縫い、まちつけ位置につける
③股下をまちつけどまりまで縫う
⑧裾を三つ折りに始末する
前中央股上
股下
まち
後ろ中央股上
（裏）

チュニックの製図 ★指定以外の縫い代は1cm

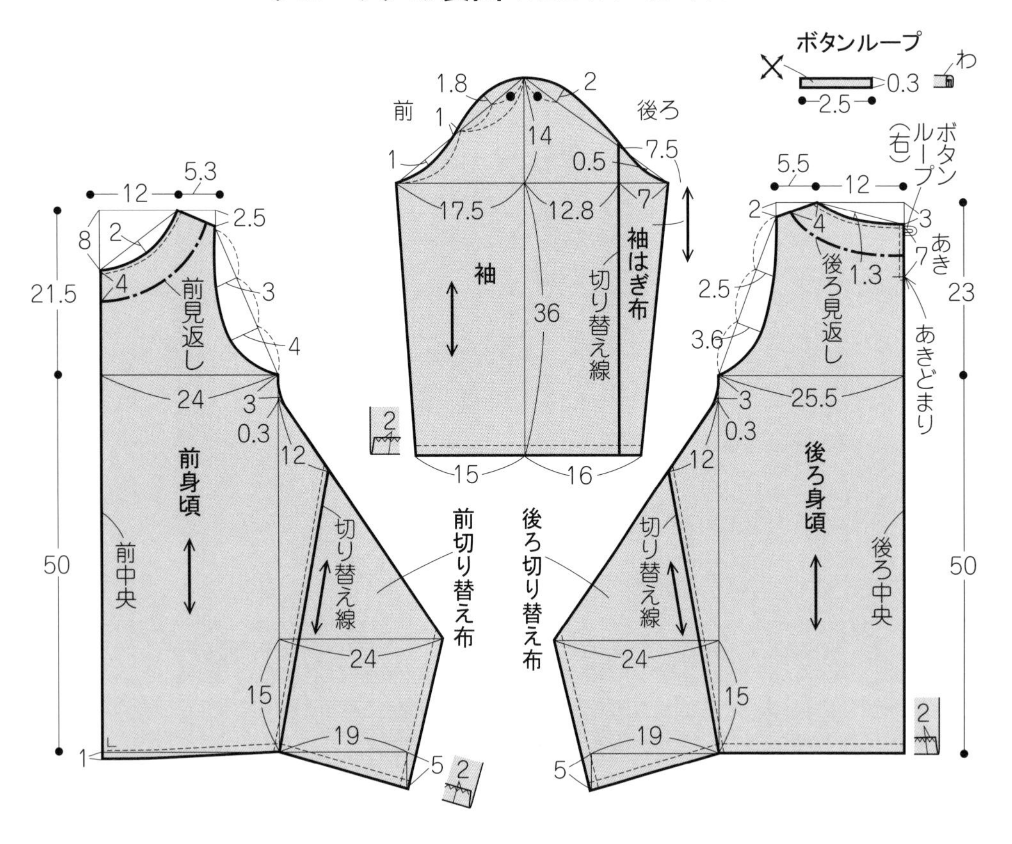

ボタンループ
わ
0.3
2.5
前
後ろ
1.8
2
1
14
0.5
7.5
17.5
12.8
7
袖
36
切り替え線
袖はぎ布
15
16
5.3
12
8
2
2.5
21.5
4
前見返し
3
24
0.3
前身頃
前中央
50
切り替え線
前切り替え布
後ろ切り替え布
15
19
5
1
5.5
ボタンループ(右)
あき
後ろ見返し
1.3
3.6
25.5
後ろ身頃
後ろ中央
あきどまり
23

キュロットパンツの製図 ★指定以外の縫い代は1cm

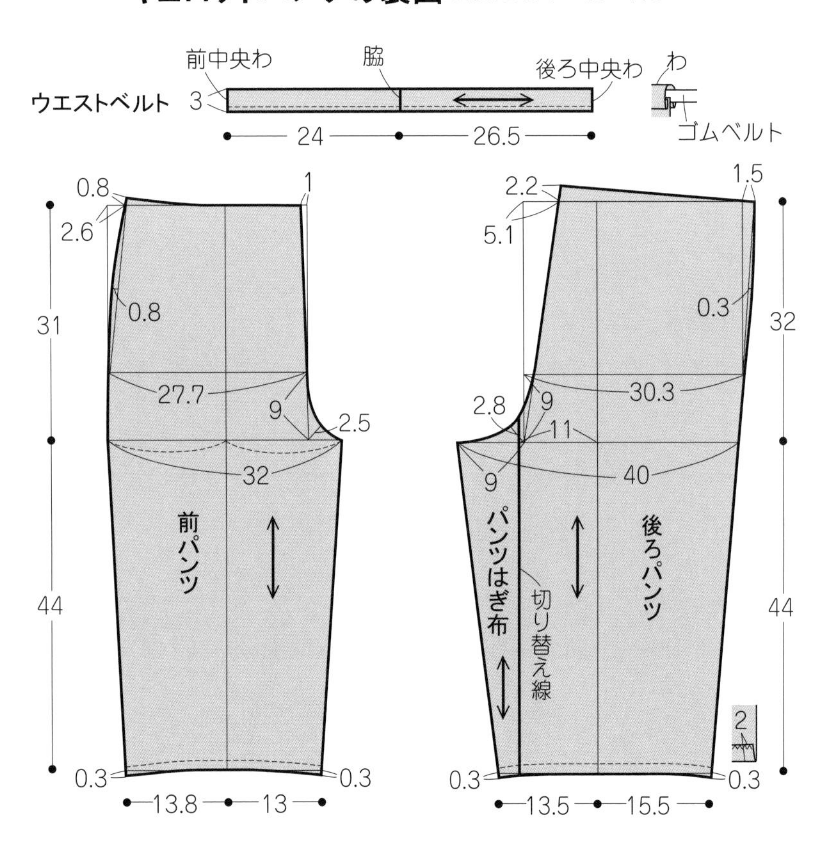

前中央わ
脇
後ろ中央わ
わ
ウエストベルト
3
24
26.5
ゴムベルト
0.8
1
2.6
31
27.7
9
2.5
32
前パンツ
44
0.3
13.8
13
2.2
1.5
5.1
30.3
2.8
11
40
パンツはぎ布
切り替え線
後ろパンツ
13.5
15.5

5
12ページ

材料

表布に紬の長着 1 枚
（八掛からロールカラーブラウスを裁つ）

接着芯＝40×30cm
（チュニックの見返し分）

ゴムベルト＝
2.5cm幅を70cm
（パンツ分）

くるみボタン＝1.2cmを1個
（チュニック分）

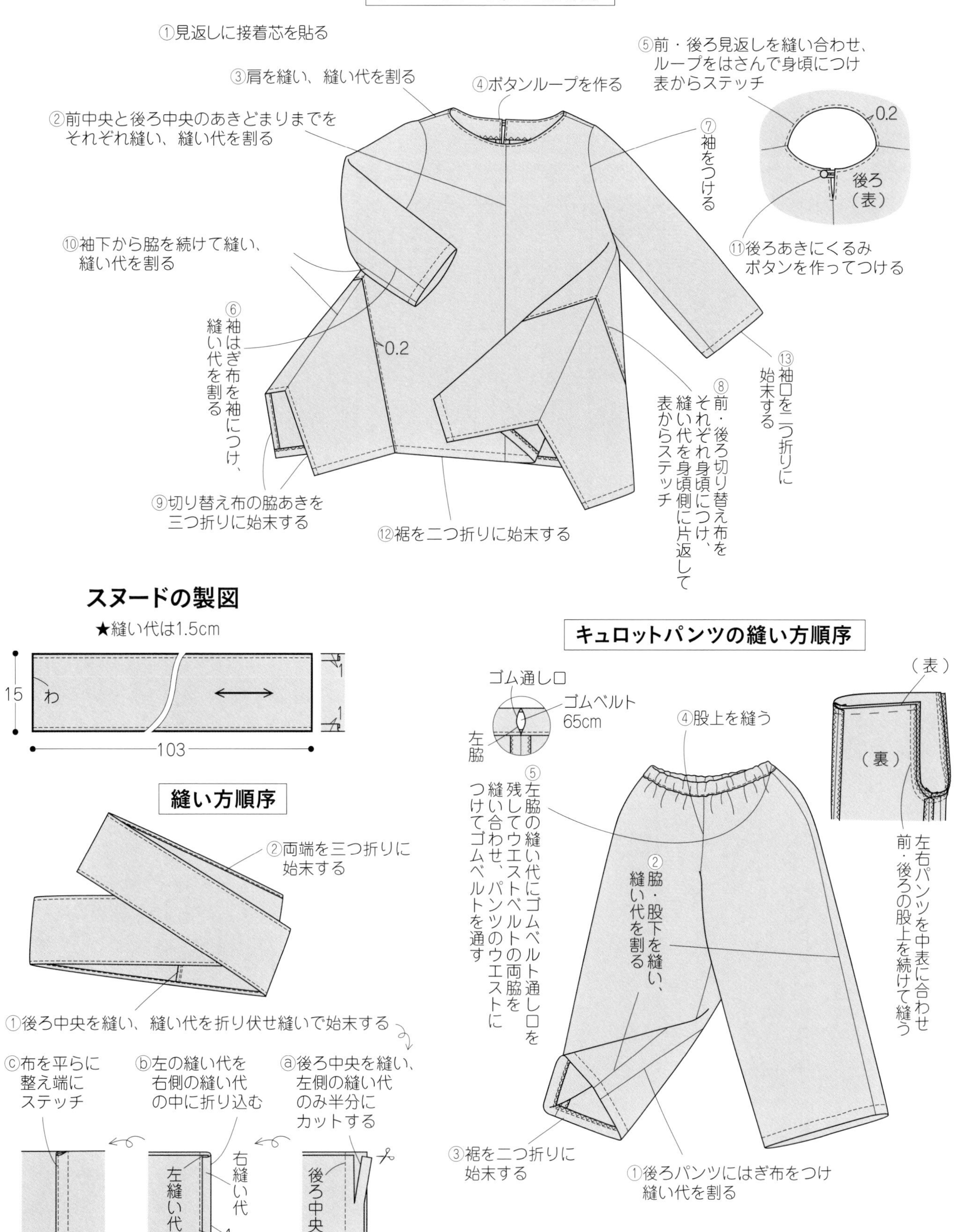

チュニックの縫い方順序
①見返しに接着芯を貼る
③肩を縫い、縫い代を割る
④ボタンループを作る
⑤前・後ろ見返しを縫い合わせ、
ループをはさんで身頃につけ
表からステッチ
0.2
②前中央と後ろ中央のあきどまりまでを
それぞれ縫い、縫い代を割る
⑦袖をつける
後ろ
（表）
⑪後ろあきにくるみ
ボタンを作ってつける
⑩袖下から脇を続けて縫い、
縫い代を割る
⑥袖はぎ布を袖につけ、
縫い代を割る
0.2
⑬袖口を二つ折りに
始末する
⑧前・後ろ切り替え布を
それぞれ身頃につけ、
縫い代を身頃側に片返して
表からステッチ
⑨切り替え布の脇あきを
三つ折りに始末する
⑫裾を二つ折りに始末する
スヌードの製図
★縫い代は1.5cm
15
わ
103
1
1
縫い方順序
②両端を三つ折りに
始末する
①後ろ中央を縫い、縫い代を折り伏せ縫いで始末する
ⓒ布を平らに
整え端に
ステッチ
ⓑ左の縫い代を
右側の縫い代
の中に折り込む
ⓐ後ろ中央を縫い、
左側の縫い代
のみ半分に
カットする
左縫い代
右縫い代
1
後ろ中央
キュロットパンツの縫い方順序
ゴム通し口
ゴムベルト
65cm
左脇
④股上を縫う
⑤左脇の縫い代にゴムベルト通し口を
残してウエストベルトの両脇を
縫い合わせ、パンツのウエストに
つけてゴムベルトを通す
②脇・股下を縫い、
縫い代を割る
（表）
（裏）
左右パンツを中表に合わせ
前・後ろの股上を続けて縫う
③裾を二つ折りに
始末する
①後ろパンツにはぎ布をつけ
縫い代を割る

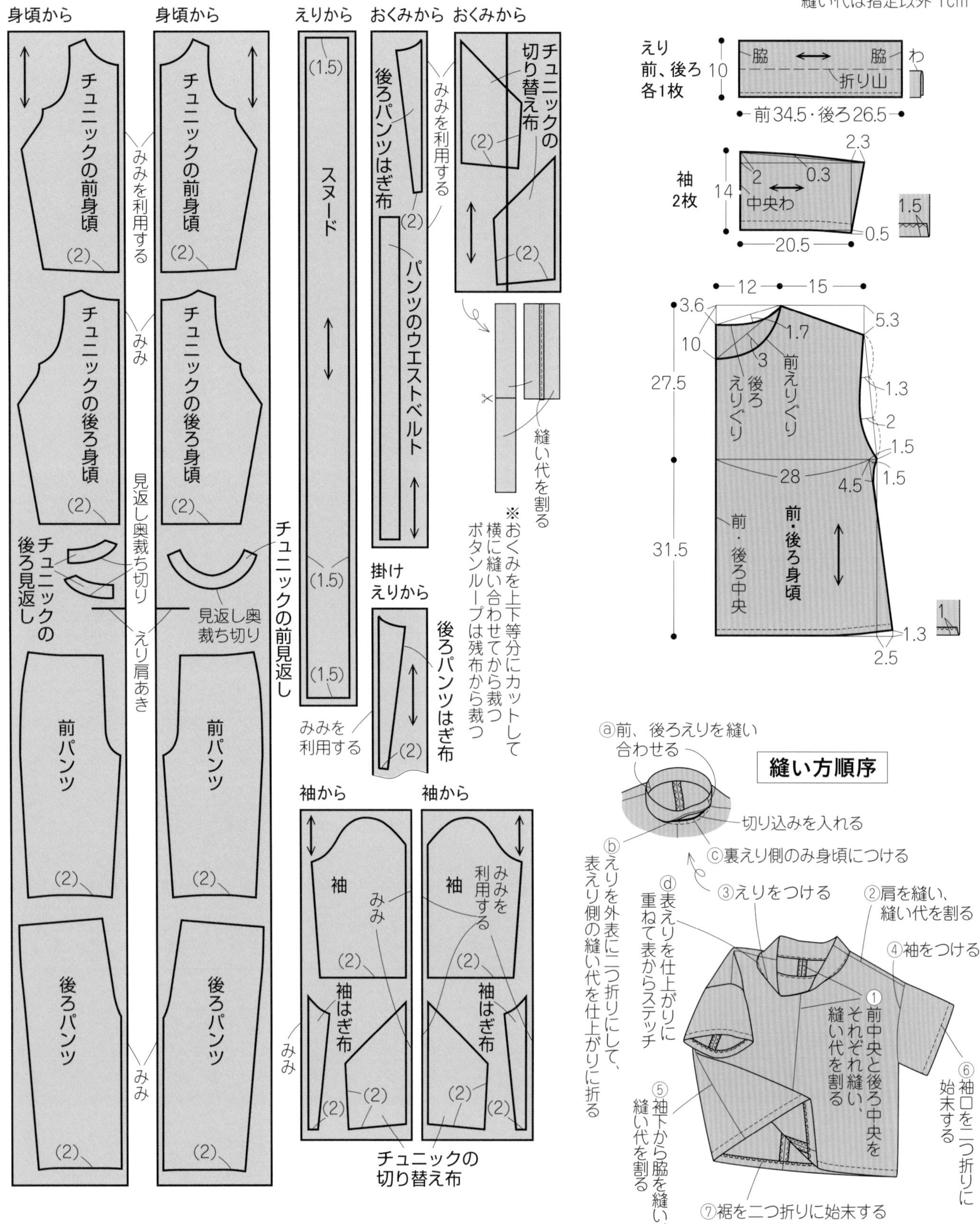

裁ち合わせ図
紬の長着1枚
★( )内は縫い代、指定以外は1cm
身頃から
身頃から
えりから
おくみから
おくみから
チュニックの前身頃
チュニックの後ろ身頃
チュニックの後ろ見返し
チュニックの前見返し
みみを利用する
みみ
見返し奥裁ち切り
見返し奥裁ち切り
えり肩あき
前パンツ
後ろパンツ
スヌード
後ろパンツはぎ布
パンツのウエストベルト
チュニックの切り替え布
縫い代を割る
※おくみを上下等分にカットして横に縫い合わせてから裁つ ボタンループは残布から裁つ
掛けえりから
袖から
袖
袖はぎ布
みみを利用する
ロールカラーブラウスの製図
★着物の八掛から裁つ
縫い代は指定以外1cm
えり
前、後ろ
各1枚
脇
折り山
わ
前34.5・後ろ26.5
袖
2枚
中央わ
前えりぐり
後ろえりぐり
前・後ろ中央
前・後ろ身頃
縫い方順序
ⓐ前、後ろえりを縫い合わせる
ⓑえりを外表に二つ折りにして、表えり側の縫い代を仕上がりに折る
ⓒ裏えり側のみ身頃につける
ⓓ表えりを仕上がりに重ねて表からステッチ
切り込みを入れる
①前中央と後ろ中央をそれぞれ縫い、縫い代を割る
②肩を縫い、縫い代を割る
③えりをつける
④袖をつける
⑤袖下から脇を縫い、縫い代を割る
⑥袖口を二つ折りに始末する
⑦裾を二つ折りに始末する

チュニックブラウスの製図 ★指定以外の縫い代は1cm

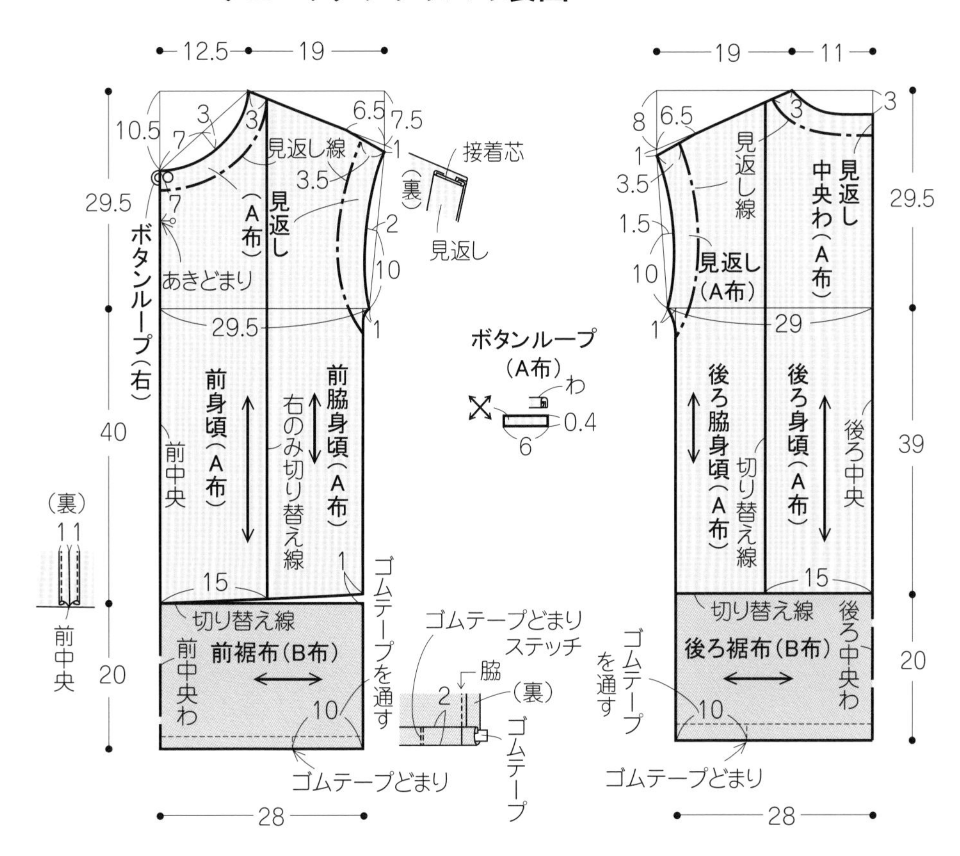

12.5
19
10.5
3
7
3
見返し線
6.5
7.5
1
接着芯
(裏)
見返し
3.5
29.5
7
(A布)
見返し
2
10
ボタンループ(右)
あきどまり
29.5
1
前身頃(A布)
前脇身頃(A布)
右のみ切り替え線
40
前中央
1
15
切り替え線
前中央わ
前裾布(B布)
10
20
ゴムテープを通す
ゴムテープどまり
28
(裏)
1 1
前中央
ボタンループ
(A布)
わ
0.4
6
ゴムテープどまり
ステッチ
脇
(裏)
2
ゴムテープ
19
11
8
6.5
3
3
1
3.5
1.5
10
1
見返し線
見返し
中央わ(A布)
29.5
見返し
(A布)
29
後ろ脇身頃(A布)
切り替え線
後ろ身頃(A布)
後ろ中央
39
15
切り替え線
後ろ裾布(B布)
後ろ中央わ
ゴムテープを通す
10
20
ゴムテープどまり
28

縫い方順序

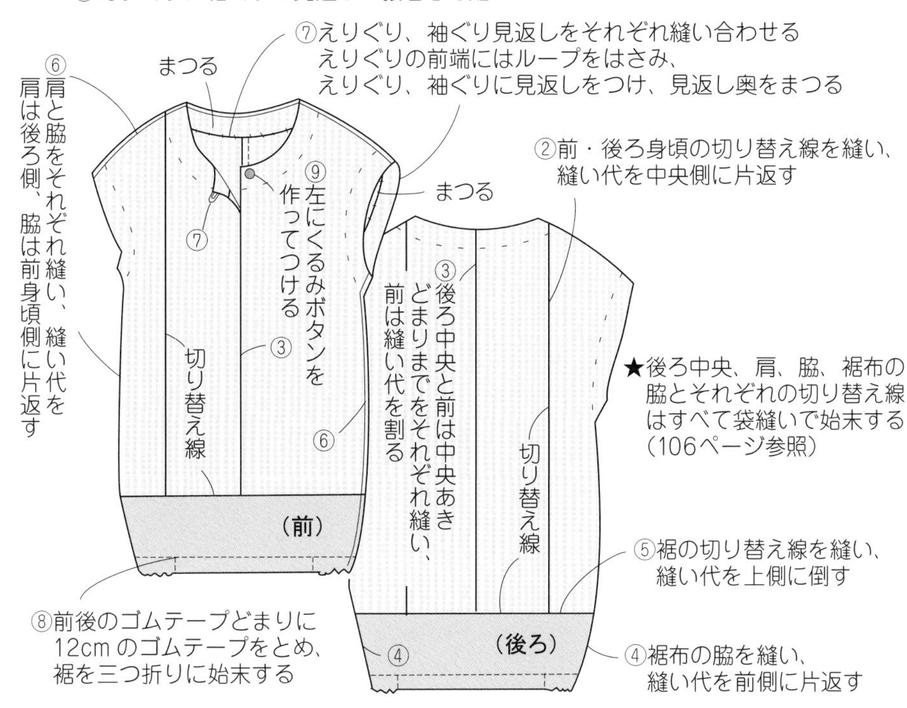

①えりぐり、袖ぐりの見返しに接着芯を貼る
⑦えりぐり、袖ぐり見返しをそれぞれ縫い合わせる
えりぐりの前端にはループをはさみ、
えりぐり、袖ぐりに見返しをつけ、見返し奥をまつる
⑥肩と脇をそれぞれ縫い、縫い代を肩は後ろ側、脇は前身頃側に片返す
まつる
⑨左にくるみボタンを作ってつける
⑦
まつる
②前・後ろ身頃の切り替え線を縫い、縫い代を中央側に片返す
切り替え線
③
③後ろ中央と前は中央あきどまりまでをそれぞれ縫い、前は縫い代を割る
⑥
★後ろ中央、肩、脇、裾布の脇とそれぞれの切り替え線はすべて袋縫いで始末する(106ページ参照)
(前)
切り替え線
⑤裾の切り替え線を縫い、縫い代を上側に倒す
⑧前後のゴムテープどまりに12cmのゴムテープをとめ、裾を三つ折りに始末する
④
(後ろ)
④裾布の脇を縫い、縫い代を前側に片返す

6
14ページ

材料

A布に小紋縮緬の長着1枚

B布に黒地小紋の長着1枚

接着芯＝50cm×1m
(コートドレスの前端見返し、えり、えりぐり見返し、チュニックのえりぐり見返し、袖ぐり見返し分)

くるみボタン＝1.8cmを6個
(コートドレス、チュニック分)

ゴムテープ＝
1.8cm幅を28cm

コートドレスの製図 ★指定以外の縫い代は1cm

ボックスプリーツのプリーツ分のつけ方と向こう布

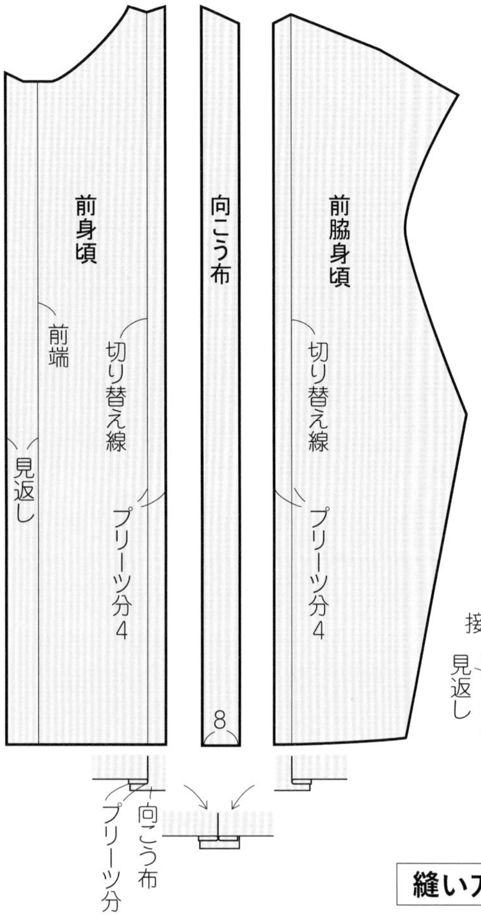

前身頃
前端
見返し
切り替え線
プリーツ分4

向こう布
8

前脇身頃
切り替え線
プリーツ分4

プリーツ分
向こう布

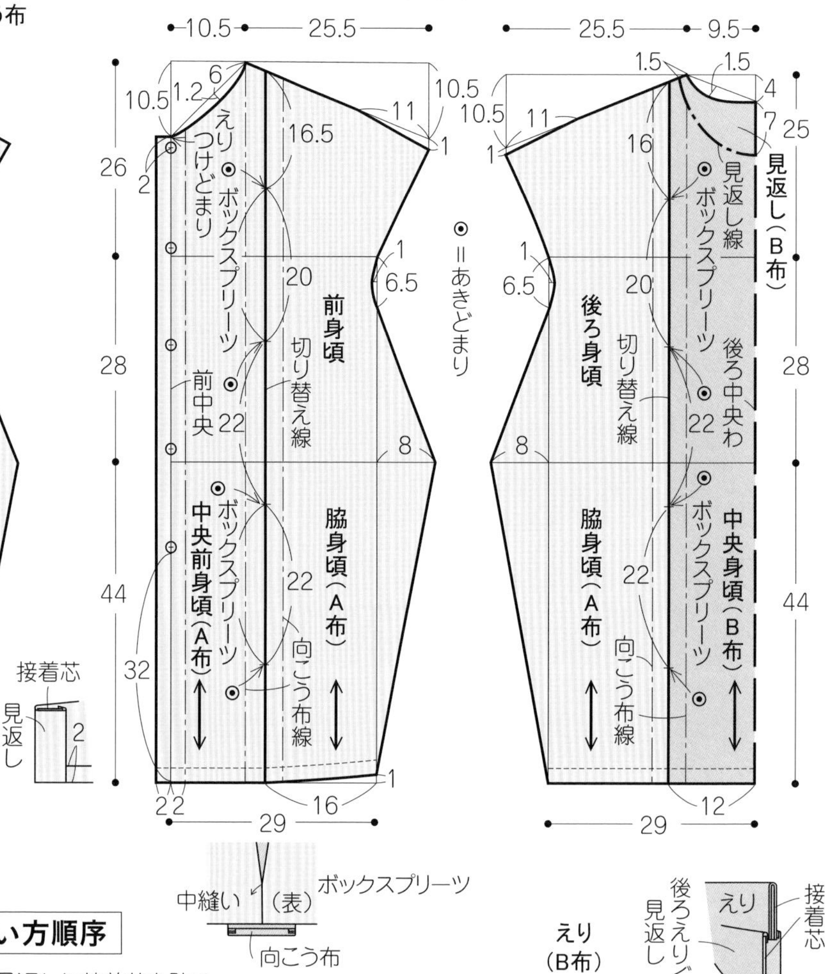

接着芯
見返し
2

えりつけどまり
ボックスプリーツ
前中央
前身頃
切り替え線
中央前身頃(A布)
脇身頃(A布)
向こう布線
◉＝あきどまり

後ろ身頃
見返し線
見返し(B布)
ボックスプリーツ
後ろ中央わ
切り替え線
脇身頃(A布)
中央身頃(B布)
向こう布線

中縫い
(表)
ボックスプリーツ
向こう布

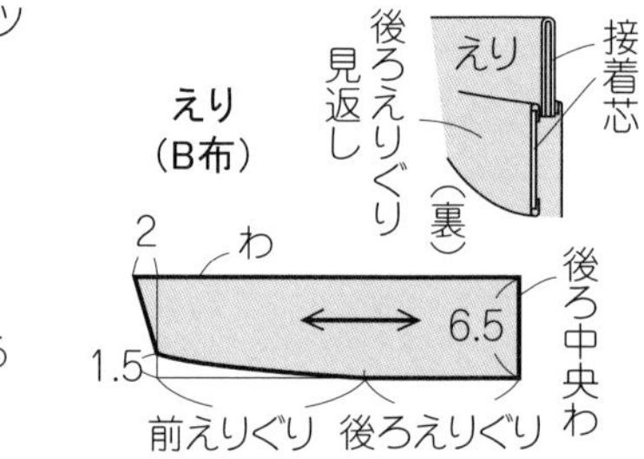

えり(B布)
後ろえりぐり見返し
えり
接着芯
(裏)
わ
後ろ中央わ
前えりぐり
後ろえりぐり

前
後ろ
左前袖(B布)
切り替え線
左後ろ袖(A布)
右後ろ袖(B布)
(A布)
右前袖

縫い方順序

①前端見返し、えり、えりぐり見返しに接着芯を貼る

②前、後ろ身頃の切り替え線をボックスプリーツ部分を残して縫い、縫い代を割る

③向こう布をつける

④肩を縫う

⑤袖の切り替え線を縫う

⑥袖下と脇をそれぞれ縫い、縫い代を後ろ側に片返す

⑦袖をつける

⑧前端を整えて、裾と見返しを三つ折りに始末する

⑨えりを作り、身頃と前えりぐりは共布のバイヤステープ、後ろえりぐりは見返しではさんで縫い、バイヤステープはまつり、見返し奥は二つ折りに始末する

⑩袖口を三つ折りに始末する

⑪右にボタン穴を作る

⑫左にボタンをつける

(A布) (B布)

えり
折り伏せ縫い
肩
後ろ(裏)
後ろえりぐり見返し

★肩、切り替え線、脇、袖下、袖つけはすべて袋縫いで始末する
(106ページ参照)

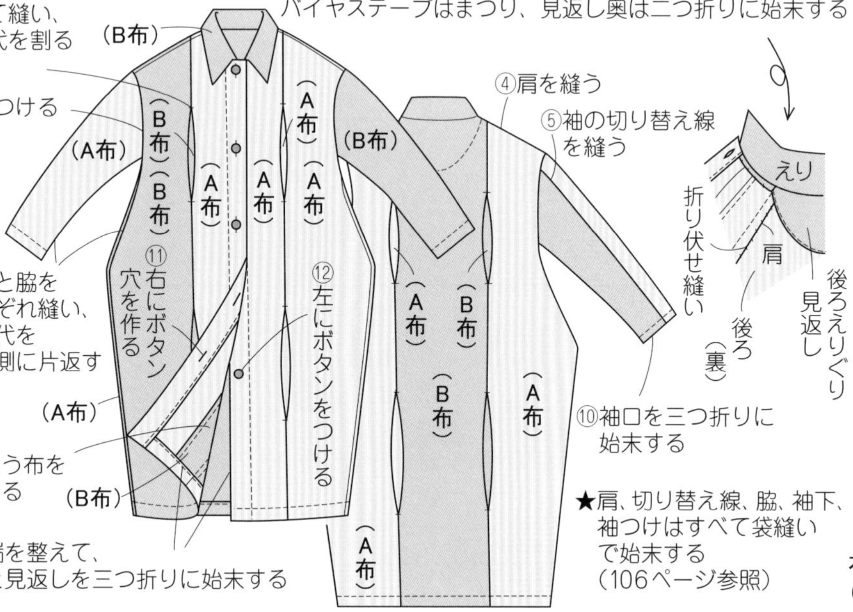

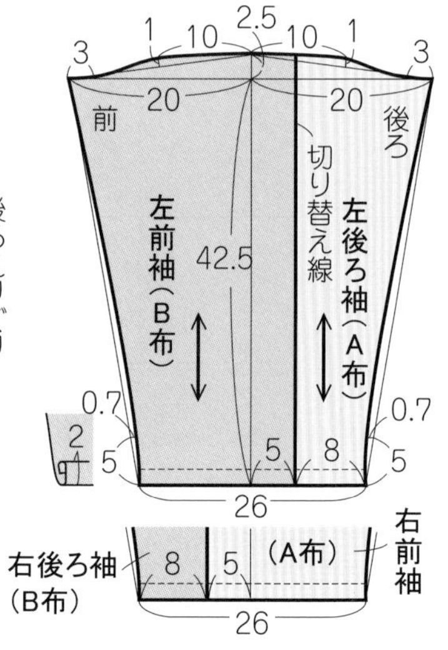

裁ち合わせ図 ★図内の数字は縫い代、指定以外は1cm

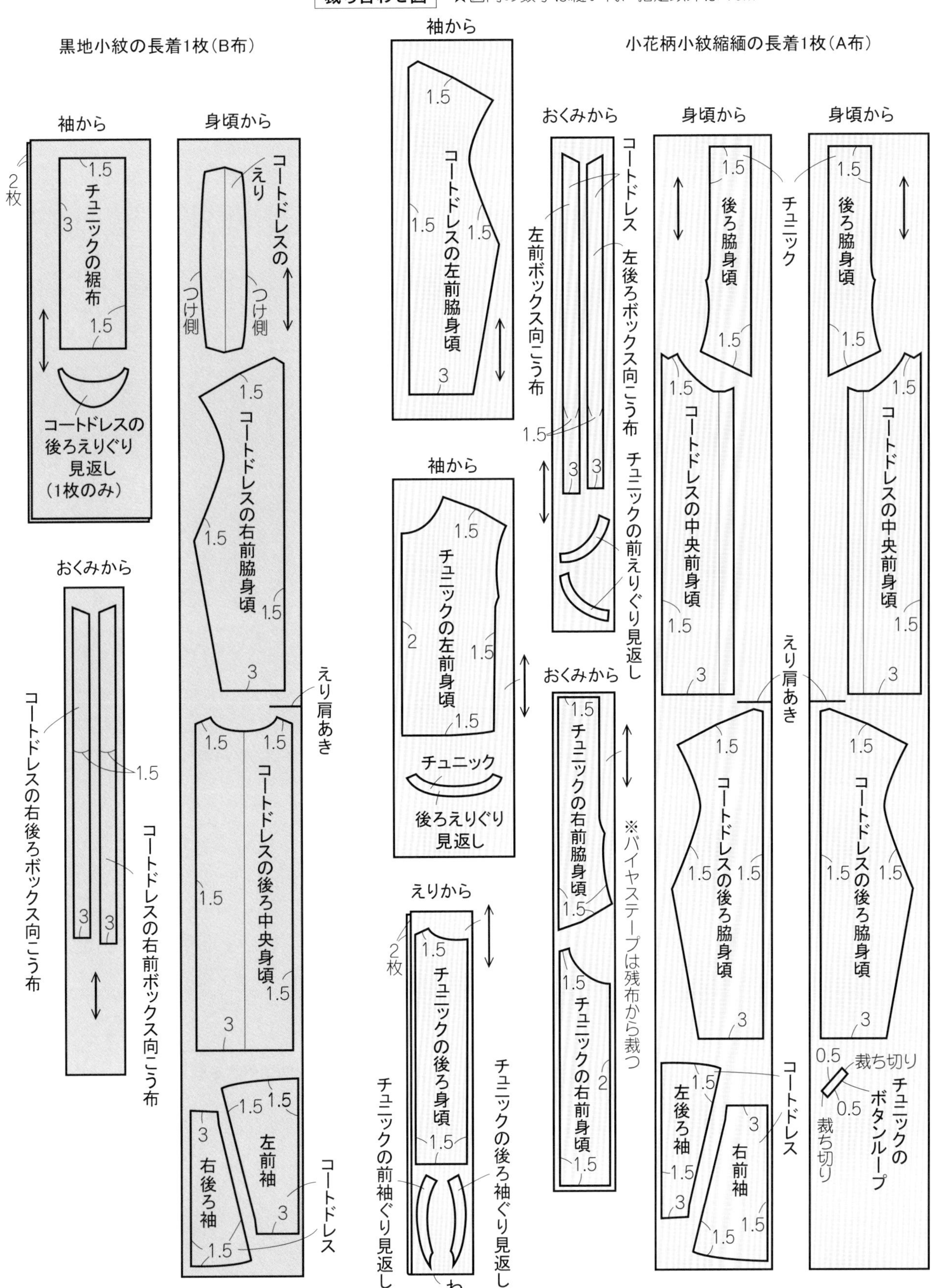

黒地小紋の長着1枚（B布）
袖から
2枚
チュニックの裾布
コートドレスの後ろえりぐり見返し（1枚のみ）
身頃から
コートドレスのえり
つけ側
つけ側
コートドレスの右前脇身頃
えり肩あき
コートドレスの後ろ中央身頃
左前袖
右後ろ袖
コートドレス
おくみから
コートドレスの右後ろボックス向こう布
コートドレスの右前ボックス向こう布
小花柄小紋縮緬の長着1枚（A布）
袖から
コートドレスの左前脇身頃
袖から
チュニックの左前身頃
チュニック
後ろえりぐり見返し
えりから
2枚
チュニックの後ろ身頃
チュニックの前袖ぐり見返し
チュニックの後ろ袖ぐり見返し
わ
おくみから
コートドレス
左前ボックス向こう布
左後ろボックス向こう布
チュニックの前えりぐり見返し
おくみから
チュニックの右前脇身頃
チュニックの右前身頃
※バイヤステープは残布から裁つ
身頃から
後ろ脇身頃
コートドレスの中央前身頃
コートドレスの後ろ脇身頃
左後ろ袖
右前袖
コートドレス
チュニック
えり肩あき
身頃から
後ろ脇身頃
コートドレスの中央前身頃
コートドレスの後ろ脇身頃
0.5
裁ち切り
0.5
裁ち切り
チュニックのボタンループ

7

急なお呼ばれにも安心、気軽に装える フォーマルウエア

袋帯からジャケットとバッグとコサージュ、黒留袖からワンピースとひもベルトを作った華やかで豪華なひとセット。格式の高い席のお呼ばれにも十分引けを取らず、なにより洋装の気軽さが魅力です。

デザイン 見崎智子 ― 作り方54ページ

作り方54ページ

元型

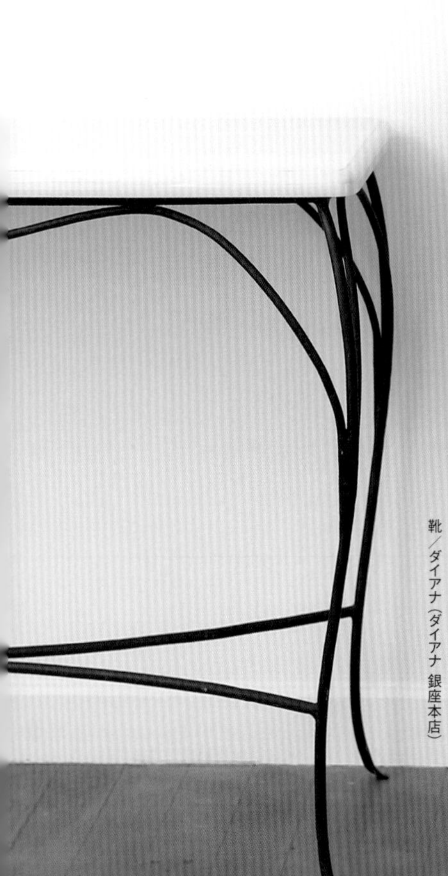

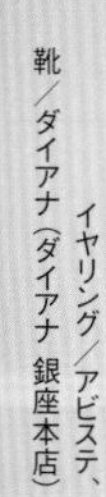

イヤリング／アビステ、靴／ダイアナ（ダイアナ 銀座本店）

袋帯・黒留袖

袋帯をリメイクする場合は、柄部分と無地部分の裁ち合わせ方がポイントに。このジャケットは、無地部分を袖に配置しています。

黒留袖から作るワンピースは、華やかな絵柄を裾に配置する裁ち合わせ方が、いちばん無難です。家紋をこのようなベルトやネックレスなどに利用すると、より格調の高い雰囲気に。

地厚な帯地は、バッグの布地に適しているので布が余っていたら、ぜひ作っておきたいアイテムです。和調のコサージュも素敵。

8

結婚式などお祝いの席で着る黒留袖。帯を締める窮屈さや着付けのことを考えると、ちょっと敬遠しがちになりますが、洋装にリメイクすることで、ぐっと装う気軽さが違ってきます。ぜひ、トライしてみてください。

デザイン　見崎智子　作り方59ページ

イヤリング／アビステ、靴／オリエンタルトラフィック（ダブルエー）

元型

黒留袖

ゴールドの市販の持ち手を
利用したフォーマルバッグ、
存在感ある大きめのコサー
ジュ、後ろボタンあきのス
ヌードの小物3点。

チュニックは、結びひもを外し
て着ると、より横幅の広いワイ
ドなシルエットに。アクセサ
リー代わりにも重宝なスヌード
のあしらい方もおしゃれです。

デザイン 組谷慶子 作り方62ページ

9

通し柄の帯からなら、ご覧の着たけが長いフォーマルジャケットが楽に作れます。シックで上品な金糸を絡めた松の模様が、とってもおしゃれな一枚。余計な飾りを省いたシンプルさも素敵です。

帯地のたれ位置の金糸ラインをあえて生かしたデザインが効果的なプチショルダーバッグ。

元型

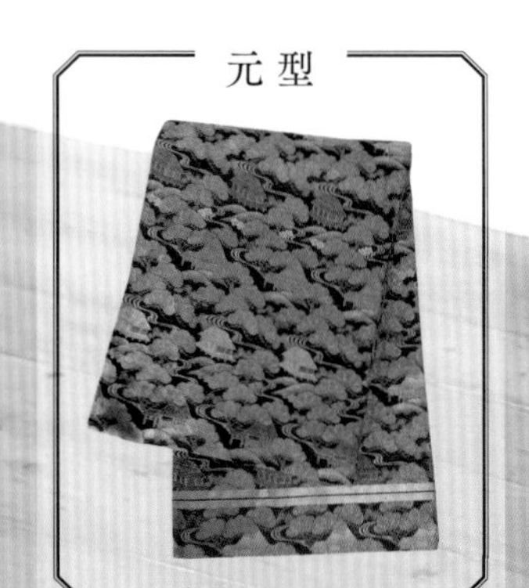

イヤリング／アビステ、靴／フィン

丸帯

10

デザイン 組谷慶子

作り方64ページ

晴れ着用の丸帯を利用した、豪華で緻密な刺しゅうが目を惹くワンピース。無地のフォーマルジャケットと組み合わせて着ても素敵です。多色使いなのに気品がある、日本の伝統美の格調の高さが味わえる一枚。

キュートで使いやすい形のフォーマルバッグ。通しの絵柄の丸帯は、どこを使っても絵になるので、残布から作っても十分おしゃれに仕上がります。

元型

イヤリング・チョーカー・ブレスレット／アビステ、靴／オリエンタルトラフィック（ダブルエー）

―デザイン 月居良子― 作り方66ページ―

作り方66ページ

11

タンスの奥にしまい込んでいた、少し地味な印象の祖母の黒留袖を利用したロングジャケットと、直線裁ちのVネックブラウス。シックでモダンなフォーマルウエアに変身できて大満足のひと揃い。

イヤリング・ネックレス・ブレスレット・クラッチバッグ／アビステ、パンツ／ヴィルトゥノ（UNO）、靴／Joli Encore（Charlotte）

元型

黒留袖

軽やかなカーディガン感覚で着られるロングジャケット。裾の絵柄の流れを損なわないように注意して裁ち合わせます。

黒無地のブラウスは、両胸元に配置した家紋のワンポイントがおしゃれな印象。かんたんに作れる直線裁ちですが、シルエットは今風の嬉しいデザインです。

黒留袖の豪華な刺しゅう入りの柄を生かした、プレーンフォルムのブラウススーツ。フォルムはシンプルですが裾の柄をブラウスとスカートに配置したことで、より華やかな印象に仕上がっています。

12

デザイン 月居良子

作り方68ページ

元型

靴／Joli Encore（Charlotte）
イヤリング・クラッチバッグ／アビステ、

黒留袖

家紋は着物の格を上げる印で、礼装用には必須アイテムになるので、ぜひ、生かしたいところ。このブラウスには、両袖に配置しています。

ブラウスの裾をスカートの中に入れたワンピース風の着こなし方も素敵です。ウエストに締めたひもベルトは、右写真の着こなしでは、首に巻いてチョーカー風にしている便利小物。

ジャケットの製図 ★指定以外の縫い代は 1cm

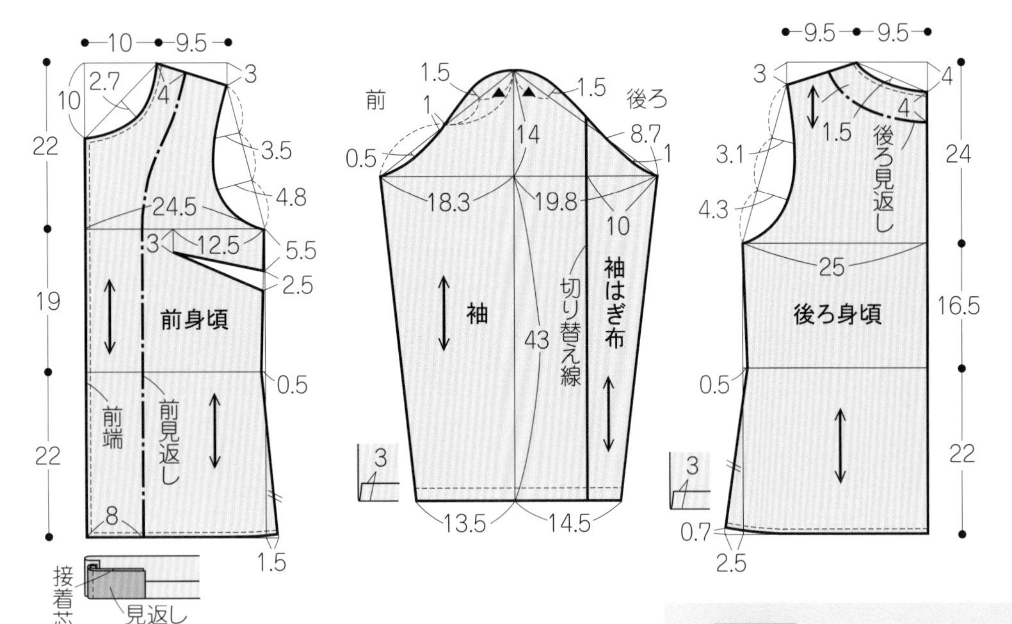

10
9.5
2.7
10
4
3
22
3.5
4.8
24.5
3
12.5
5.5
2.5
19
前身頃
0.5
前端
前見返し
22
8
1.5
接着芯
見返し
1.5
1.5
前
後ろ
1
14
8.7
0.5
1
18.3
19.8
10
袖
43
切り替え線
袖はぎ布
3
13.5
14.5
9.5
9.5
3
4
1.5
4
後ろ見返し
24
3.1
4.3
25
後ろ身頃
16.5
0.5
22
3
0.7
2.5

裏布の製図 ★ジャケットの型紙から指定サイズに裏布を裁つ。縫い代は 1cm

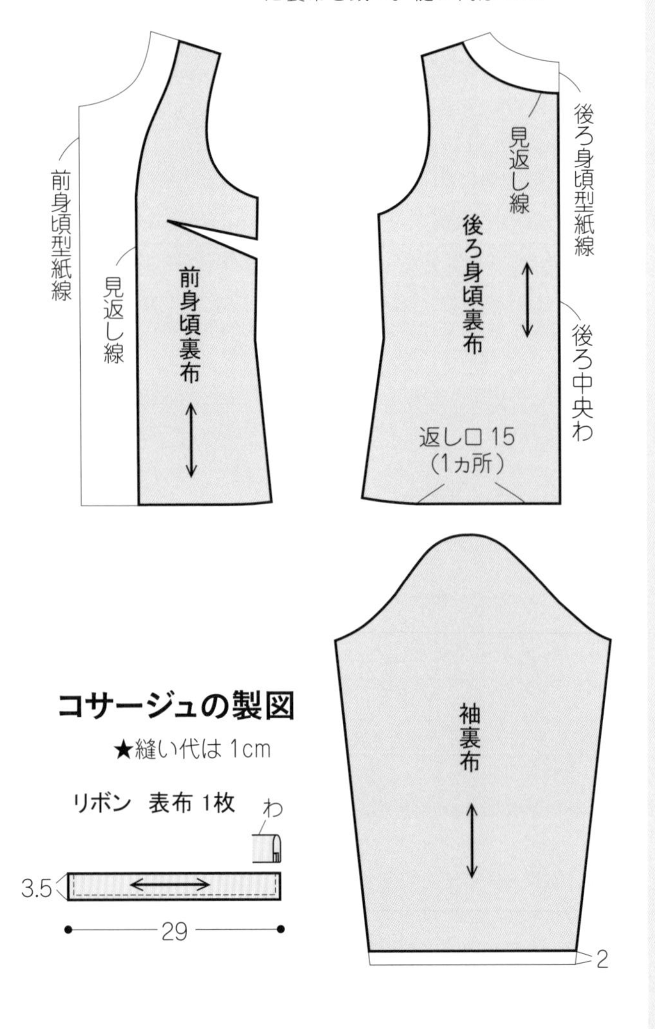

前身頃型紙線
見返し線
前身頃裏布
見返し線
後ろ身頃裏布
後ろ身頃型紙線
後ろ中央わ
返し口 15
（1ヵ所）
袖裏布
2

コサージュの製図

★縫い代は 1cm

リボン 表布 1枚

わ
3.5
29

7
44ページ

材料

◆ **ジャケット・コサージュ**

表布に袋帯 1 本
（見返しは帯の裏布から裁つ）

裏布＝92cm幅で 2m

接着芯＝75 ×45cm
（ジャケットの見返し分）

江戸打ちひも＝
5mm幅を70cm（コサージュ分）

コサージュ台＝1個（コサージュ分）

ビーズ＝8mm幅を1個（コサージュ分）

接着剤＝適宜（コサージュ分）

◆ **ワンピース・バッグ・ベルト**

表布に黒留袖の長着 1 枚

接着芯＝50 × 50cm
（ワンピースの見返し、バッグ分）

くるみボタン＝1.2cm を 1 個
（ワンピース分）

裏布＝75cm幅を30cm（バッグ分）

持ち手＝ベンリー口金の
15cmを1組（バッグ分）

江戸打ちひも＝
5mm幅を1.4m（ベルト分）

ビーズ＝1cm幅を2個(ベルト分)

厚紙、キルト芯＝
3cm角をそれぞれ 2枚（ベルト分）

★帯裏側の渡り糸を引っ張らないように注意して扱います。
渡り糸が多い場合は、裁断のあと、布端に粗いミシンをかけておくとよいでしょう

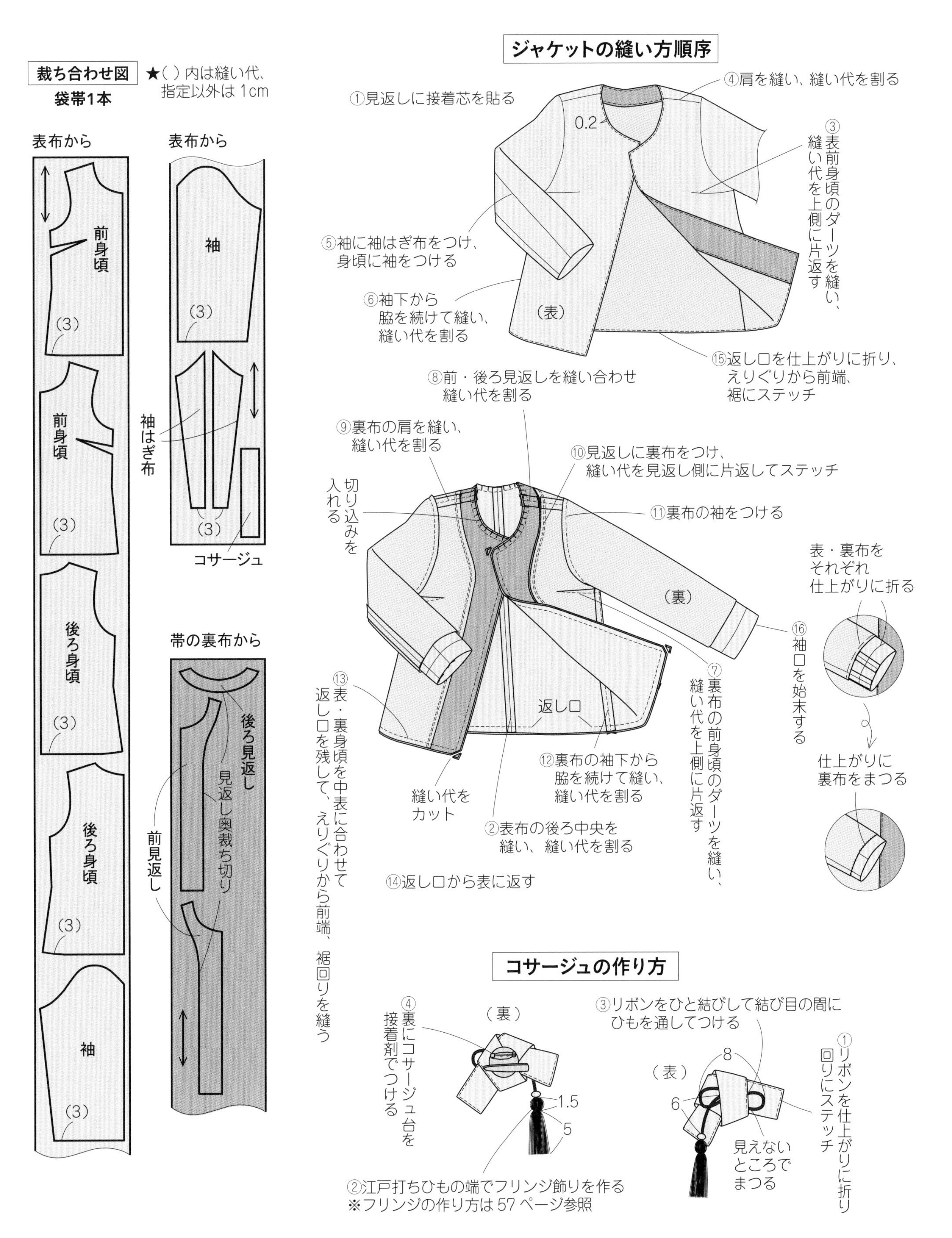
裁ち合わせ図
★( )内は縫い代、
指定以外は1cm
袋帯1本
表布から
前身頃
(3)
前身頃
(3)
後ろ身頃
(3)
後ろ身頃
(3)
袖
(3)
表布から
袖
(3)
袖はぎ布
(3)
コサージュ
帯の裏布から
後ろ見返し
見返し奥裁ち切り
前見返し
ジャケットの縫い方順序
①見返しに接着芯を貼る
④肩を縫い、縫い代を割る
0.2
③表前身頃のダーツを縫い、縫い代を上側に片返す
⑤袖に袖はぎ布をつけ、身頃に袖をつける
⑥袖下から脇を続けて縫い、縫い代を割る
(表)
⑮返し口を仕上がりに折り、えりぐりから前端、裾にステッチ
⑧前・後ろ見返しを縫い合わせ縫い代を割る
⑨裏布の肩を縫い、縫い代を割る
⑩見返しに裏布をつけ、縫い代を見返し側に片返してステッチ
切り込みを入れる
⑪裏布の袖をつける
(裏)
表・裏布をそれぞれ仕上がりに折る
⑯袖口を始末する
仕上がりに裏布をまつる
⑬表・裏身頃を中表に合わせて返し口を残して、えりぐりから前端、裾回りを縫う
⑦裏布の前身頃のダーツを縫い、縫い代を上側に片返す
返し口
⑫裏布の袖下から脇を続けて縫い、縫い代を割る
縫い代をカット
②表布の後ろ中央を縫い、縫い代を割る
⑭返し口から表に返す
コサージュの作り方
④裏にコサージュ台を接着剤でつける
(裏)
1.5
5
③リボンをひと結びして結び目の間にひもを通してつける
(表)
8
6
見えないところでまつる
①リボンを仕上がりに折り回りにステッチ
②江戸打ちひもの端でフリンジ飾りを作る
※フリンジの作り方は57ページ参照

ワンピースの製図 ★指定以外の縫い代は1cm

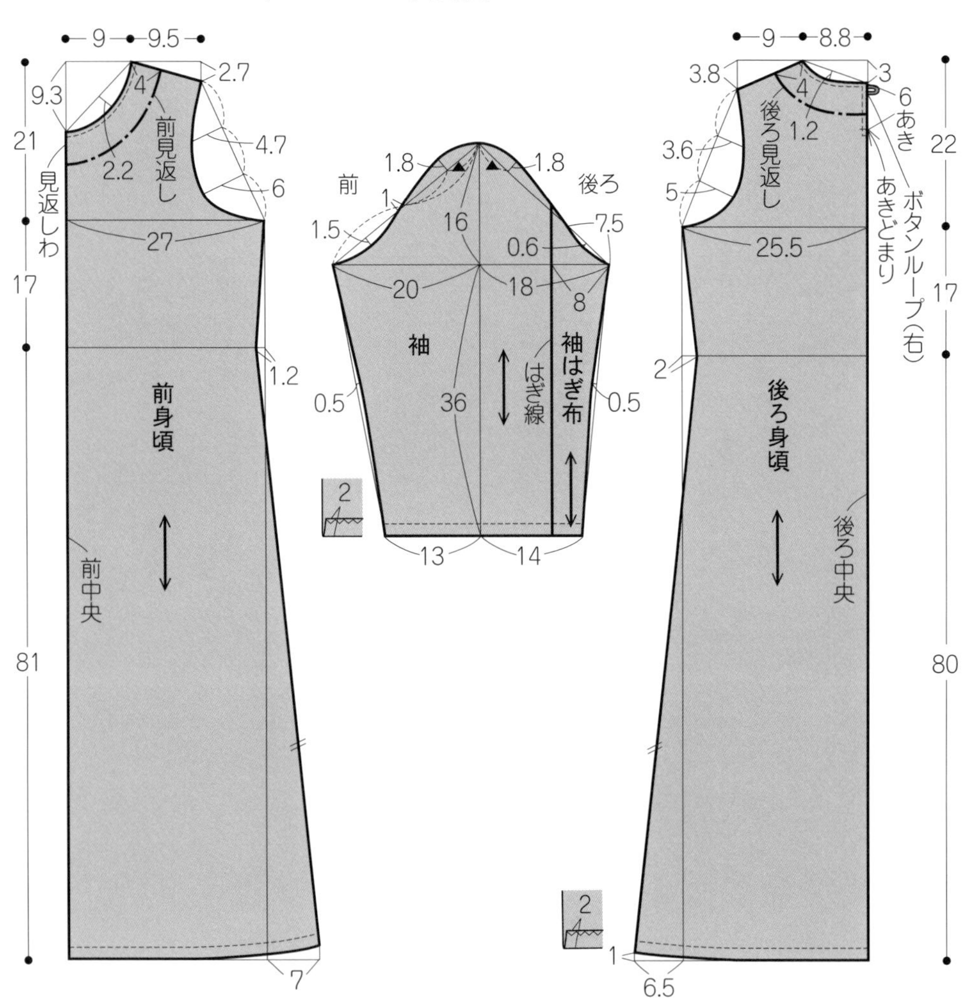

9
9.5
2.7
9.3
4
前見返し
4.7
21
2.2
6
見返しわ
27
17
1.2
前身頃
前中央
81
7
2
1.8
1.8
前
後ろ
1
1.5
16
7.5
0.6
20
18
8
袖
袖はぎ布
はぎ線
0.5
36
0.5
13
14
9
8.8
3.8
3
後ろ見返し
6
あき
1.2
3.6
22
5
ボタンループ(右)
あきどまり
25.5
17
2
後ろ身頃
後ろ中央
80
1
6.5

ベルトの作り方

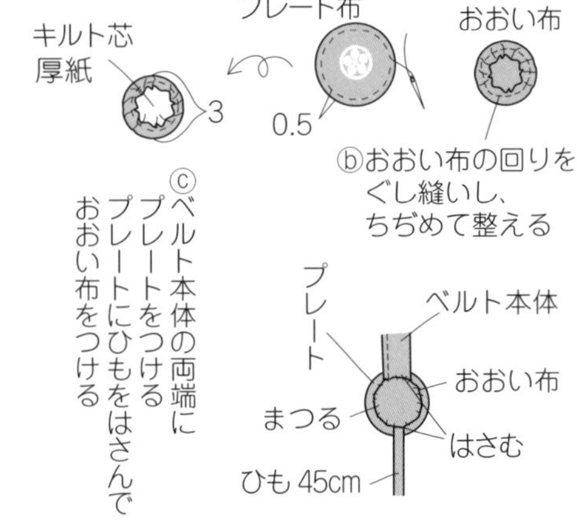

③ベルト本体とひもをはさんでプレートを作る
ⓐプレート布の内側にキルト芯、厚紙の順に入れ、回りをぐし縫いして寸法にちぢめる
プレート布
おおい布
キルト芯
厚紙
3
0.5
ⓑおおい布の回りをぐし縫いし、ちぢめて整える
ⓒベルト本体の両端にプレートをつけるプレートにひもをはさんでおおい布をつける
プレート
ベルト本体
おおい布
まつる
はさむ
ひも 45cm

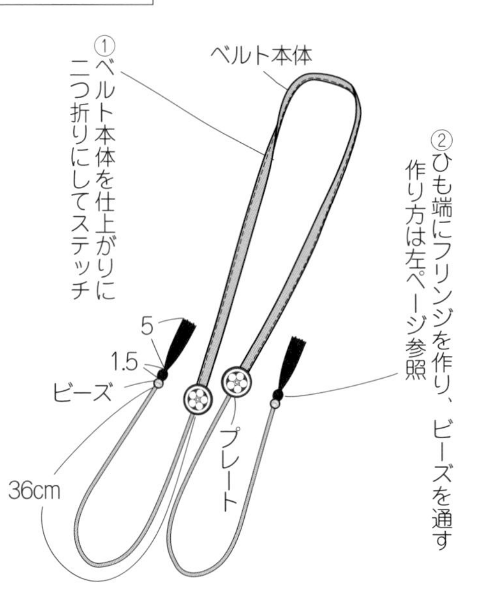

①ベルト本体を仕上がりに二つ折りにしてステッチ
ベルト本体
②ひも端にフリンジを作り、ビーズを通す作り方は左ページ参照
5
1.5
ビーズ
プレート
36cm

ベルトの製図

★縫い代は0.5cm

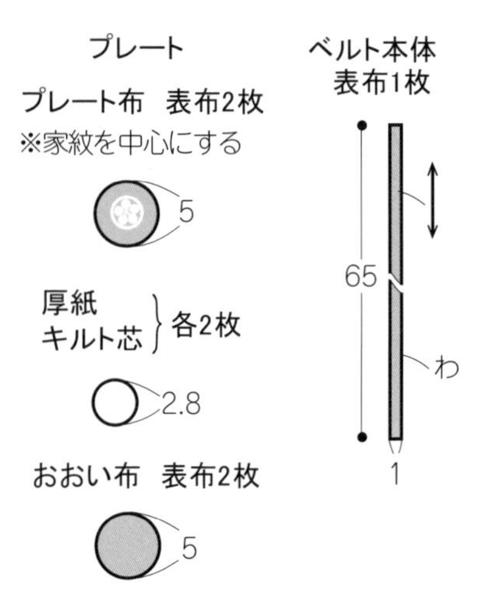

プレート
プレート布 表布2枚
※家紋を中心にする
5
厚紙
キルト芯
各2枚
2.8
おおい布 表布2枚
5
ベルト本体
表布1枚
65
わ
1

ワンピースの縫い方順序

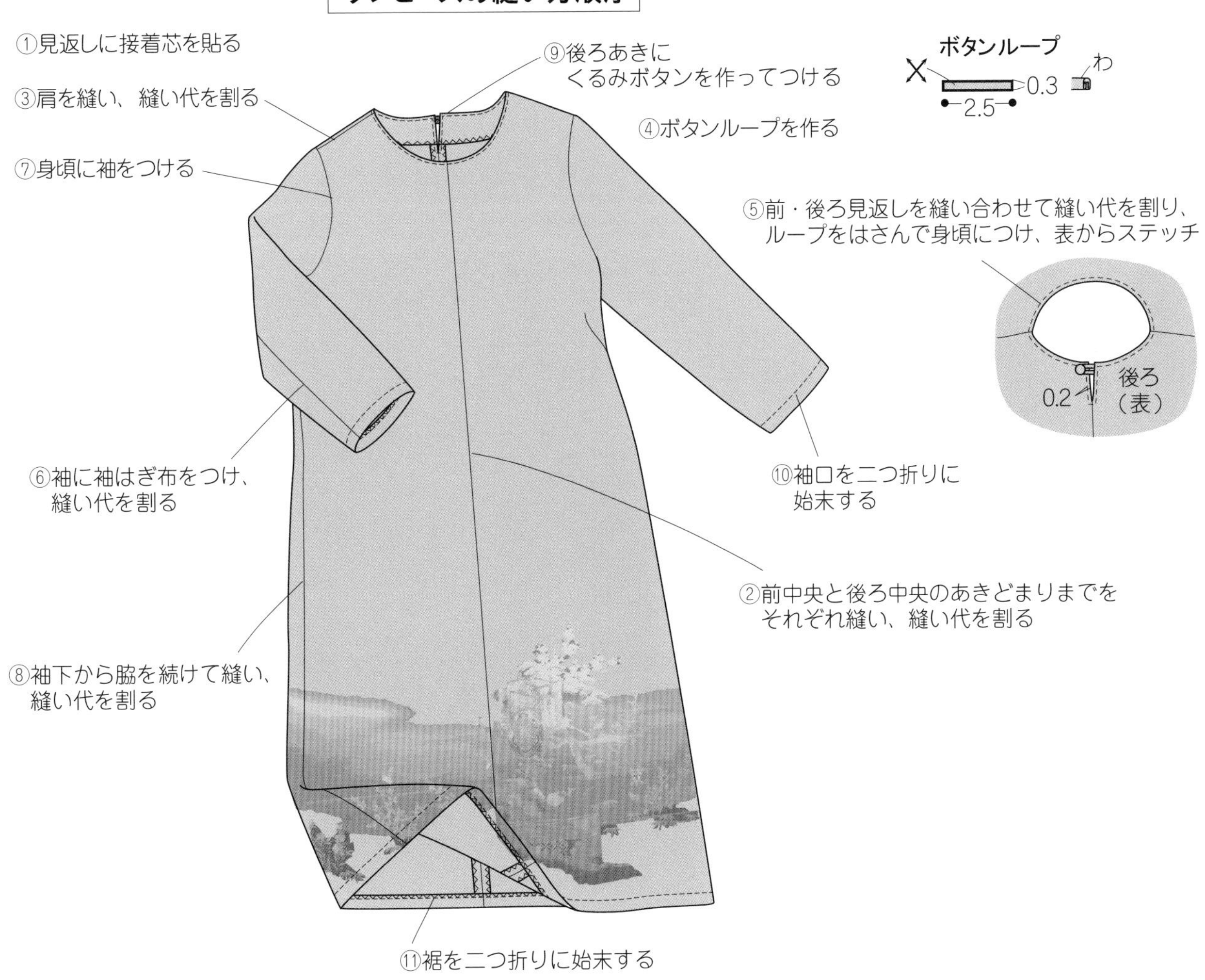
①見返しに接着芯を貼る
③肩を縫い、縫い代を割る
⑨後ろあきに
くるみボタンを作ってつける
④ボタンループを作る
ボタンループ
0.3
わ
2.5
⑦身頃に袖をつける
⑤前・後ろ見返しを縫い合わせて縫い代を割り、
ループをはさんで身頃につけ、表からステッチ
0.2
後ろ
（表）
⑥袖に袖はぎ布をつけ、
縫い代を割る
⑩袖口を二つ折りに
始末する
②前中央と後ろ中央のあきどまりまでを
それぞれ縫い、縫い代を割る
⑧袖下から脇を続けて縫い、
縫い代を割る
⑪裾を二つ折りに始末する

フリンジ飾りの作り方

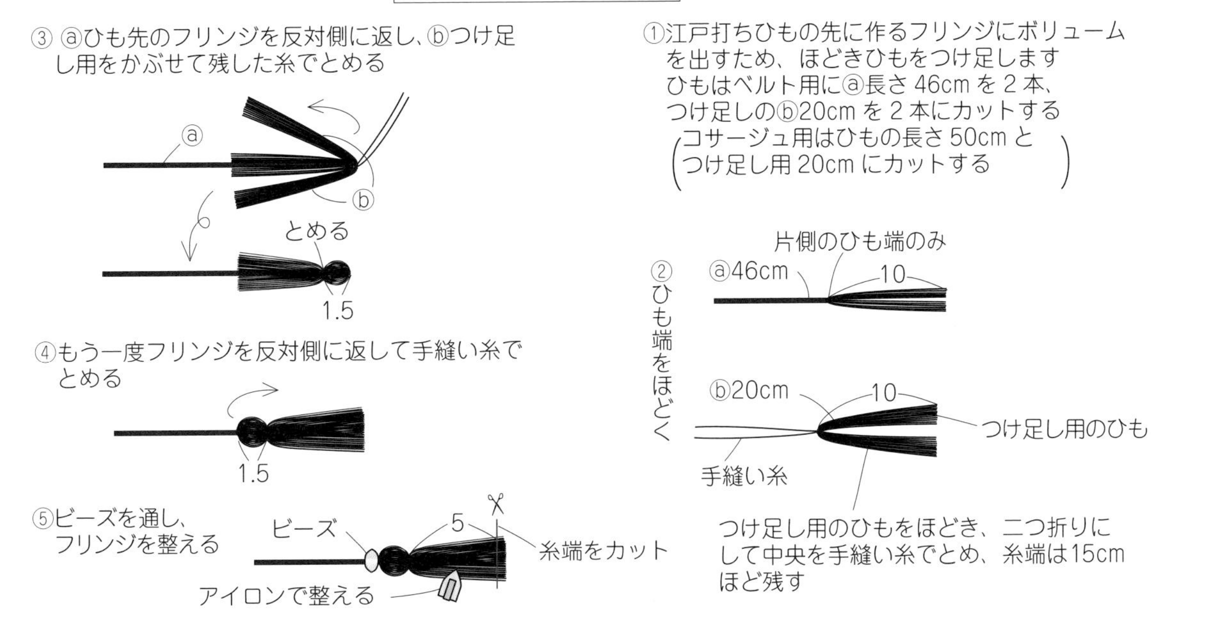
①江戸打ちひもの先に作るフリンジにボリューム
を出すため、ほどきひもをつけ足します
ひもはベルト用にⓐ長さ46cmを2本、
つけ足しのⓑ20cmを2本にカットする
（コサージュ用はひもの長さ50cmと
つけ足し用20cmにカットする）
②ひも端をほどく
片側のひも端のみ
ⓐ46cm
10
ⓑ20cm
10
つけ足し用のひも
手縫い糸
つけ足し用のひもをほどき、二つ折りに
して中央を手縫い糸でとめ、糸端は15cm
ほど残す
③ ⓐひも先のフリンジを反対側に返し、ⓑつけ足
し用をかぶせて残した糸でとめる
ⓐ
ⓑ
とめる
1.5
④もう一度フリンジを反対側に返して手縫い糸で
とめる
1.5
⑤ビーズを通し、
フリンジを整える
ビーズ
5
糸端をカット
アイロンで整える

裁ち合わせ図

黒留袖の長着1枚 ★（ ）内は縫い代、指定以外は 1cm

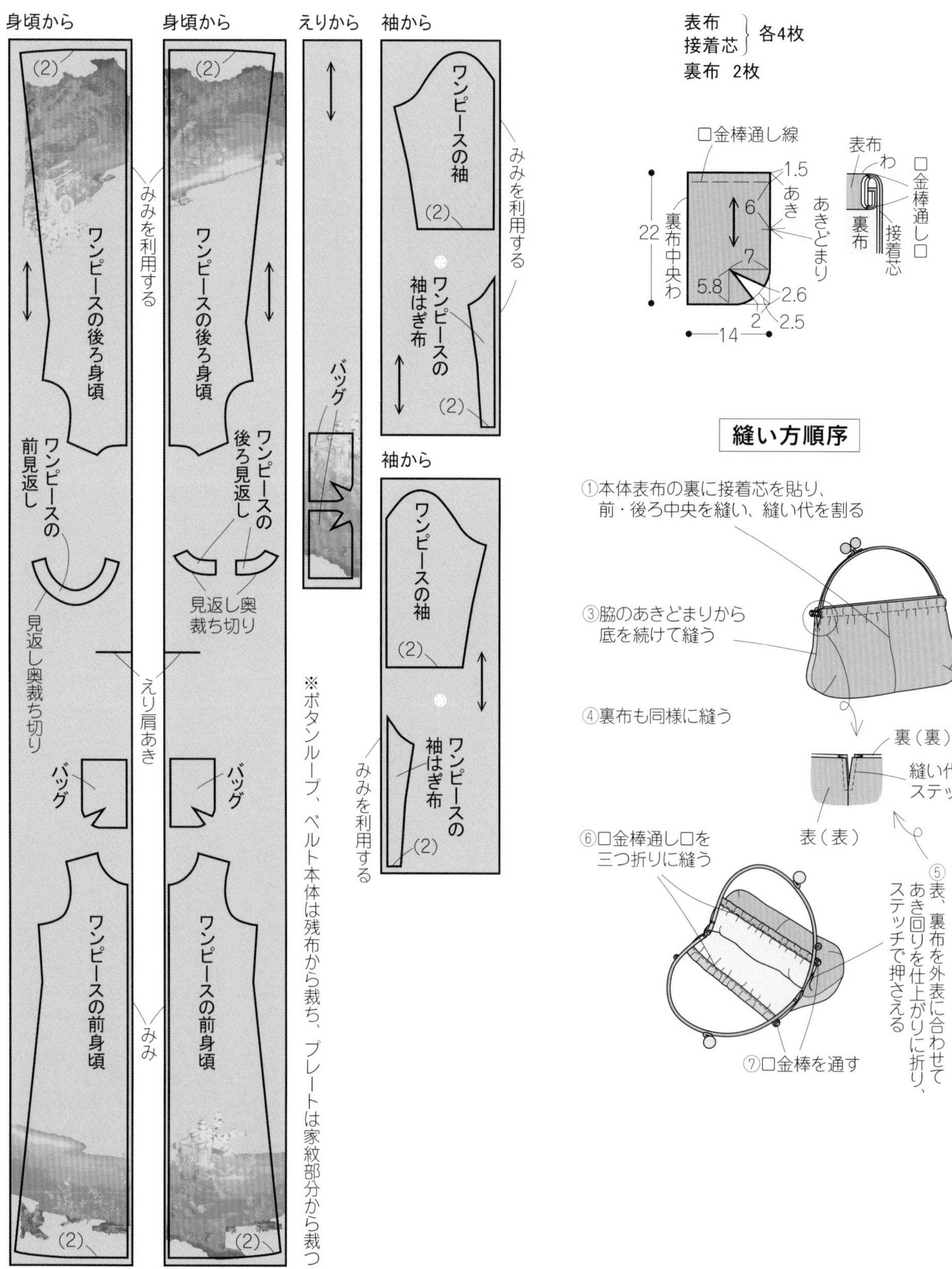
身頃から
身頃から
えりから
袖から
袖から
(2)
みみを利用する
ワンピースの後ろ身頃
ワンピースの前見返し
ワンピースの後ろ見返し
見返し奥裁ち切り
見返し奥裁ち切り
えり肩あき
バッグ
ワンピースの前身頃
みみ
ワンピースの袖
ワンピースの袖はぎ布
みみを利用する
※ボタンループ、ベルト本体は残布から裁ち、プレートは家紋部分から裁つ

バッグの製図 ★縫い代は 1cm

表布
接着芯 } 各4枚
裏布　2枚

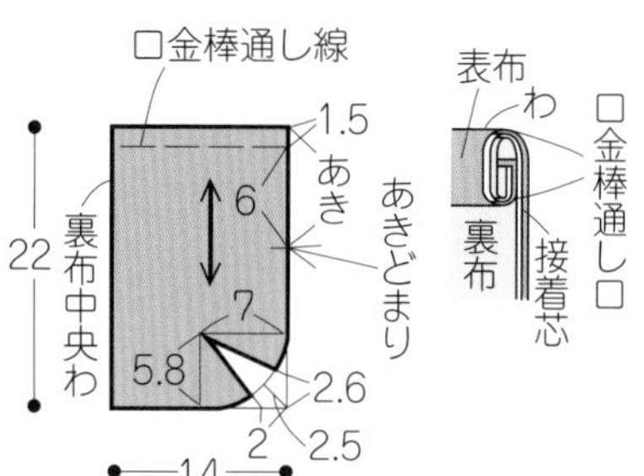
口金棒通し線
1.5
あき
6
あきどまり
22
裏布中央わ
7
5.8
2.6
2
2.5
14
表布
わ
口金棒通し口
裏布
接着芯

縫い方順序

①本体表布の裏に接着芯を貼り、前・後ろ中央を縫い、縫い代を割る

②ダーツを縫い、縫い代を上側に片返す

③脇のあきどまりから底を続けて縫う

④裏布も同様に縫う

裏（裏）
縫い代を割ってステッチ
表（表）

⑤表、裏布を外表に合わせてあき回りを仕上がりに折り、ステッチで押さえる

⑥口金棒通し口を三つ折りに縫う

⑦口金棒を通す

チュニックの製図 ★指定以外の縫い代は1cm

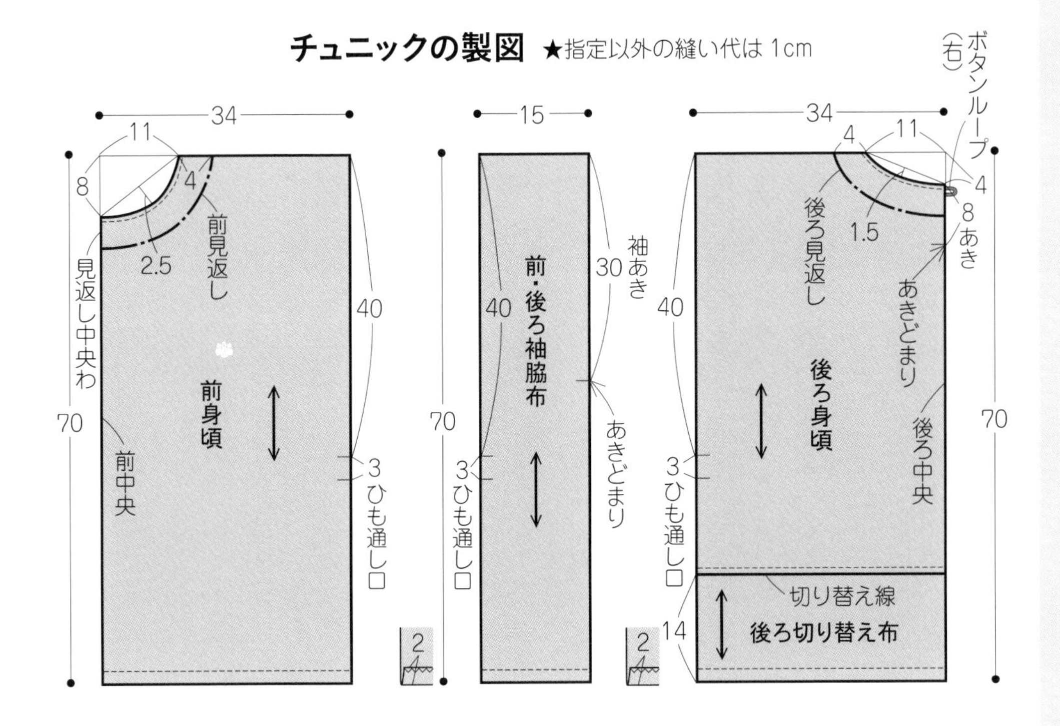

34
11
4
8
前見返し
2.5
見返し中央わ
40
70
前身頃
前中央
3
ひも通し口
2
15
前・後ろ袖脇布
30
袖あき
あきどまり
ボタンループ(右)
4
1.5
後ろ見返し
8
あき
あきどまり
後ろ身頃
後ろ中央
切り替え線
14
後ろ切り替え布

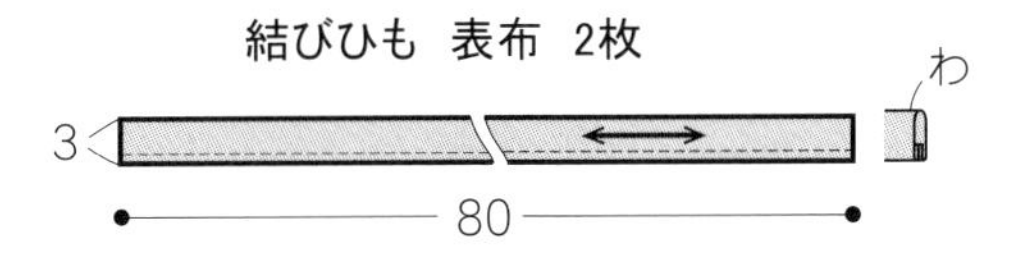

結びひも 表布 2枚
3
80
わ

スカートの縫い方順序

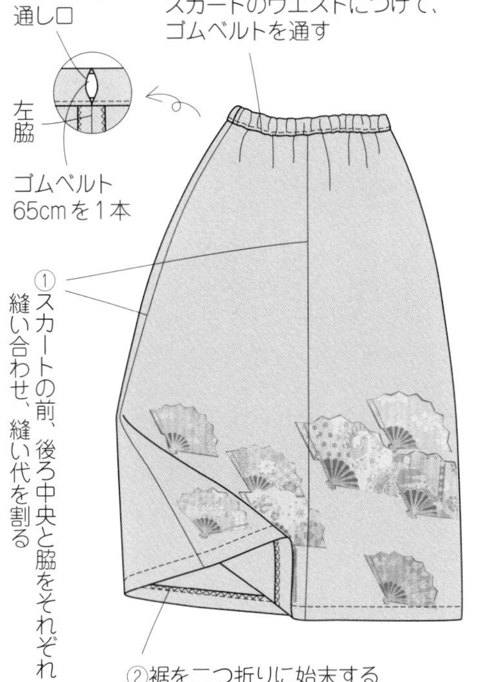

③左脇の縫い代にゴムベルト通し口を残してウエストベルトの両脇を縫い、スカートのウエストにつけて、ゴムベルトを通す
ゴムベルト通し口
左脇
ゴムベルト65cmを1本
①スカートの前、後ろ中央と脇をそれぞれ縫い合わせ、縫い代を割る
②裾を二つ折りに始末する

スカートの製図

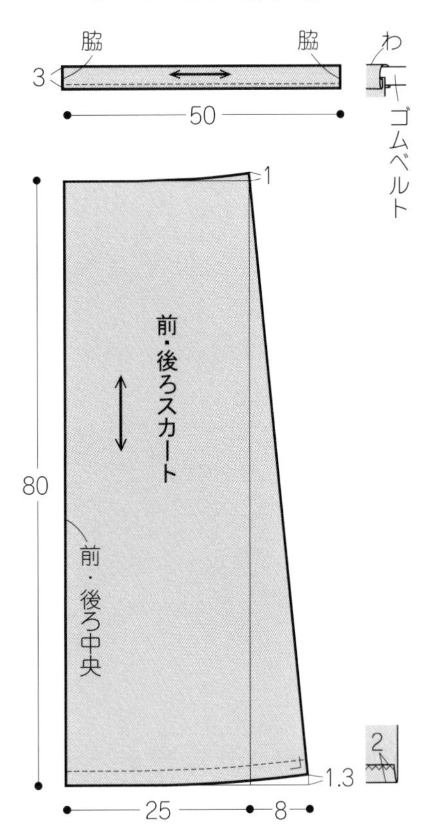

ウエストベルト 表布2枚
脇
脇
3
50
わ
ゴムベルト
1
80
前・後ろスカート
前・後ろ中央
2
1.3
25
8

8
46ページ

材料

表布に黒留袖の長着1枚

裏布＝80×35cm（バッグ分）

接着芯＝80×50cm
（チュニックの見返し、バッグの本体、コサージュ分）

ゴムベルト＝
2.5cm幅を70cm
（スカート分）

くるみボタン＝1.2cmを5個、
（チュニック、スヌード分）
3cmを1個
（コサージュ花芯分）

持ち手＝内径14cmを1組
（バッグ分）

コサージュ台＝1個
（コサージュ分）

接着剤＝適宜
（コサージュ分）

チュニックの縫い方順序

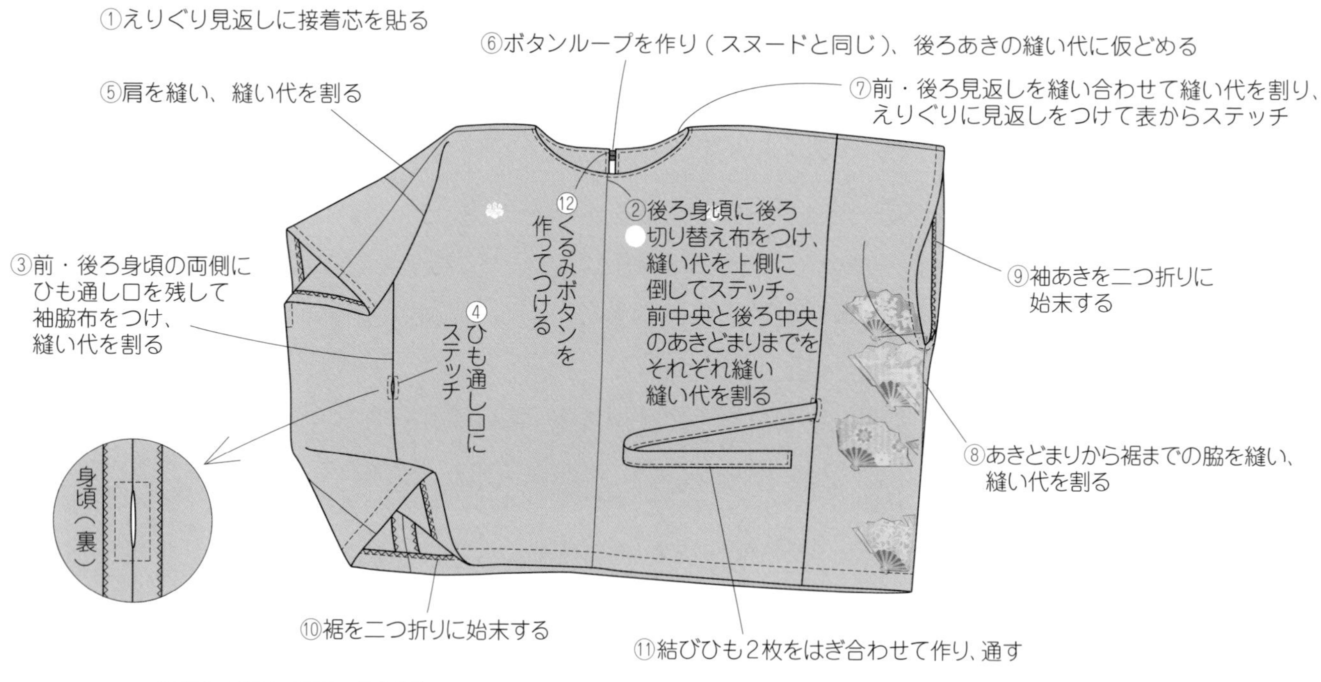

①えりぐり見返しに接着芯を貼る
⑥ボタンループを作り（スヌードと同じ）、後ろあきの縫い代に仮どめる
⑤肩を縫い、縫い代を割る
⑦前・後ろ見返しを縫い合わせて縫い代を割り、えりぐりに見返しをつけて表からステッチ
⑫くるみボタンを作ってつける
②後ろ身頃に後ろ切り替え布をつけ、縫い代を上側に倒してステッチ。前中央と後ろ中央のあきどまりまでをそれぞれ縫い縫い代を割る
③前・後ろ身頃の両側にひも通し口を残して袖脇布をつけ、縫い代を割る
④ひも通し口にステッチ
⑨袖あきを二つ折りに始末する
⑧あきどまりから裾までの脇を縫い、縫い代を割る
身頃（裏）
⑩裾を二つ折りに始末する
⑪結びひも2枚をはぎ合わせて作り、通す

コサージュの作り方

★花びらは柄部分から６枚、無地部分から６枚裁つ

①花びら6枚に接着芯を貼る

②花びら2枚を中表に合わせ回りを縫い、表に返す

③花びらをつなげて縫いちぢめる

④糸を引いて両端の花びらを重ね、形よく整えて縫いとめる

くるみボタン 3cm

⑤くるみボタンを作り、花びら中央に縫いとめる

⑥後ろ側にコサージュ台を接着剤でつける

コサージュ花びらの実物大型紙

★縫い代は 0.6cm

わ

表布	12枚
接着芯	6枚

返し口

くるみボタン布(花芯)
八掛の柄の部分　1枚

4（裁ち切り）

スヌードの製図　★縫い代は1cm

表布　1枚

ボタンループ

わ

0.5　0.5　13　0.5　0.5

返し口 10

62

ボタンループ

0.3　2.5　わ

縫い方順序

①ボタンループを作り、指定位置の縫い代に仮どめる

1.2

④くるみボタンを作ってつける

③表に返して返し口をまつる

②中表に二つ折りして返し口を残し、回りを縫う

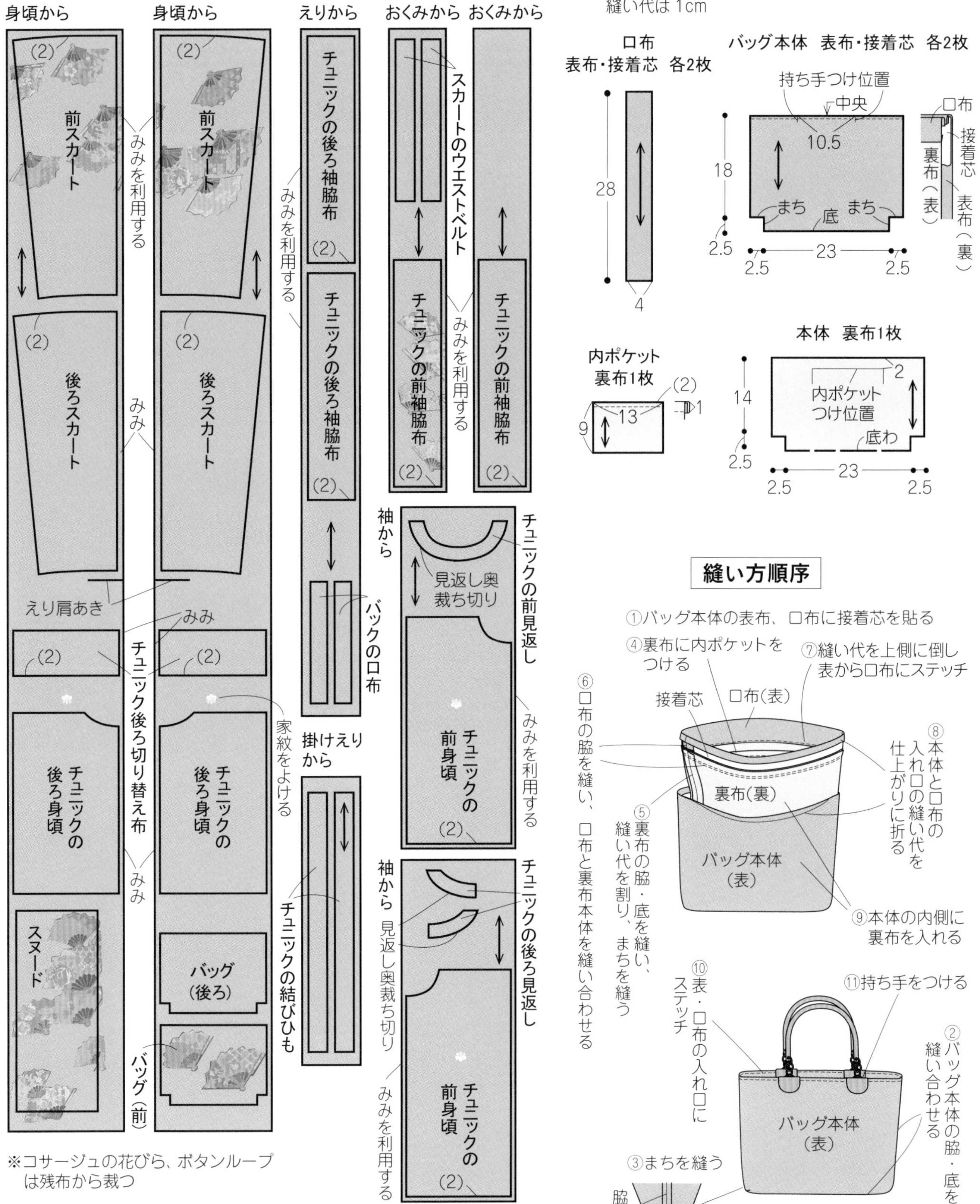
裁ち合わせ図
黒留袖の長着1枚
★( )内は縫い代、指定以外は1cm
身頃から
身頃から
えりから
おくみから
おくみから
前スカート
前スカート
みみを利用する
後ろスカート
後ろスカート
みみ
えり肩あき
みみ
チュニック後ろ切り替え布
チュニックの後ろ身頃
チュニックの後ろ身頃
家紋をよける
みみ
スヌード
バッグ(後ろ)
バッグ(前)
チュニックの後ろ袖脇布
チュニックの後ろ袖脇布
みみを利用する
バッグの口布
掛けえりから
チュニックの結びひも
スカートのウエストベルト
チュニックの前袖脇布
チュニックの前袖脇布
みみを利用する
袖から
チュニックの前見返し
見返し奥裁ち切り
チュニックの前身頃
みみを利用する
袖から
チュニックの後ろ見返し
見返し奥裁ち切り
チュニックの前身頃
みみを利用する
(2)
バッグの製図
★本体の前・後ろ各1枚と口布は柄部分から裁つ
縫い代は1cm
口布
表布・接着芯 各2枚
28
4
バッグ本体 表布・接着芯 各2枚
持ち手つけ位置
中央
10.5
18
まち
底
まち
2.5
23
2.5
2.5
口布
接着芯
裏布(表)
表布(裏)
内ポケット
裏布1枚
(2)
13
9
1
本体 裏布1枚
2
内ポケットつけ位置
14
底わ
2.5
23
2.5
2.5
縫い方順序
①バッグ本体の表布、口布に接着芯を貼る
④裏布に内ポケットをつける
⑦縫い代を上側に倒し表から口布にステッチ
⑥口布の脇を縫い、口布と裏布本体を縫い合わせる
接着芯
口布(表)
⑧本体と口布の入れ口の縫い代を仕上がりに折る
⑤裏布の脇・底を縫い、縫い代を割り、まちを縫う
裏布(裏)
バッグ本体(表)
⑨本体の内側に裏布を入れる
⑩表・口布の入れ口にステッチ
⑪持ち手をつける
②バッグ本体の脇・底を縫い合わせる
バッグ本体(表)
③まちを縫う
脇線

※コサージュの花びら、ボタンループは残布から裁つ

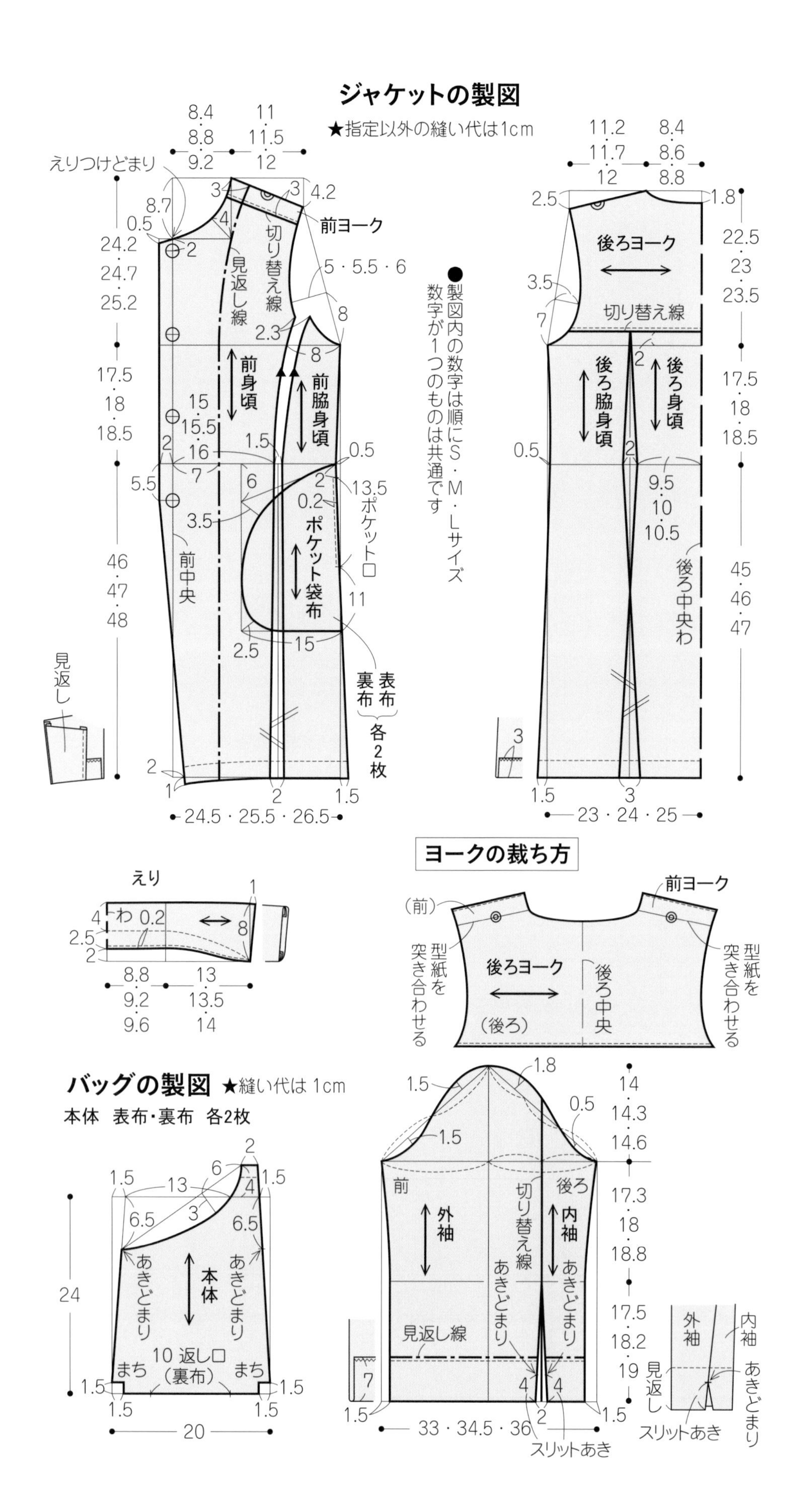
ジャケットの製図
★指定以外の縫い代は1cm
えりつけどまり
前ヨーク
切り替え線
見返し線
前身頃
前脇身頃
前中央
ポケット袋布
ポケット口
表布
裏布
各2枚
見返し
後ろヨーク
切り替え線
後ろ脇身頃
後ろ身頃
後ろ中央わ
●製図内の数字は順にS・M・Lサイズ
数字が1つのものは共通です
ヨークの裁ち方
(前)
前ヨーク
型紙を突き合わせる
後ろヨーク
後ろ中央
(後ろ)
えり
わ
バッグの製図 ★縫い代は 1cm
本体 表布・裏布 各2枚
あきどまり
本体
10 返し口
(裏布)
まち
前
後ろ
外袖
内袖
切り替え線
あきどまり
見返し線
スリットあき
見返し

9

48ページ

材料

表布に丸帯１本

裏布＝サテン裏地90cm幅で40cm
（ポケットの袋布、バッグ分）

ボタン＝2cmを4個
（ジャケット分）

Dカン＝2cmを2個
（バッグ分）

ナスカン＝2個
（バッグ分）

肩ひも＝
フィガロチェーンを1m
（バッグ分）

作り方要点

●裁ち合わせ図はMサイズです。Lサイズで作る場合はバッグまでは裁てません。

裁ち合わせ図　丸帯1本（68cm×3.88m）

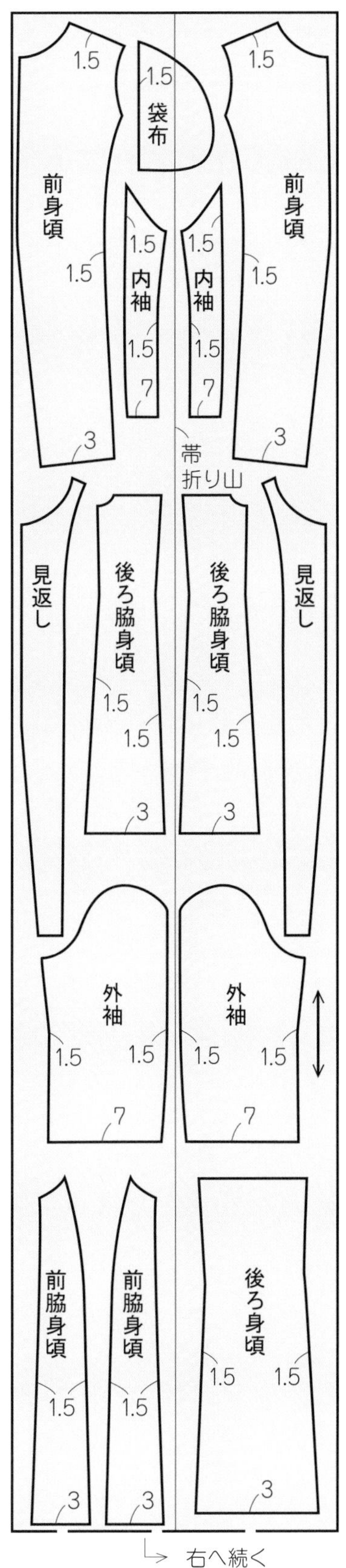

1.5
袋布
前身頃
内袖
1.5
7
3
帯
折り山
見返し
後ろ脇身頃
外袖
前脇身頃
後ろ身頃
右へ続く

ジャケットの縫い方順序

⑦えりを作り、えりぐりを
えりではさみつけ、始末する（27ページ参照）
③ヨークと前、後ろ身頃を縫い、
縫い代をヨーク側に
片返してステッチ
⑥見返しと前身頃を中表に
合わせて縫い、えりつけどまりに
切り込みを入れ、表に返す
⑨袖山をぐし縫いし、
身頃に袖をつける
⑧内袖と外袖を
あきどまりまで
縫って縫い代を割り、
スリットを作る。
袖下を縫って
縫い代を割り、
袖口の始末をする
⑪ボタン穴を作る
④ポケット口を残して
脇を縫い、縫い代を割る
⑫ボタンをつける
⑤スラッシュポケットを
作ってつける
（27ページ参照）
①見返し奥を
二つ折りに始末する
⑩裾を二つ折りに始末する
②前、後ろ身頃の切り替え線を
縫い、縫い代を割る

★図内の数字は縫い代、指定以外は1cm

★帯の折り山はすり切れていることが多いため、なるべく避けて裁つ

バッグの縫い方順序

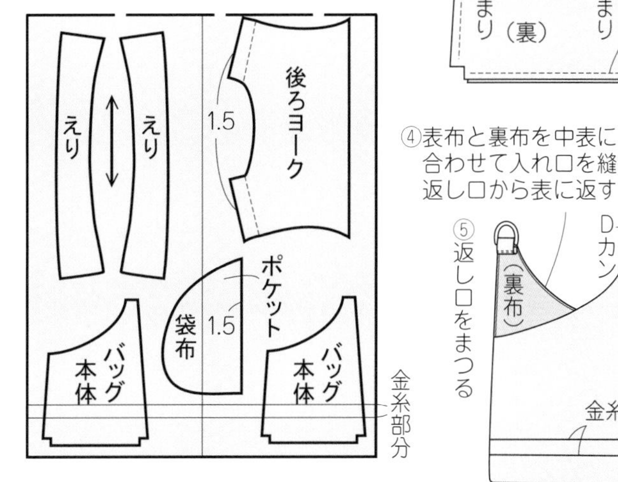

えり
後ろヨーク
1.5
ポケット
袋布
バッグ本体
3
金糸部分

※アシンメトリーなデザインのため、
本体は同じ向きで裁断する。
裏布は逆向きに裁つ

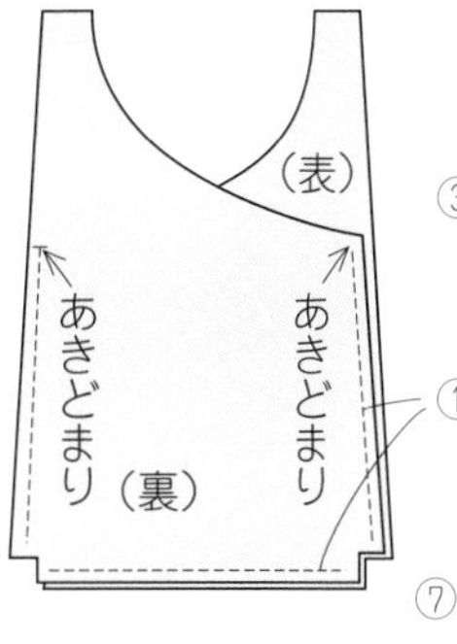

（表）
あきどまり
（裏）
③裏布の底と脇を
返し口を残して縫い、
まちを縫う
①表布の底と脇を縫う

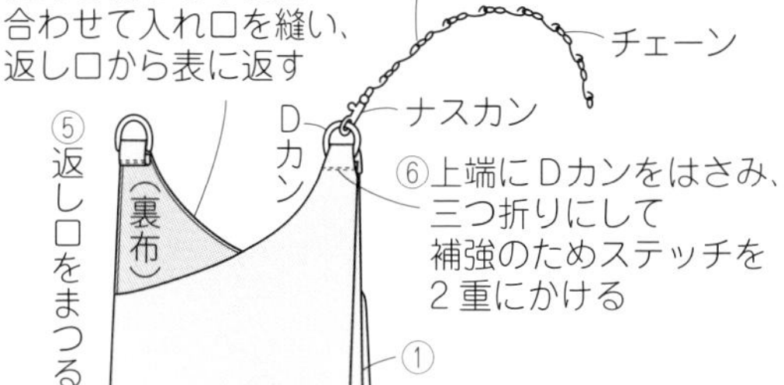

⑦ナスカンにチェーン
をつけ、Dカンにつける
④表布と裏布を中表に
合わせて入れ口を縫い、
返し口から表に返す
チェーン
ナスカン
Dカン
⑤返し口をまつる
（裏布）
⑥上端にDカンをはさみ、
三つ折りにして
補強のためステッチを
2重にかける
①
金糸
②まちを縫う

ワンピースの製図 ★指定以外の縫い代は1cm

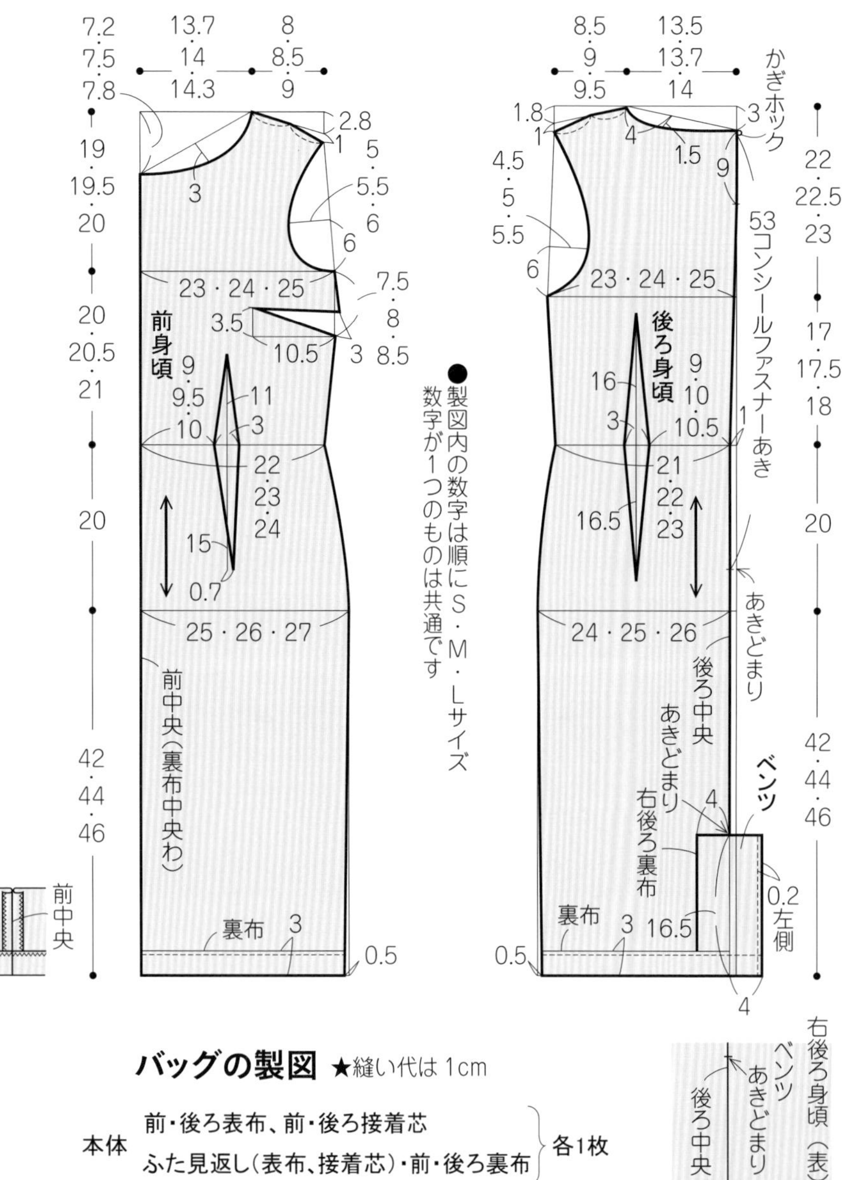

前身頃
後ろ身頃
前中央（裏布中央わ）
後ろ中央
あきどまり
右後ろ裏布
ベンツ
裏布
0.2 左側
かぎホック
53コンシールファスナーあき
前中央
右後ろ身頃（表）
ベンツ あきどまり
後ろ中央

●製図内の数字は順にS・M・Lサイズ
数字が1つのものは共通です

バッグの製図 ★縫い代は1cm

本体　前・後ろ表布、前・後ろ接着芯
ふた見返し（表布、接着芯）・前・後ろ裏布　各1枚

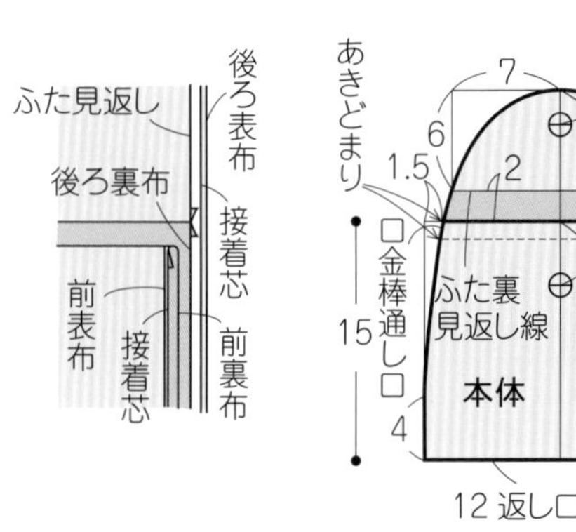

ふた見返し
後ろ表布
後ろ裏布
接着芯
前表布
接着芯
前裏布

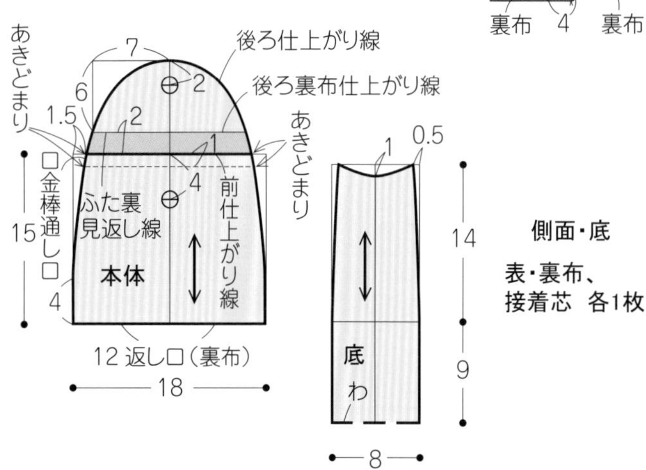

あきどまり
後ろ仕上がり線
後ろ裏布仕上がり線
あきどまり
口金棒通し口
ふた裏見返し線
前仕上がり線
本体
12 返し口（裏布）
底
わ

側面・底
表・裏布、接着芯 各1枚

10

49ページ

材料

表布に丸帯1本

裏布＝90cm幅で2.2m
（ワンピース、バック分）

接着芯＝50×50cm
（バッグ分）

コンシールファスナー＝
56cmを1本（ワンピース分）

かぎホック＝
スプリングホックを1組
（ワンピース分）

持ち手＝
ベンリー口金の15cmを1組
（バッグ分）

マグネットホック＝
1,5cmを一組（バッグ分）

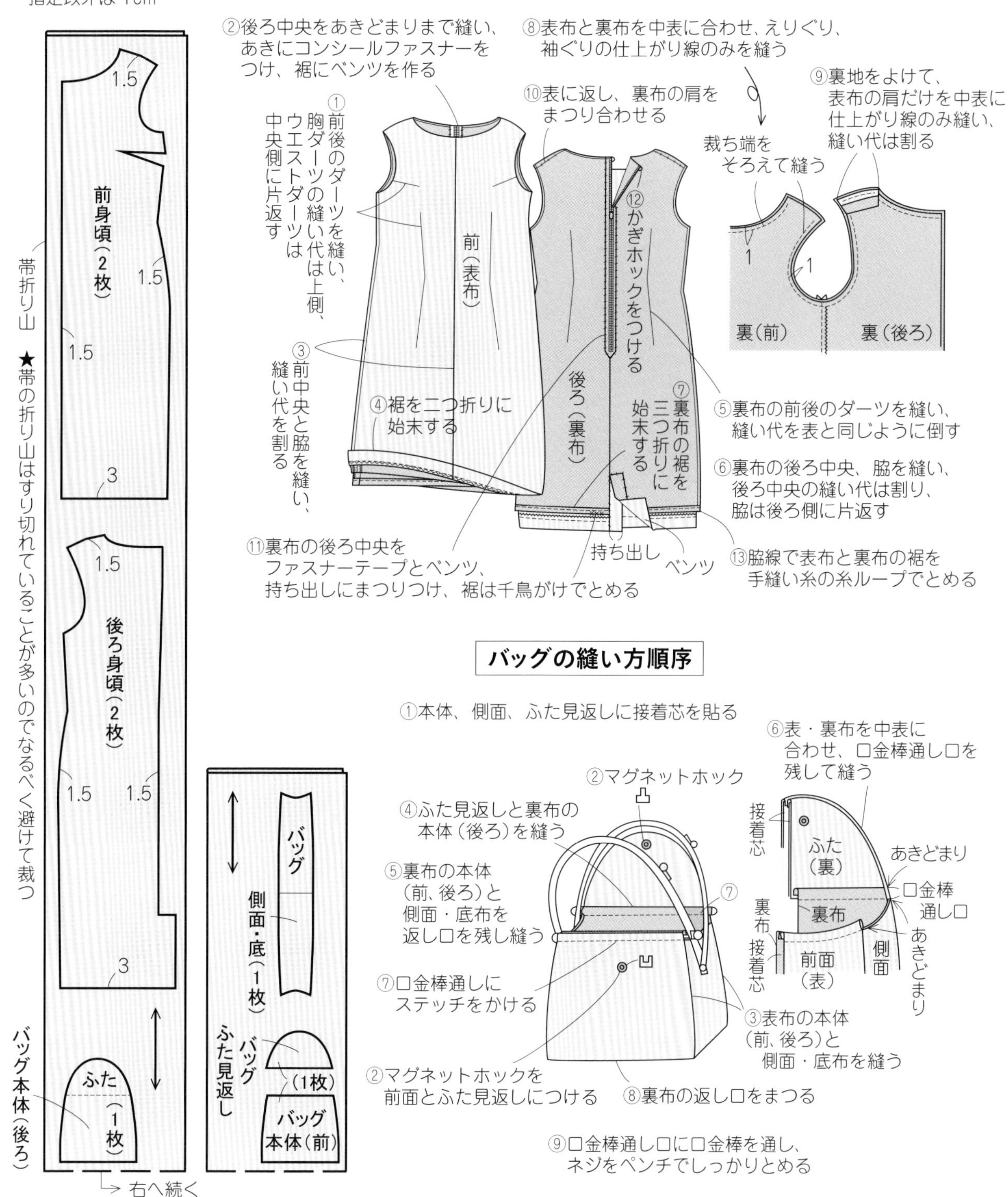
裁ち合わせ図
丸帯1本（68cm×3.88m）
★図内の数字は縫い代、
指定以外は1cm
前身頃（2枚）
1.5
1.5
1.5
3
後ろ身頃（2枚）
1.5
1.5
1.5
3
帯折り山
★帯の折り山はすり切れていることが多いのでなるべく避けて裁つ
バッグ本体（後ろ）
ふた
（1枚）
バッグ
側面・底（1枚）
バッグ
ふた見返し
（1枚）
バッグ
本体（前）
右へ続く
ワンピースの縫い方順序
②後ろ中央をあきどまりまで縫い、
あきにコンシールファスナーを
つけ、裾にベンツを作る
①前後の胸ダーツを縫い、
ウエストダーツの縫い代は上側、
中央側に片返す
③前中央と脇を縫い、
縫い代を割る
④裾を二つ折りに
始末する
前（表布）
後ろ（裏布）
⑦裏布の裾を
三つ折りに
始末する
⑫かぎホックをつける
⑧表布と裏布を中表に合わせ、えりぐり、
袖ぐりの仕上がり線のみを縫う
⑩表に返し、裏布の肩を
まつり合わせる
⑨裏地をよけて、
表布の肩だけを中表に
仕上がり線のみ縫い、
縫い代は割る
裁ち端を
そろえて縫う
1
1
裏（前）
裏（後ろ）
⑤裏布の前後のダーツを縫い、
縫い代を表と同じように倒す
⑥裏布の後ろ中央、脇を縫い、
後ろ中央の縫い代は割り、
脇は後ろ側に片返す
⑪裏布の後ろ中央を
ファスナーテープとベンツ、
持ち出しにまつりつけ、裾は千鳥がけでとめる
持ち出し
ベンツ
⑬脇線で表布と裏布の裾を
手縫い糸の糸ループでとめる
バッグの縫い方順序
①本体、側面、ふた見返しに接着芯を貼る
②マグネットホック
④ふた見返しと裏布の
本体（後ろ）を縫う
⑤裏布の本体
（前、後ろ）と
側面・底布を
返し口を残し縫う
⑦口金棒通しに
ステッチをかける
⑦
②マグネットホックを
前面とふた見返しにつける
⑧裏布の返し口をまつる
③表布の本体
（前、後ろ）と
側面・底布を縫う
⑥表・裏布を中表に
合わせ、口金棒通し口を
残して縫う
接着芯
ふた
（裏）
あきどまり
口金棒
通し口
裏布
裏布
接着芯
前面
（表）
側面
あきどまり
⑨口金棒通し口に口金棒を通し、
ネジをペンチでしっかりとめる

ロングジャケットの製図

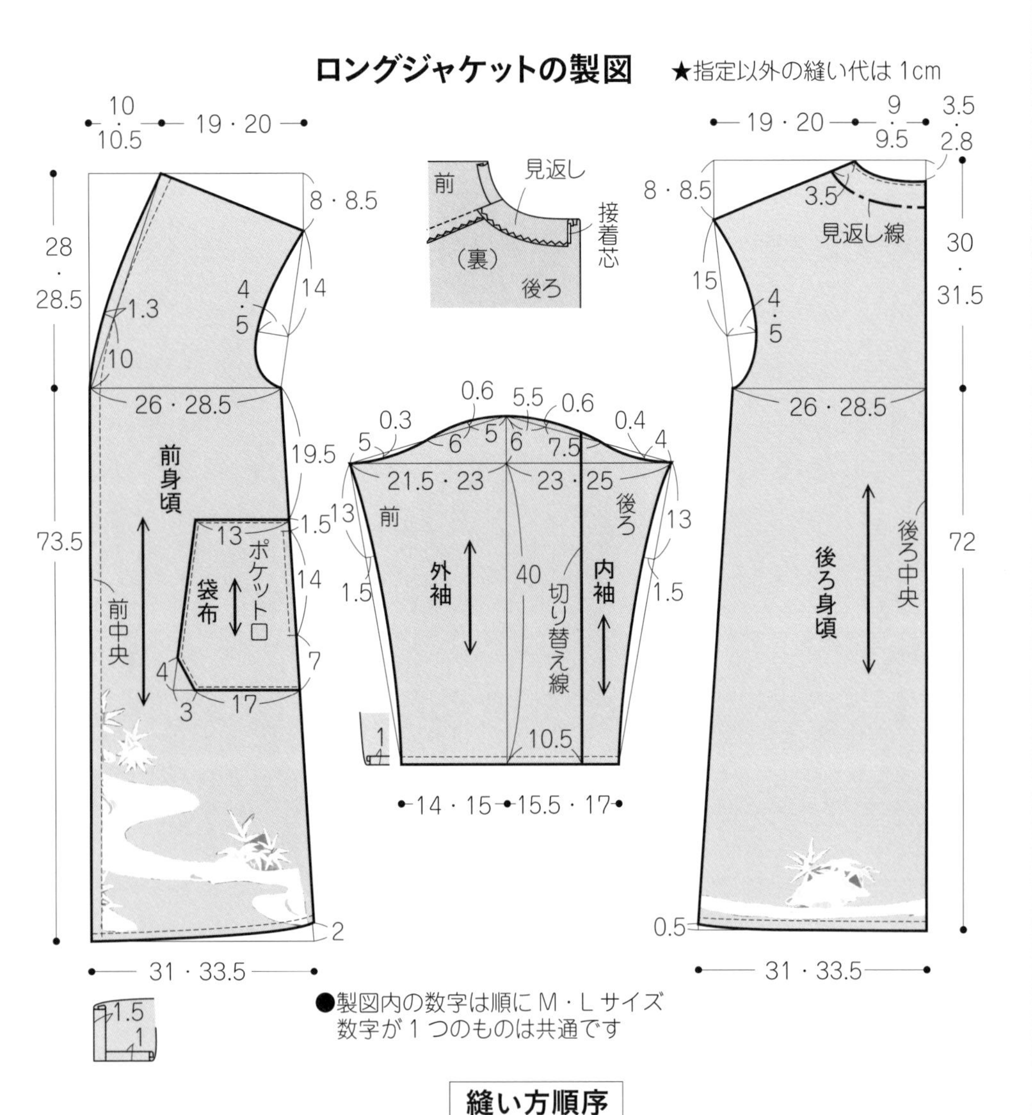
★指定以外の縫い代は 1cm
前身頃
前中央
ポケット口
袋布
見返し
接着芯
前
（裏）
後ろ
外袖
内袖
切り替え線
見返し線
後ろ身頃
後ろ中央
●製図内の数字は順に M・L サイズ
数字が 1 つのものは共通です

11

50ページ

材料

黒留袖の長着 1 枚

接着芯＝30 ×20cm
（見返し分）

縫い方順序

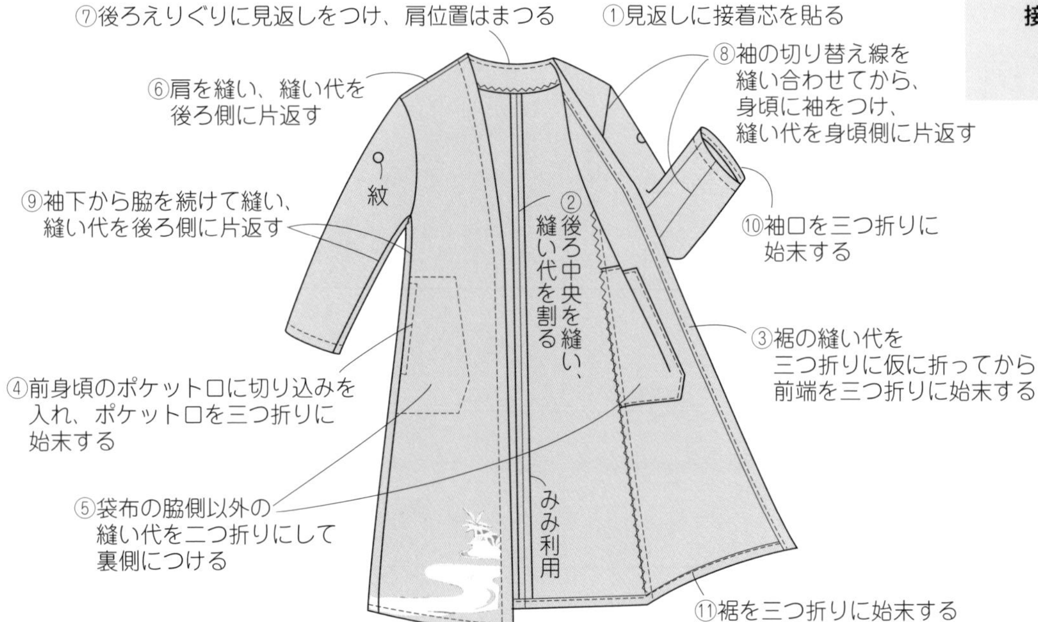
⑦後ろえりぐりに見返しをつけ、肩位置はまつる
①見返しに接着芯を貼る
⑥肩を縫い、縫い代を
後ろ側に片返す
⑧袖の切り替え線を
縫い合わせてから、
身頃に袖をつけ、
縫い代を身頃側に片返す
紋
⑨袖下から脇を続けて縫い、
縫い代を後ろ側に片返す
②後ろ中央を縫い、
縫い代を割る
⑩袖口を三つ折りに
始末する
③裾の縫い代を
三つ折りに仮に折ってから
前端を三つ折りに始末する
④前身頃のポケット口に切り込みを
入れ、ポケット口を三つ折りに
始末する
⑤袋布の脇側以外の
縫い代を二つ折りにして
裏側につける
みみ利用
⑪裾を三つ折りに始末する

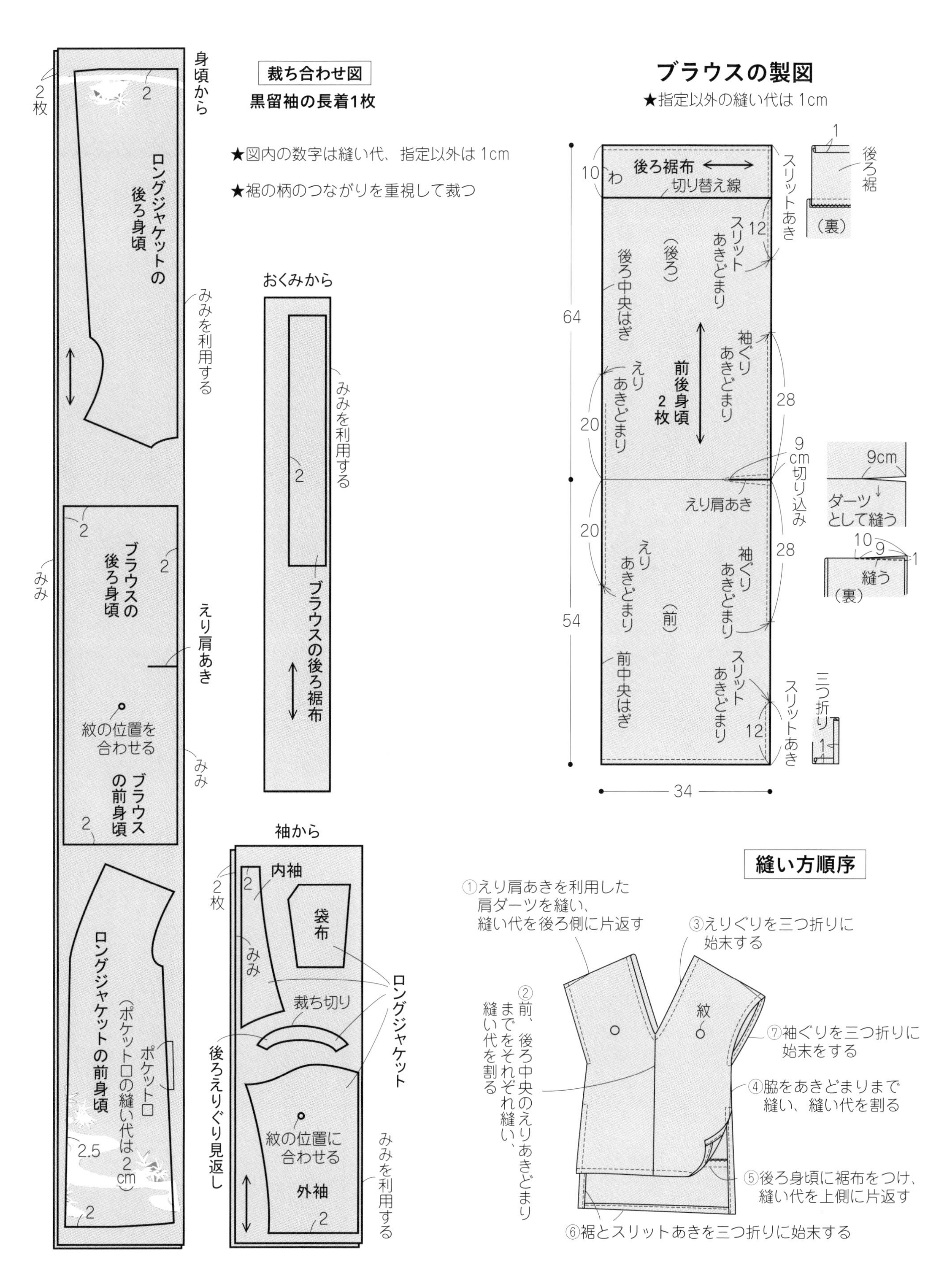
裁ち合わせ図
黒留袖の長着1枚
★図内の数字は縫い代、指定以外は1cm
★裾の柄のつながりを重視して裁つ
身頃から
2枚
2
ロングジャケットの後ろ身頃
みみを利用する
2
ブラウスの後ろ身頃
2
みみ
えり肩あき
紋の位置を合わせる
みみ
ブラウスの前身頃
2
ロングジャケットの前身頃
ポケット口
（ポケット口の縫い代は2cm）
2.5
2
おくみから
みみを利用する
2
ブラウスの後ろ裾布
袖から
2枚
2
内袖
袋布
みみ
裁ち切り
ロングジャケット
後ろえりぐり見返し
紋の位置に合わせる
外袖
2
みみを利用する
ブラウスの製図
★指定以外の縫い代は1cm
10
わ
後ろ裾布
切り替え線
スリットあき
1
後ろ裾
（裏）
12
スリットあきどまり
（後ろ）
後ろ中央はぎ
64
袖ぐりあきどまり
前後身頃 2枚
えりあきどまり
20
28
9cm切り込み
9cm
ダーツとして縫う
えり肩あき
20
28
10
9
1
縫う
（裏）
えりあきどまり
袖ぐりあきどまり
54
（前）
前中央はぎ
スリットあきどまり
12
スリットあき
三つ折り
1
34
縫い方順序
①えり肩あきを利用した肩ダーツを縫い、縫い代を後ろ側に片返す
②前、後ろ中央のえりあきどまりまでをそれぞれ縫い、縫い代を割る
③えりぐりを三つ折りに始末する
紋
⑦袖ぐりを三つ折りに始末をする
④脇をあきどまりまで縫い、縫い代を割る
⑤後ろ身頃に裾布をつけ、縫い代を上側に片返す
⑥裾とスリットあきを三つ折りに始末する

12

52ページ

材料

黒留袖の長着１枚

ゴムテープ＝2cm幅を70cm（スカート分）

接着芯＝30×20cm

ボタン＝1.2cmを1個（ブラウス分）

ブラウスの製図 ★指定以外の縫い代は1cm

見返し
接着芯
（裏）
ボタンループ
わ
見返し中央わ
見返し線
前身頃
前中央
袖
後ろ切り替え線
袖はぎ布
後ろ身頃
後ろ中央
あきどまり
ボタンループ（右）
63
61
28.5・30
28・29

●製図内の数字は順にM・Lサイズ
数字が１つのものは共通です

ひもベルトの製図

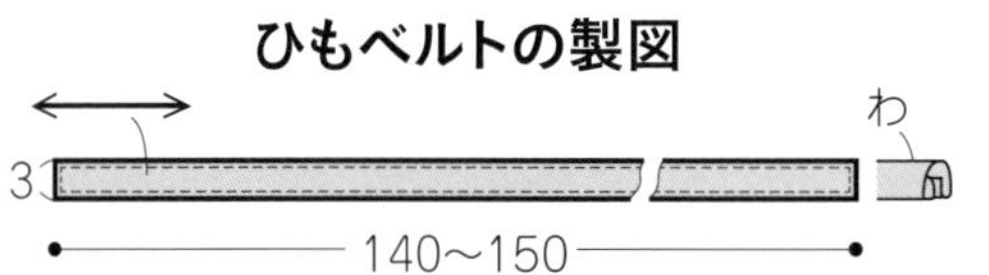

わ
140～150

スカートの製図

★指定以外の縫い代は1cm

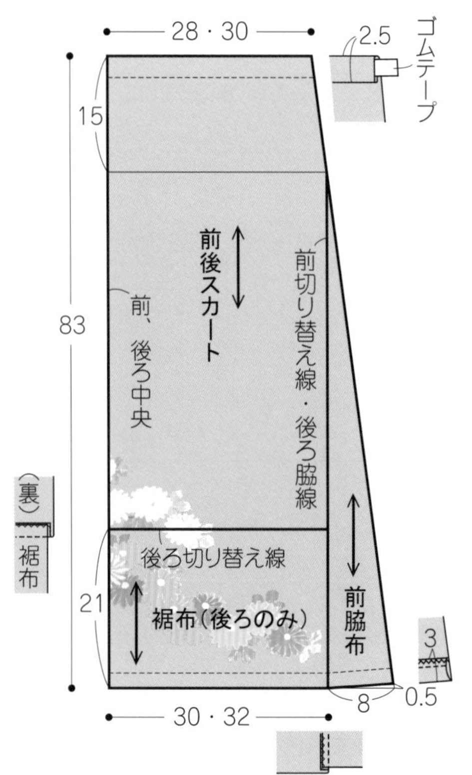

28・30
ゴムテープ
前後スカート
前、後ろ中央
前切り替え線・後ろ脇線
（裏）
裾布
後ろ切り替え線
裾布（後ろのみ）
前脇布
30・32

縫い方順序

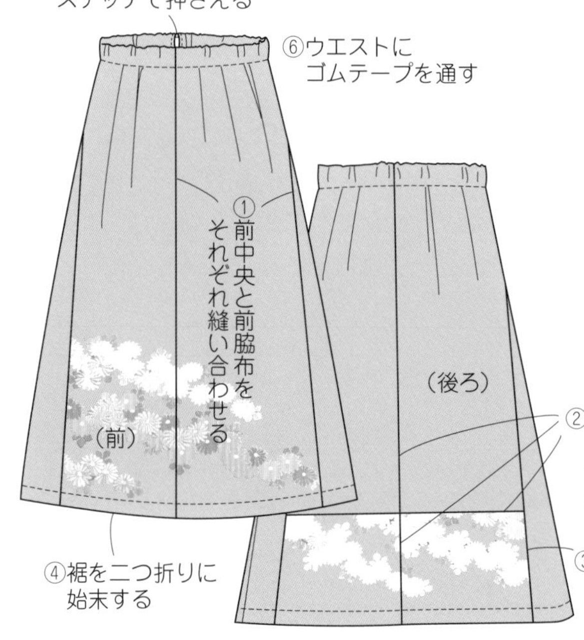

⑤後ろ中央の縫い代をゴムテープ通し口に縫い残し、ウエストを三つ折りにしてステッチで押さえる
⑥ウエストにゴムテープを通す
①前中央と前脇布をそれぞれ縫い合わせる
（前）
（後ろ）
②後ろと裾布の中央をそれぞれ縫い、切り替え線を縫う 縫い代は上側に倒す
③脇を縫い、縫い代を中央側に倒す
④裾を二つ折りに始末する

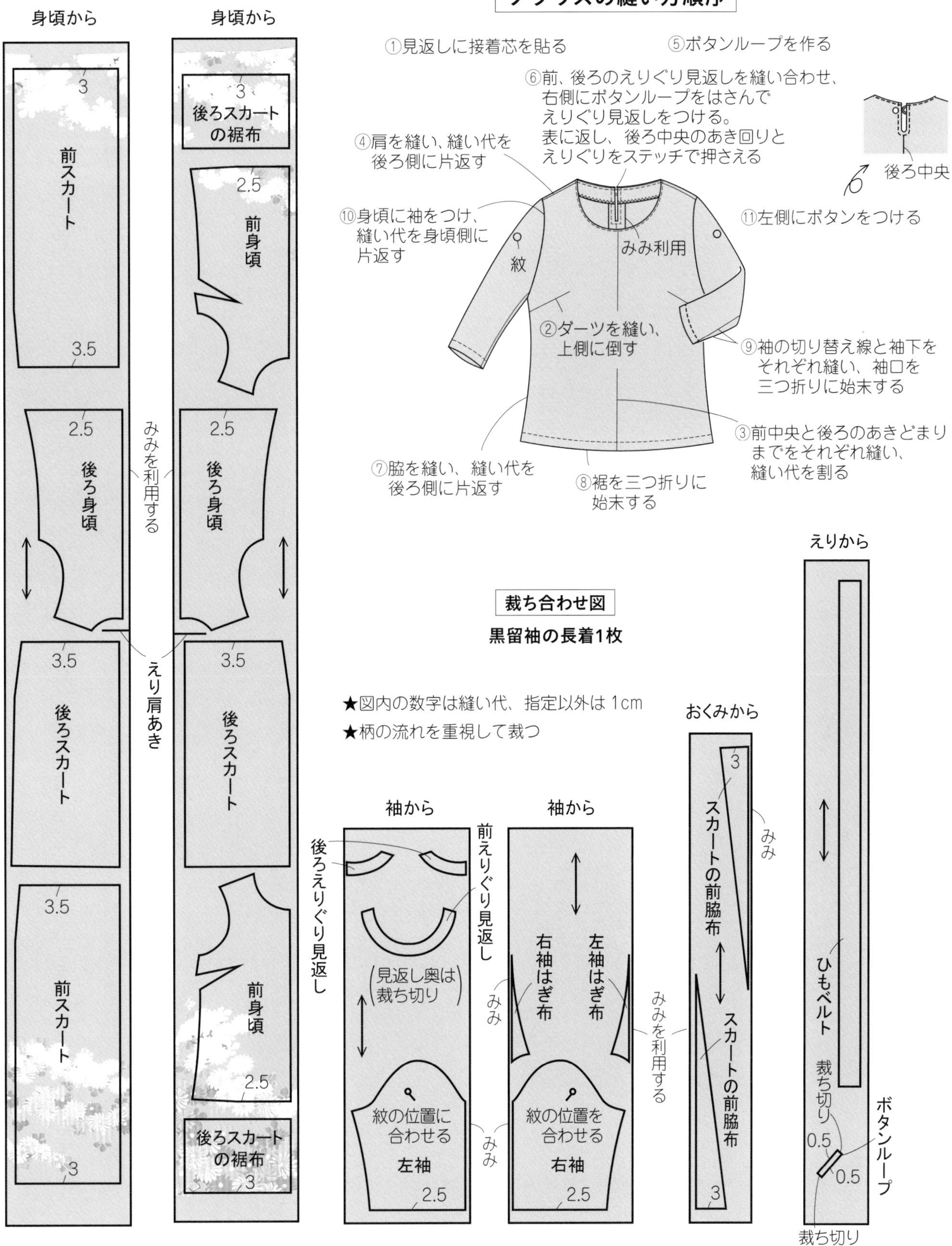
ブラウスの縫い方順序
①見返しに接着芯を貼る
②ダーツを縫い、上側に倒す
③前中央と後ろのあきどまりまでをそれぞれ縫い、縫い代を割る
④肩を縫い、縫い代を後ろ側に片返す
⑤ボタンループを作る
⑥前、後ろのえりぐり見返しを縫い合わせ、右側にボタンループをはさんでえりぐり見返しをつける。表に返し、後ろ中央のあき回りとえりぐりをステッチで押さえる
⑦脇を縫い、縫い代を後ろ側に片返す
⑧裾を三つ折りに始末する
⑨袖の切り替え線と袖下をそれぞれ縫い、袖口を三つ折りに始末する
⑩身頃に袖をつけ、縫い代を身頃側に片返す
⑪左側にボタンをつける
後ろ中央
みみ利用
紋
裁ち合わせ図
黒留袖の長着1枚
★図内の数字は縫い代、指定以外は1cm
★柄の流れを重視して裁つ
身頃から
前スカート
後ろ身頃
後ろスカート
後ろスカートの裾布
前身頃
みみを利用する
えり肩あき
袖から
後ろえりぐり見返し
前えりぐり見返し
見返し奥は裁ち切り
紋の位置に合わせる
紋の位置を合わせる
左袖
右袖
右袖はぎ布
左袖はぎ布
みみ
おくみから
スカートの前脇布
えりから
ひもベルト
裁ち切り
ボタンループ
3
3.5
2.5
0.5

型紙有効活用
同じ形で印象を変える応用テクニック

着物を洋服に仕立て直す場合
着物は生地幅が狭く
型紙作りにも制約がでます。
また、基本は同じ型紙から作っても
着物の選び方しだいで
仕上がりの印象はかなり変わります。

ここでは、着物の種類を変え
同じ型紙を使っても
ワンポイントの変化でイメージが変わる
3種のデザインを紹介します。
リメイクする着物選びの
参考にもしてください。

―デザイン 見崎智子― 作り方82ページ―

基本は、シンプルで作りやすいプレーンブラウス＋ギャザースカートの3種

イヤリング／アビステ、靴／Joli Encore（Charlotte）

基本アイテム

ネックレス／アビステ、靴／オリエンタルトラフィック（ダブルエー）

靴／ダブルエー オリエンタルトラフィック（ダブルエー）

小紋縮緬

13

優しげな花模様の小紋縮緬を利用したブラウススーツ。共のストールをウエストに結ぶと、よりフェミニンさが増して、エレガントなお出掛け着らしさも添えられます。

靴／ダイアナ（ダイアナ 銀座本店）

八掛から作ったブラウス。袖口に小紋の布を添えてセットアップ感を強調。ストールの結び方はお好みで自由にアレンジしてください。

元型

ブーツ／NUOVO

14

ギャザースカートの裾の前後にひもを通してちぢめ、バルーンシルエット風に。ストールを巻いてカジュアルな雰囲気に着こなしています。しなやかな素材を利用した作品13とは、全く印象が変わります。

八掛利用の半袖ブラウス。一枚で着てもいいし、このようにインナーを組み合わせたレーヤードスタイルもいい感じ。フルシーズン活用できそうですね。

元型

ネックレス／アビステ

上品な色味の八掛を活用したブラウス。写真右ではストールとして使った共の小物を、こちらはウエストのひもベルトにして着こなしています。

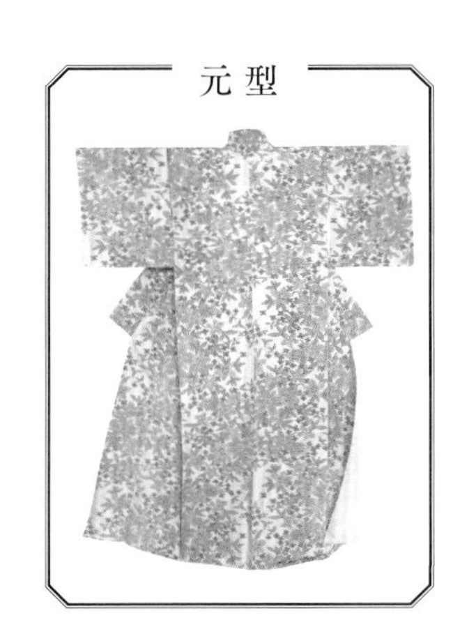
元型

イヤリング／アビステ、ブーツ／オリエンタルトラフィック（ダブルエー）

15

鮮やかな花模様に惹かれる紬から作ったひとセット。袖口にフリルをあしらった型紙のアレンジと、張りのある紬の素材感が、同じ型紙から作ったとは思えない雰囲気に仕上げています。

基本は、ウイングカラージャケット＋6枚はぎのセミフレアースカートの3種

きちんとした印象が魅力の
ジャケットスーツ。
初心者にも作りやすい
ウイングカラージャケットと
ウエストゴムの
6枚はぎのセミフレアースカート。

このデザインの同じ型紙を使い
ご覧のタイプの違う
3種類の着物で作るとまったく
印象の違う服に仕上がります。

基本は同じ型紙でも素材に合わせて
少しのアレンジを加えていることも
ポイントになります。

基本アイテム

ブーツ／オリエンタルトラフィック（ダブルエー）

靴／NUOVO

靴／フィン

—デザイン 見崎智子— 作り方91ページ—

紬
16

ネックレス／アビステ、タイツ／17℃（Blondoll 新丸の内ビル店）、ブーティ／フィン

水玉風の織り柄がおしゃれなモノトーンの紬から、タウン用にぴったりのジャケットスーツに。ジャケットの脇裾につけたタブをボタンでとめると、脇裾がちぢまるというワンポイントをほどこした個性的なデザイン。

シルバーグレーの八掛利用のフレンチスリーブブラウス。一枚でジャケットのインナーに、レーヤードして着ればベスト風に。長さ調節可能の手作りネックレスも素敵です。

元型

小紋

元型

薄紅色の紫陽花の花が咲く、可憐な小紋の雰囲気を生かして、ジャケットの裾をギャザー切り替えに変化させたフェミニンスーツ。ぼかしの八掛から作ったインナー用のブラウスも、ぴったり馴染んでいるひと揃い。

●靴／Joli Encore（Charlotte）

17

小紋からストール、八掛からコサージュ。揃いの小物もエレガントな雰囲気に。結びひもは、ぼかしの八掛のいちばん濃い色の部分から裁ち合わせます。

総絞り

お出掛け用に帽子も手作り。4枚はぎサイドクラウンの作りやすい形なので、ぜひトライしてみてください。

上品な藤色の総絞り。そのしなやかな風合いが全体を優しい印象に仕上げています。ジャケットの袖たけを軽快な七分たけに。八掛から作ったピンクのブラウスが若々しい印象のスリーピース。

18

元型

イヤリング／アビステ、靴／AREZZO

基本はラップジャケット＋セミフレアスカートのセットアップ3種

デザイン 見崎智子 ― 作り方86ページ

ちょっと面倒な
ボタン穴作りがいらない
かんたんラップジャケットと
ゆったりシルエットの
ギャザー入りセミフレアスカート。

ジャケットの形の基本は同じですが
着たけを長くしてコートに
袖を外してベストに
型紙の使い方にひと工夫を加えた
ご覧の3種。

着物の柄・素材の違いで
シルエットも印象も
かなり雰囲気が変わっています。

靴／AREZZO

基本アイテム

ネックレス／アビステ、靴／NUOVO

パンツ／100% a hundred percent（マーク アンド プラス）、靴／アトリエブルージュ

紬

基本は普通たけのラップジャケットの着たけを長くしてひとえのコートに。着たけが長い分、一枚の着物からボトムスまでは作れないので、お揃いのバッグとコサージュ、八掛からブラウスを作ったひとセット。

張りのある紬は、縫いやすくバッグ素材にも適しています。残布を無駄なく生かしてコサージュも作っておくとおしゃれ小道具として便利です。

八掛利用のブラウスに紬のコサージュをあしらった着こなし。単品で着ると着物リメイクとは全く思えない印象。

19

イヤリング／アビステ、パンツ／100% a hundred percent（マーク アンド プラス）、ブーティ／MAMIAN

元型

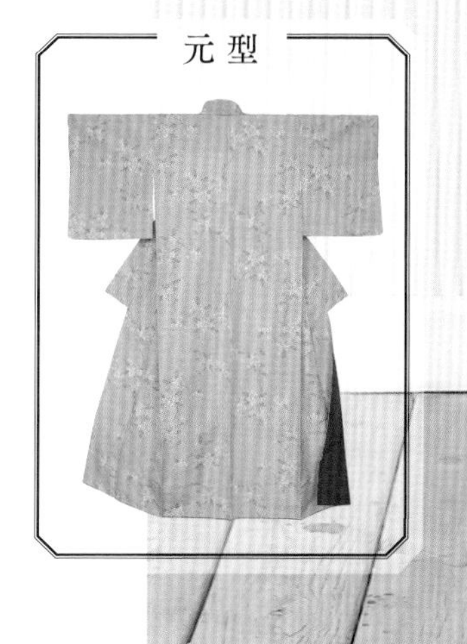

小粋な縞の紬を利用したスリーピース。羽織りものは、単品でも活躍する便利アイテム。しかもひとえ仕立てならスリーシーズン使えます。スカートのウエストは、フリーサイズのかんたんゴム仕上げ。

ブーティ／ダイアナ ウェルフィット（ダイアナ 銀座本店）

20

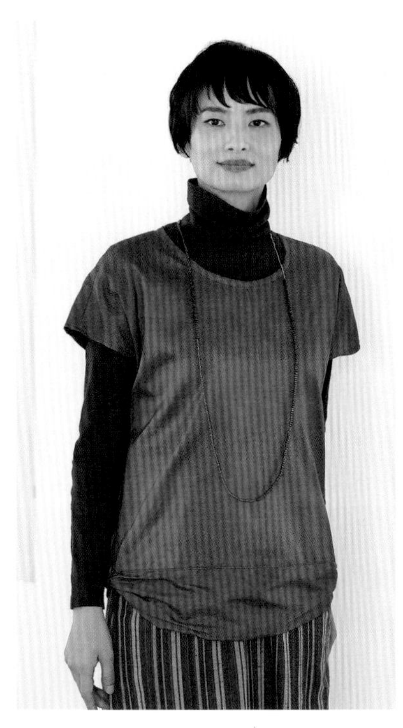

ブラウスの脇裾につけたタブをボタンでとめると、ブラウジングさせたような表情に。ボタンを外すとストレートラインに戻るツーウエイ。

元型

小紋

21

紫色の花柄小紋と、薄紫色の八掛から作ったブラウスの色合いが素敵に溶け合っているひとセット。ベストは基本のラップジャケットの袖を外した形です。型紙利用の応用編は、覚えておきたいテクニック。

元型

ミュール／アトリエブルージュ

しなやかな小紋の素材感を生かして、入れ口にフリルをあしらった、優しげな表情のバッグ。大き過ぎず、小さ過ぎない使いやすい形がいい感じ。

作品20と同じ形の脇裾にタブをつけたツーウエイブラウス。着物の裏裾の八掛まで利用できると、お得感たっぷりのリメイクになりますね。

ブラウスの製図　3点共通　★指定以外の縫い代は 1cm

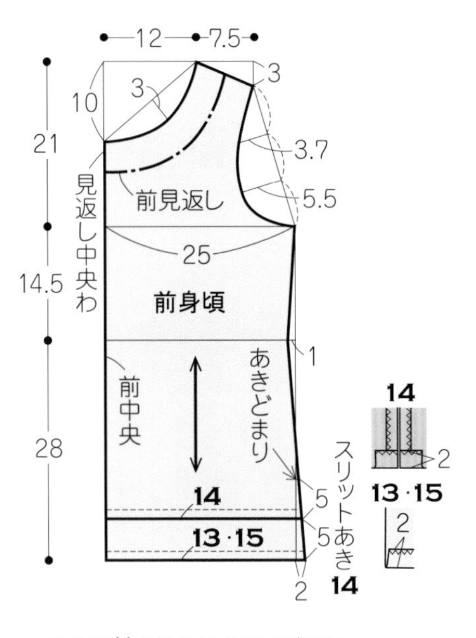

12
7.5
3
3
10
21
見返し中央わ
3.7
5.5
前見返し
25
14.5
前身頃
1
あきどまり
前中央
28
14
5
13·15
5
スリットあき
14
2
14
2
13·15
2

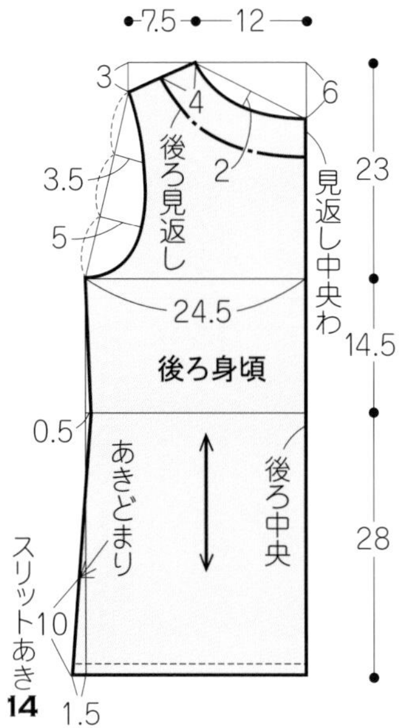

7.5
12
3
4
6
後ろ見返し
2
3.5
5
見返し中央わ
23
24.5
後ろ身頃
14.5
0.5
あきどまり
後ろ中央
28
スリットあき
10
14
1.5

14の袖（袖たけを長く変更）

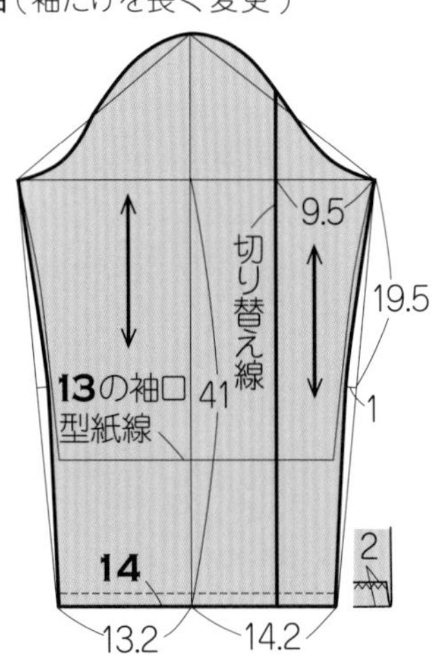

9.5
切り替え線
19.5
13の袖口
型紙線
41
1
14
2
13.2
14.2

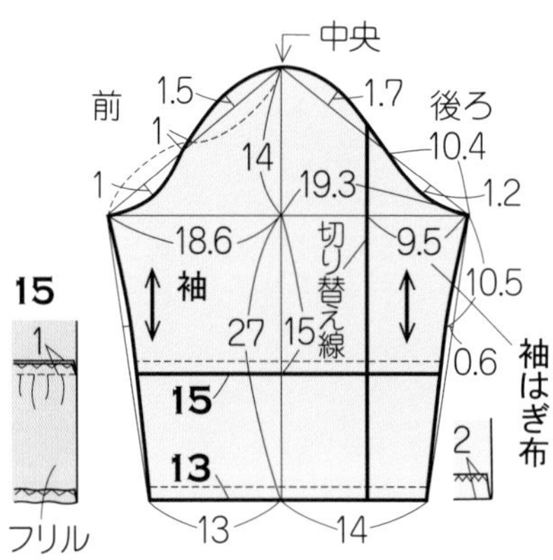

中央
前
1.5
1.7
後ろ
1
14
10.4
1
19.3
1.2
18.6
切り替え線
9.5
10.5
袖
27
15
0.6
袖はぎ布
15
1
フリル
15
13
2
13
14

作品15　袖フリルの製図
★指定以外の縫い代は1cm

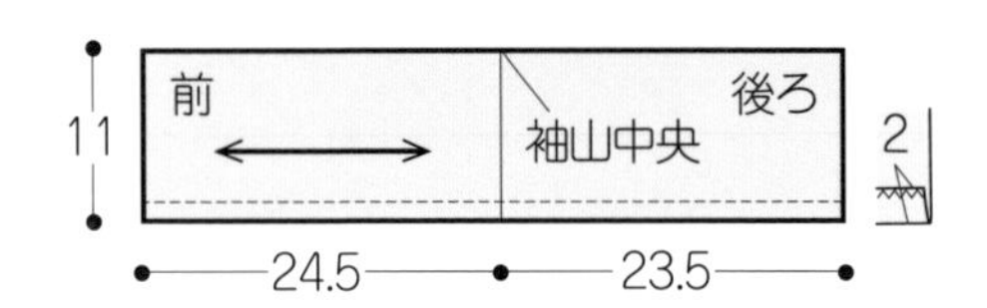

前
後ろ
11
袖山中央
2
24.5
23.5

作品15　ベルトの製図
★縫い代は0.5cm

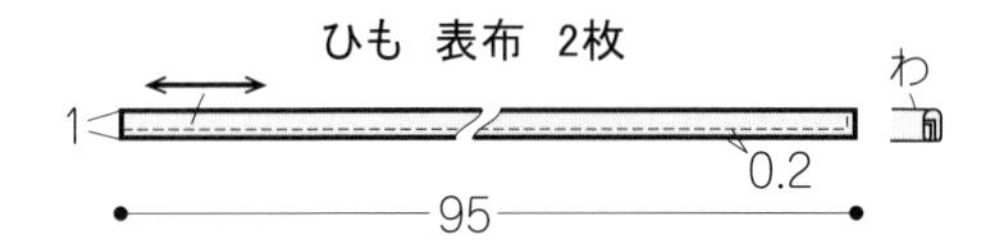

ひも　表布　2枚
わ
1
0.2
95

13
71ページ

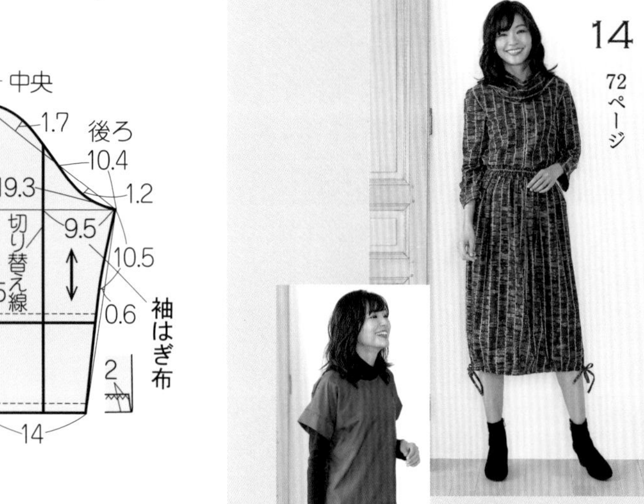

14
72ページ

15
73ページ

材料　3点共通

表布に女物長着 1 枚
（八掛からフレンチスリーブブラウスを裁つ）

ゴムベルト＝
2.5cm幅を70cm
（スカートウエストベルト分）

接着芯＝45×35cm
（ブラウスの見返し分）

ボタン＝1.2cm を1個
（フレンチスリーブブラウス分）

木製リング＝
直径4.5cm幅を1個
（作品**15** ベルト分）

作品14

①から⑤、⑦から⑧まで基本と同様に縫う

④
③
②
⑤
⑦
⑧
⑥

ⓐ袖下から脇のあきどまりまで縫い、縫い代を割る

ⓑスリット あき回りをステッチで押さえる

作品13 基本のブラウスの縫い方順序

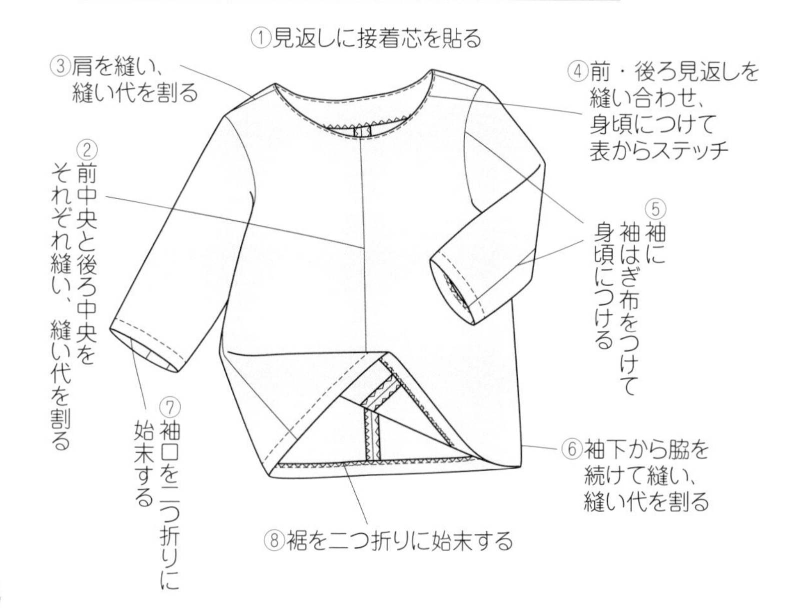

①見返しに接着芯を貼る
③肩を縫い、縫い代を割る
④前・後ろ見返しを縫い合わせ、身頃につけて表からステッチ
②前中央と後ろ中央をそれぞれ縫い、縫い代を割る
⑤袖に袖はぎ布をつけて身頃につける
⑦袖口を二つ折りに始末する
⑥袖下から脇を続けて縫い、縫い代を割る
⑧裾を二つ折りに始末する

フレンチスリーブブラウスの製図　3点共通

★前・後ろ身頃は八掛から裁つ
縫い代は指定以外1cm
（ボタンループは縫ってから縫い代をカット）

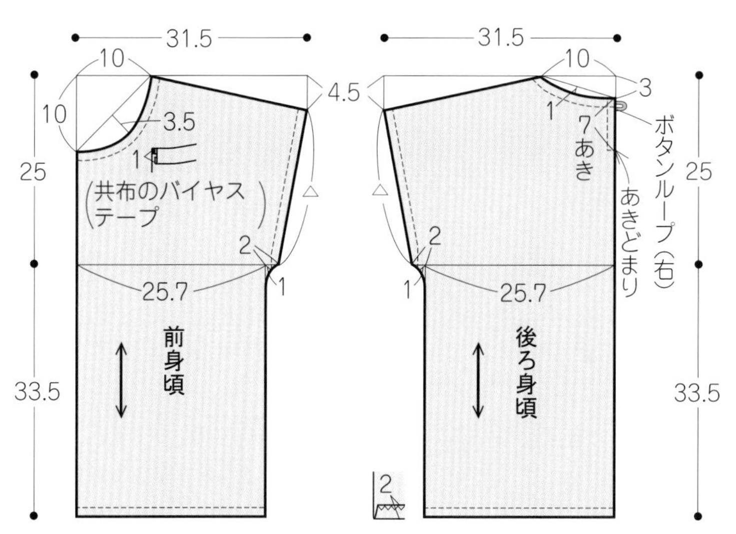

ボタンループ
0.3
わ
2.5
31.5
10
10
4.5
3.5
1
（共布のバイヤステープ）
25
2
1
25.7
前身頃
33.5
31.5
10
3
1
7あき
ボタンループ（右）
あきどまり
25
2
1
25.7
後ろ身頃
33.5
2

作品15

①から④、⑥から⑧まで基本と同様に縫う

⑤袖を作って身頃につける

ⓐ袖に袖はぎ布をつける

ⓑ袖フリルにギャザーをよせて寸法にちぢめ、袖口につける

④
③
②
⑦
⑥
⑧

ⓒ縫い代を袖側に片返し表からステッチで押さえる

作品13　袖フリルの製図

表布2枚

5
0.8
三つ折り
50

袖　作品14は八掛　作品15は表布　各2枚

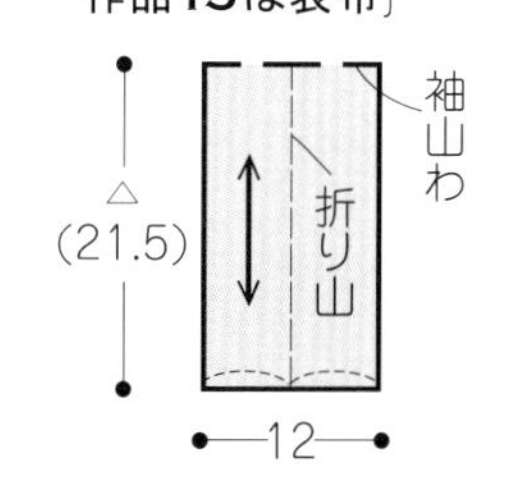

袖山わ
(21.5)
折り山
12

ベルトの縫い方順序

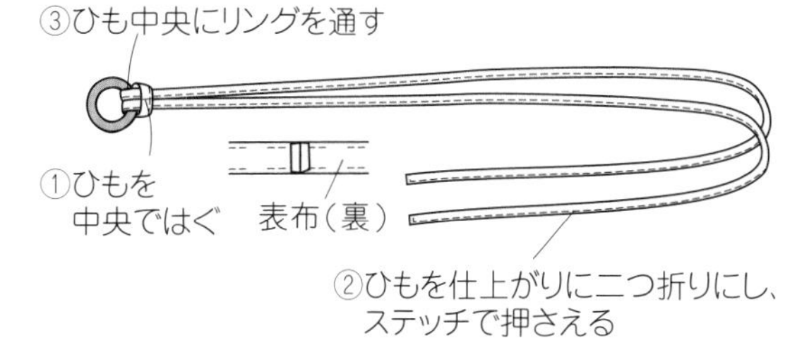

③ひも中央にリングを通す
①ひもを中央ではぐ
表布（裏）
②ひもを仕上がりに二つ折りにし、ステッチで押さえる

スカートの縫い方順序

作品13・15

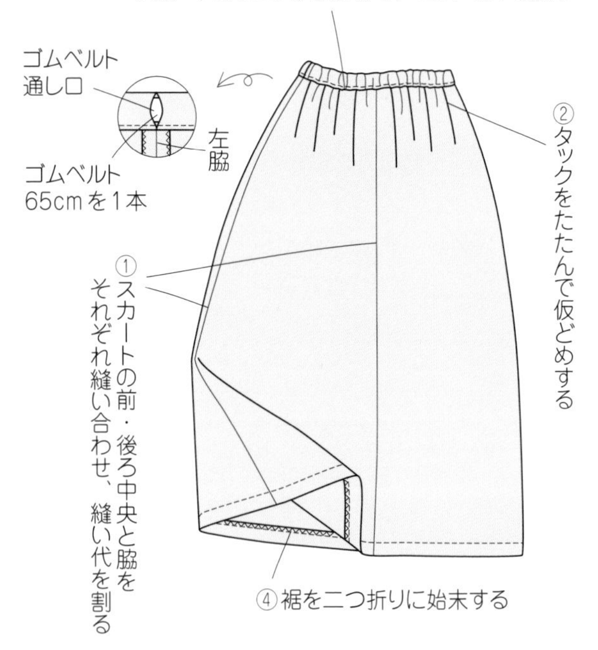

③左脇の縫い代にゴムベルト通し口を縫い残して
ウエストベルトの両脇を縫い合わせ
スカートのウエストにつけて、ゴムベルトを通す
ゴムベルト通し口
左脇
ゴムベルト
65cmを1本
②タックをたたんで仮どめする
①スカートの前・後ろ中央と脇をそれぞれ縫い合わせ、縫い代を割る
④裾を二つ折りに始末する

スカートの製図　3点共通

★指定以外の縫い代は1cm

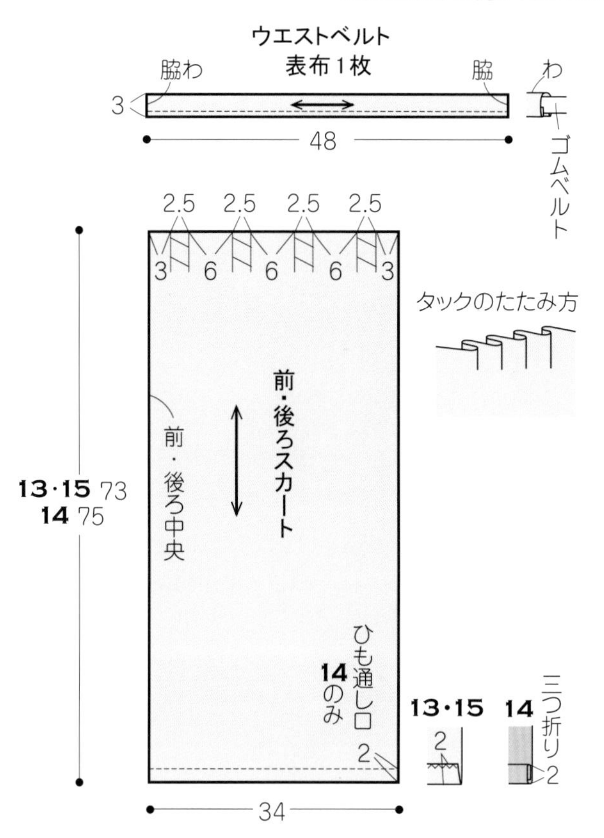

ウエストベルト
表布1枚
脇わ
脇
わ
3
48
ゴムベルト
2.5
2.5
2.5
2.5
3
6
6
6
3
タックのたたみ方
前・後ろスカート
前・後ろ中央
13・15 73
14 75
ひも通し口
14のみ
2
34
13・15
14
2
三つ折り
2

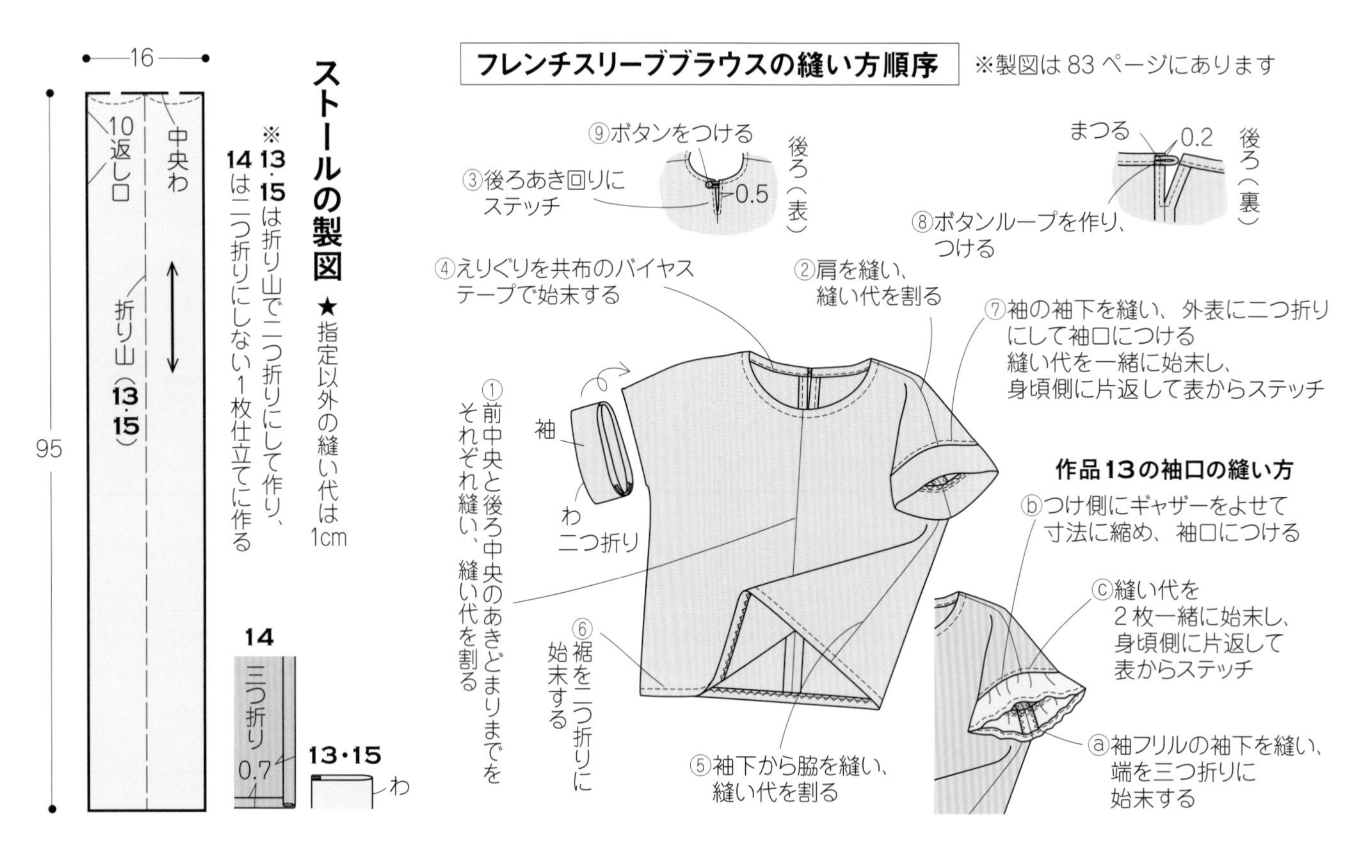

16
10
返し口
中央わ
折り山（13・15）
95
ストールの製図
★指定以外の縫い代は1cm
※13・15は折り山で二つ折りにして作り、
14は二つ折りにしない1枚仕立てに作る
14
三つ折り
0.7
13・15
わ
フレンチスリーブブラウスの縫い方順序
※製図は83ページにあります
⑨ボタンをつける
後ろ（表）
③後ろあき回りにステッチ
0.5
まつる
0.2
後ろ（裏）
⑧ボタンループを作り、つける
④えりぐりを共布のバイヤステープで始末する
②肩を縫い、縫い代を割る
⑦袖の袖下を縫い、外表に二つ折りにして袖口につける
縫い代を一緒に始末し、
身頃側に片返して表からステッチ
袖
わ
二つ折り
①前中央と後ろ中央のあきどまりまでをそれぞれ縫い、縫い代を割る
⑥裾を二つ折りに始末する
⑤袖下から脇を縫い、縫い代を割る
作品13の袖口の縫い方
ⓑつけ側にギャザーをよせて寸法に縮め、袖口につける
ⓒ縫い代を2枚一緒に始末し、身頃側に片返して表からステッチ
ⓐ袖フリルの袖下を縫い、端を三つ折りに始末する

13・14 裁ち合わせ図

小紋の長着各1枚

★( )内は縫い代、指定以外は1cm

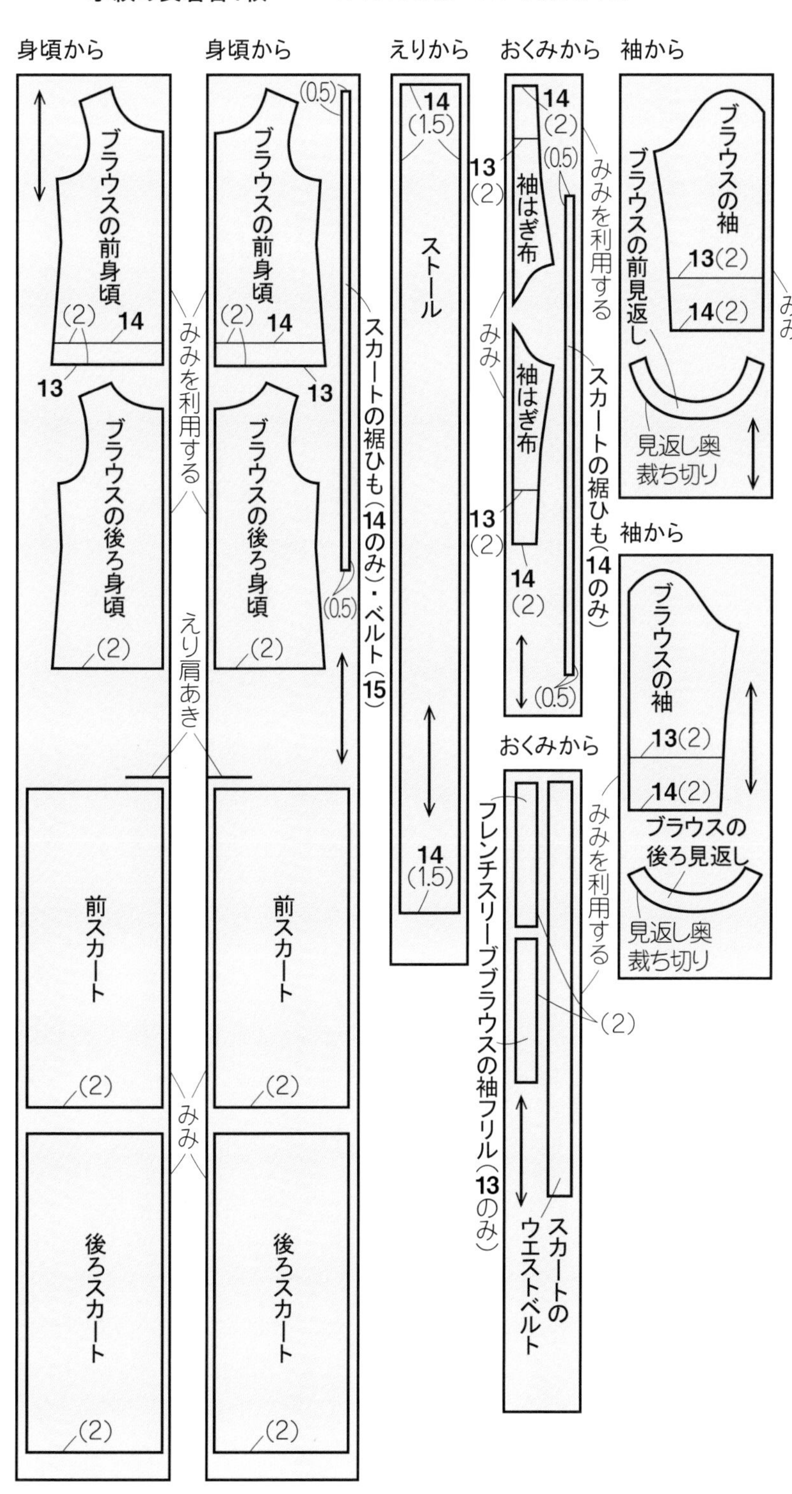

身頃から
身頃から
えりから
おくみから
袖から
ブラウスの前身頃
ブラウスの後ろ身頃
(2)
13
14
みみを利用する
えり肩あき
みみ
前スカート
後ろスカート
(0.5)
スカートの裾ひも(14のみ)・ベルト(15)
ストール
14
(1.5)
13
(2)
袖はぎ布
みみを利用する
みみ
スカートの裾ひも(14のみ)
ブラウスの袖
ブラウスの前見返し
見返し奥裁ち切り
ブラウスの後ろ見返し
おくみから
フレンチスリーブブラウスの袖フリル(13のみ)
スカートのウエストベルト

作品14

(スカート裾をひも通しデザインに変更)

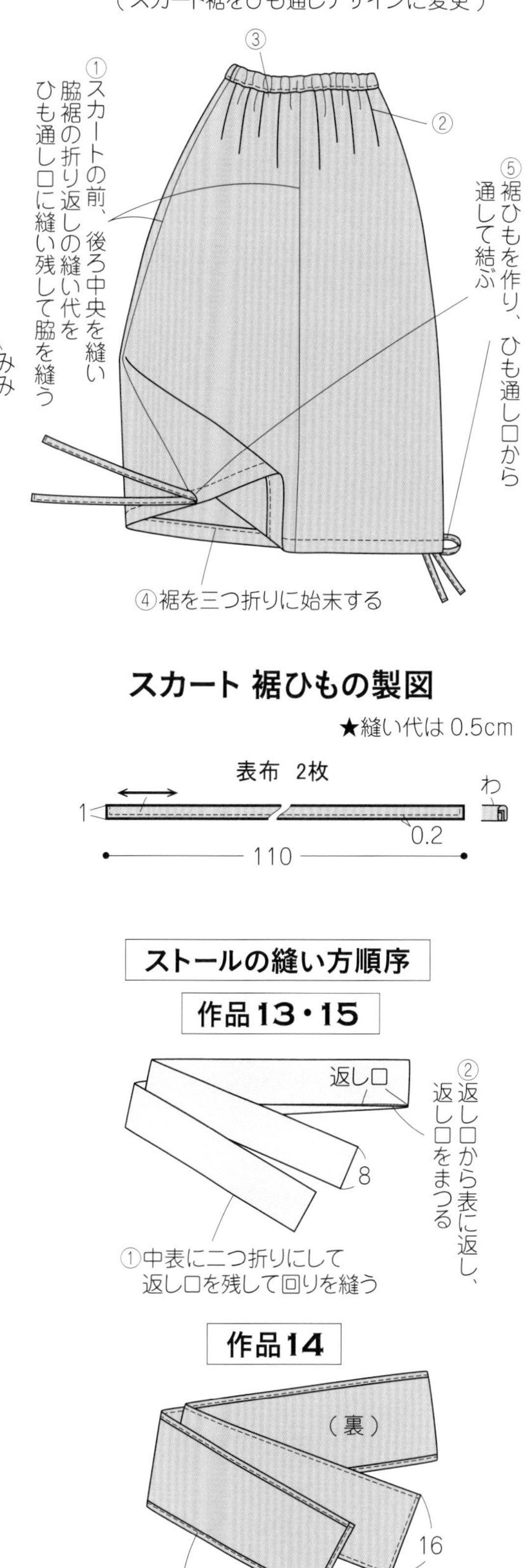

①スカートの前、後ろ中央を縫い脇裾の折り返しの縫い代をひも通し口に縫い残して脇を縫う
②
③
④裾を三つ折りに始末する
⑤裾ひもを作り、ひも通し口から通して結ぶ
スカート 裾ひもの製図
★縫い代は0.5cm
表布 2枚
1
0.2
110
わ
ストールの縫い方順序
作品13・15
返し口
8
①中表に二つ折りにして返し口を残して回りを縫う
②返し口から表に返し、返し口をまつる
作品14
(裏)
16
端を三つ折りに始末する

※作品15の裁ち合わせ図は90ページにあります。

ジャケット(コート)の製図　3点共通 ★指定以外の縫い代は1cm

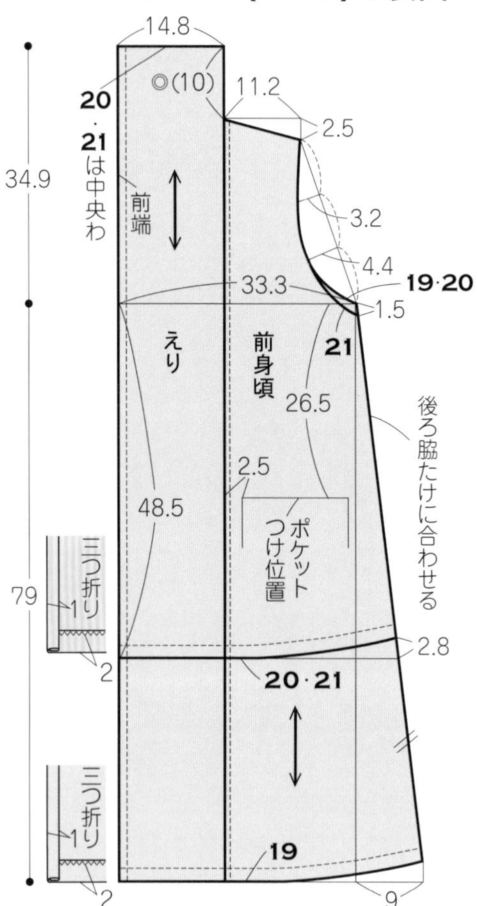
14.8
◎(10)
11.2
2.5
3.2
4.4
19·20
1.5
34.9
20・21は中央わ
前端
33.3
えり
前身頃
21
26.5
後ろ脇たけに合わせる
2.5
48.5
ポケットつけ位置
79
三つ折り
1
2
2.8
20·21
19
9

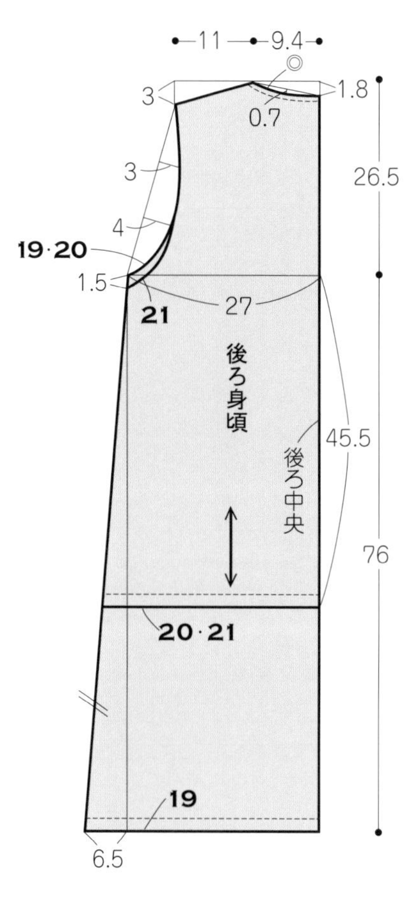
11
9.4
◎
1.8
3
0.7
3
26.5
4
19·20
1.5
21
27
後ろ身頃
45.5
後ろ中央
76
20·21
19
6.5

作品19・20

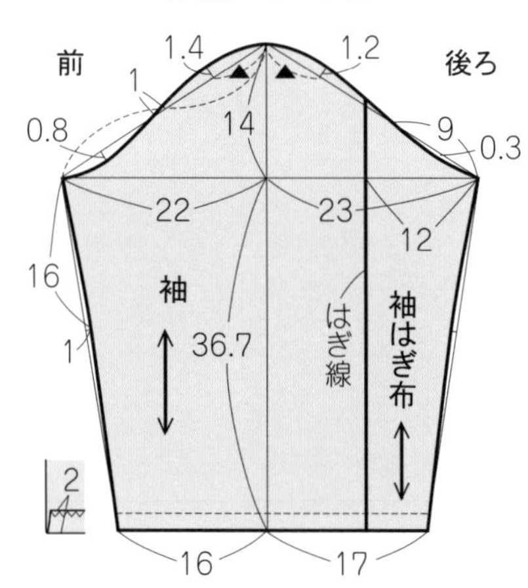
前
1.4
1.2
後ろ
1
0.8
14
9
0.3
22
23
12
16
袖
1
36.7
はぎ線
袖はぎ布
2
16
17

ポケット　表布2枚

16
15
0.2
2
接着芯

※ブラウスの製図と縫い方は90ページにあります

19
79ページ

20
80ページ

21
81ページ

材料　3点共通

表布に女物の長着１枚
（八掛からブラウスを裁つ）

ゴムベルト＝2.5cm幅を70cm
（作品**20・21**スカートのウエストベルト分）

接着芯＝45×35cm
（ポケット分）

くるみボタン＝
直径1.2cmを3個
（ブラウス分）

作品**19・21**

裏布＝60×55cm（バック分）

接着芯＝90×50cm（バック分）

くるみボタン＝直径3cmを1個
（コサージュの花芯分　作品**19**）

マグネットボタン＝1組（作品**19**）

コサージュ台＝1個（作品**19**）

接着剤＝適宜（作品**19**）

作品21

※基本を袖なしにしてベストに作る

⑤袖ぐりを共布のバイヤステープで始末する

③

④

①

②

後ろ（裏）

⑥脇を縫う

⑧

作品19・20　基本のジャケット（コート）の縫い方順序

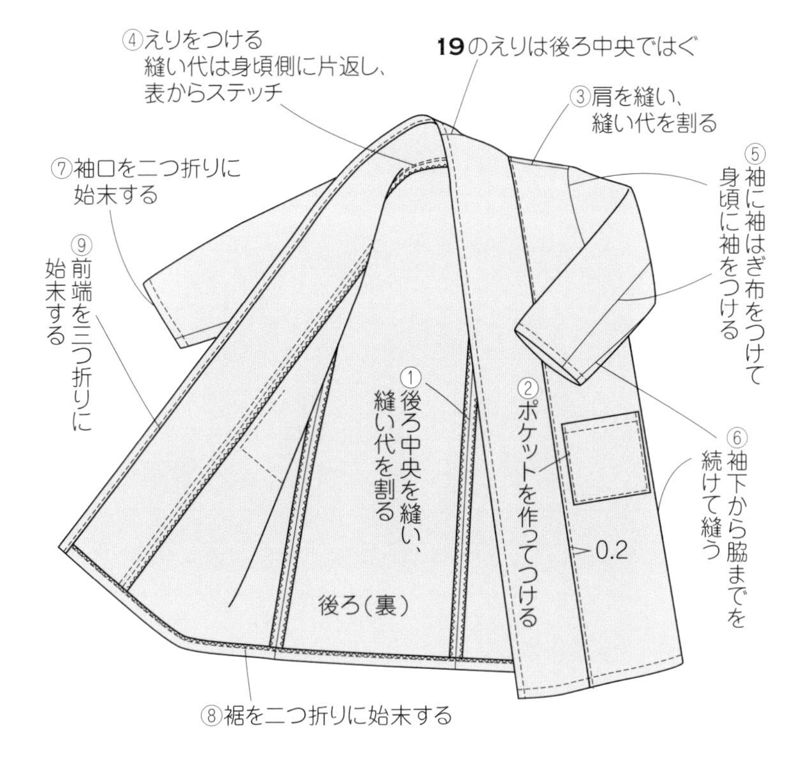

④えりをつける
縫い代は身頃側に片返し、
表からステッチ
19のえりは後ろ中央ではぐ
③肩を縫い、
縫い代を割る
⑦袖口を二つ折りに
始末する
⑤袖に袖はぎ布をつけて
身頃に袖をつける
⑨前端を三つ折りに
始末する
①後ろ中央を縫い、
縫い代を割る
②ポケットを作ってつける
0.2
⑥袖下から脇までを
続けて縫う
後ろ（裏）
⑧裾を二つ折りに始末する

作品20・21　スカートの製図

★指定以外の縫い代は1cm

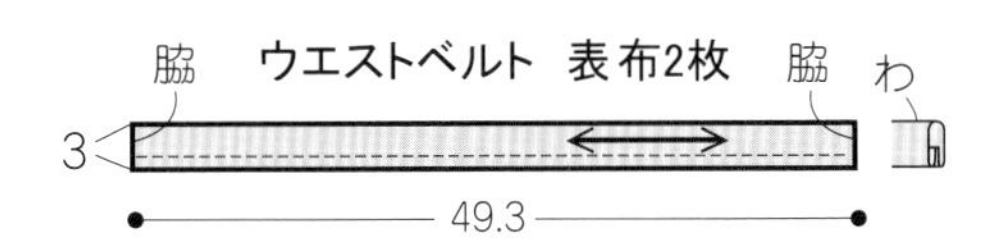

脇
ウエストベルト　表布2枚
脇
わ
3
49.3

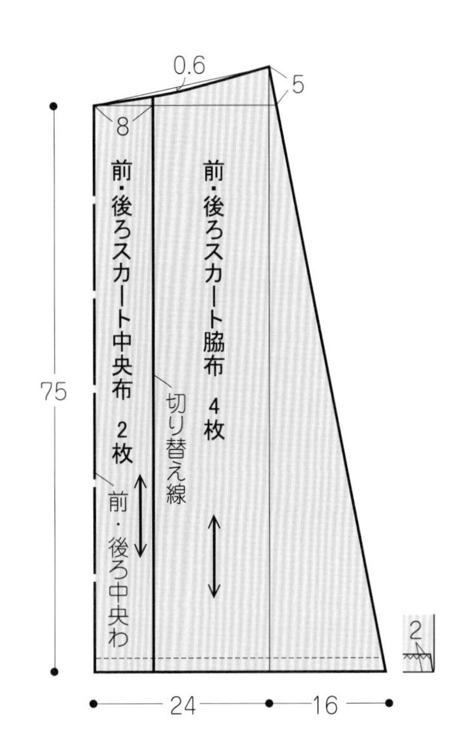

0.6
5
8
前・後ろスカート中央布
2枚
前・後ろスカート脇布
4枚
切り替え線
前・後ろ中央わ
75
2
24
16

スカートの縫い方順序

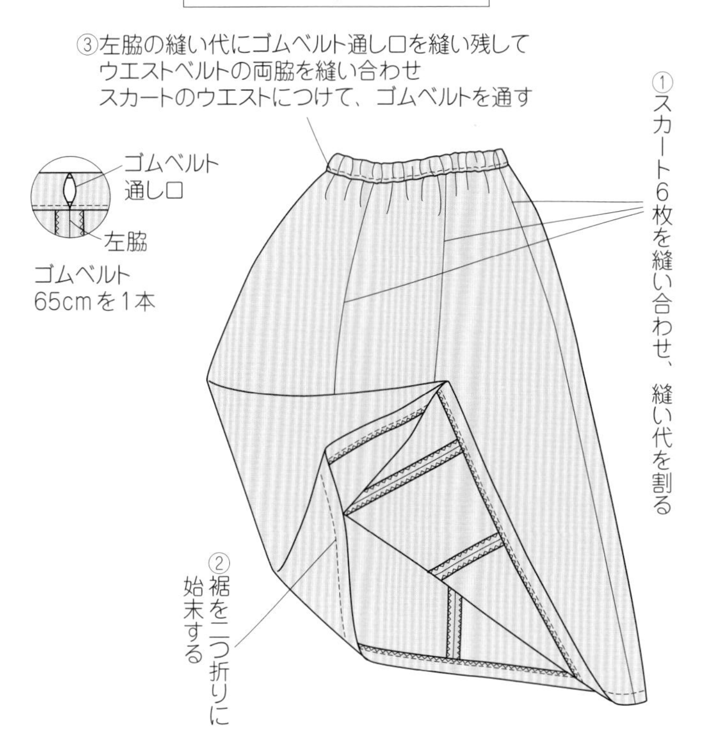

③左脇の縫い代にゴムベルト通し口を縫い残して
ウエストベルトの両脇を縫い合わせ
スカートのウエストにつけて、ゴムベルトを通す
ゴムベルト
通し口
左脇
ゴムベルト
65cmを1本
①スカート6枚を縫い合わせ、縫い代を割る
②裾を二つ折りに
始末する

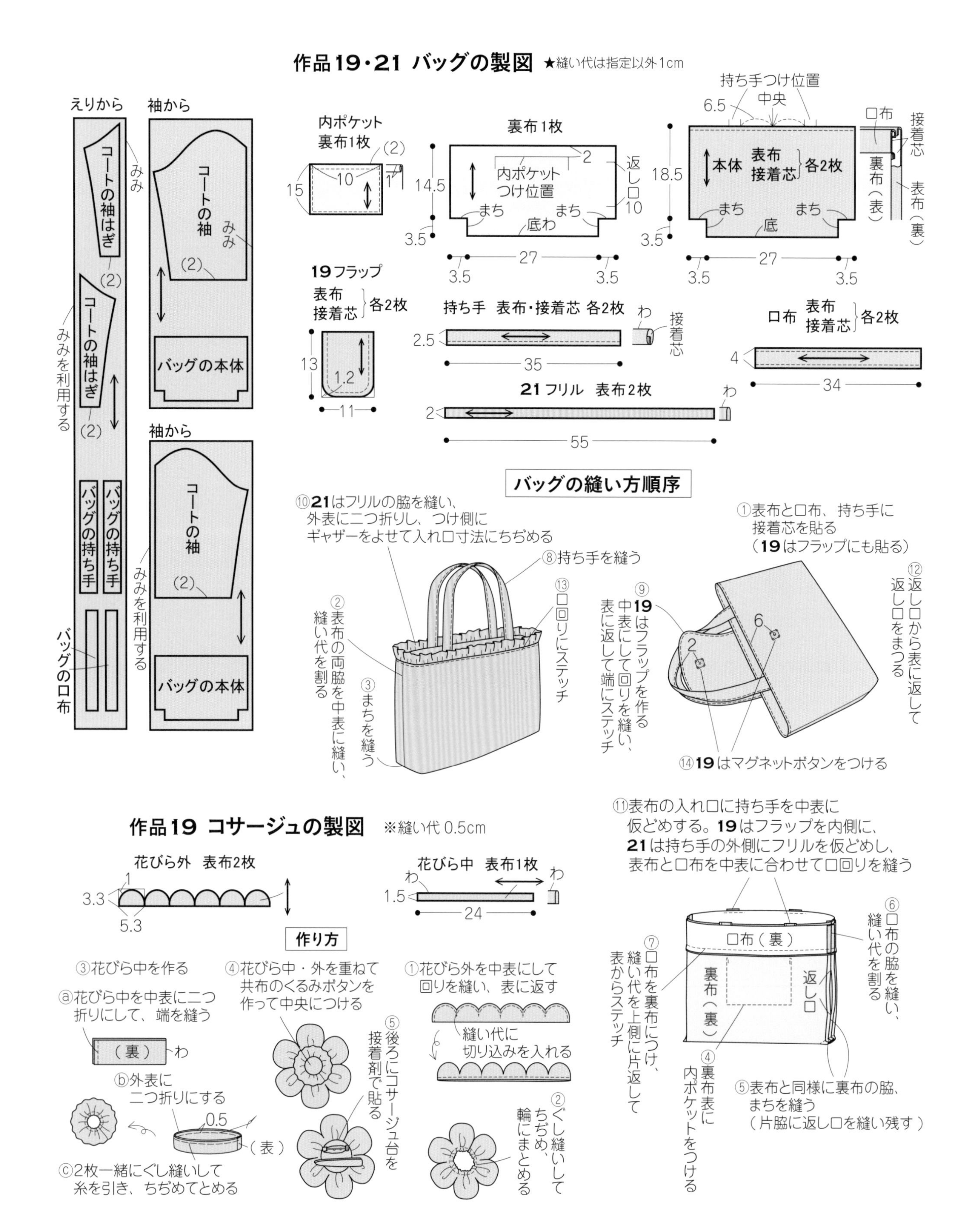

作品19・21 バッグの製図 ★縫い代は指定以外1cm
えりから
袖から
コートの袖はぎ
みみ
(2)
コートの袖はぎ
(2)
みみを利用する
バッグの持ち手
バッグの持ち手
バッグの口布
コートの袖
みみ
(2)
バッグの本体
袖から
コートの袖
(2)
みみを利用する
バッグの本体
内ポケット
裏布1枚
(2)
10
15
1
裏布1枚
14.5
2
内ポケット
つけ位置
返し口
10
まち
まち
底わ
3.5
27
3.5
3.5
持ち手つけ位置
中央
6.5
18.5
本体
表布
接着芯
各2枚
まち
まち
底
3.5
27
3.5
3.5
口布
接着芯
裏布(表)
表布(裏)
19フラップ
表布
接着芯
各2枚
13
1.2
11
持ち手 表布・接着芯 各2枚
わ
接着芯
2.5
35
21 フリル 表布2枚
わ
2
55
口布
表布
接着芯
各2枚
4
34
バッグの縫い方順序
⑩21はフリルの脇を縫い、外表に二つ折りし、つけ側にギャザーをよせて入れ口寸法にちぢめる
⑧持ち手を縫う
⑬口回りにステッチ
②表布の両脇を中表に縫い、縫い代を割る
③まちを縫う
①表布と口布、持ち手に接着芯を貼る(19はフラップにも貼る)
⑨19はフラップを作る 中表にして回りを縫い、表に返して端にステッチ
6
2
⑫返し口から表に返して返し口をまつる
⑭19はマグネットボタンをつける
⑪表布の入れ口に持ち手を中表に仮どめする。19はフラップを内側に、21は持ち手の外側にフリルを仮どめし、表布と口布を中表に合わせて口回りを縫う
⑥口布の脇を縫い、縫い代を割る
口布(裏)
裏布(裏)
返し口
⑦口布を裏布につけ、縫い代を上側に片返して表からステッチ
④裏布表に内ポケットをつける
⑤表布と同様に裏布の脇、まちを縫う(片脇に返し口を縫い残す)
作品19 コサージュの製図 ※縫い代0.5cm
花びら外 表布2枚
1
3.3
5.3
花びら中 表布1枚
わ
わ
1.5
24
作り方
③花びら中を作る
ⓐ花びら中を中表に二つ折りにして、端を縫う
(裏)
わ
ⓑ外表に二つ折りにする
0.5
(表)
ⓒ2枚一緒にぐし縫いして糸を引き、ちぢめてとめる
④花びら中・外を重ねて共布のくるみボタンを作って中央につける
⑤後ろにコサージュ台を接着剤で貼る
①花びら外を中表にして回りを縫い、表に返す
縫い代に切り込みを入れる
②ぐし縫いしてちぢめ、輪にまとめる

作品20、21 裁ち合わせ図

20紬、21小紋の長着各1枚

作品19 裁ち合わせ図

紬の長着1枚

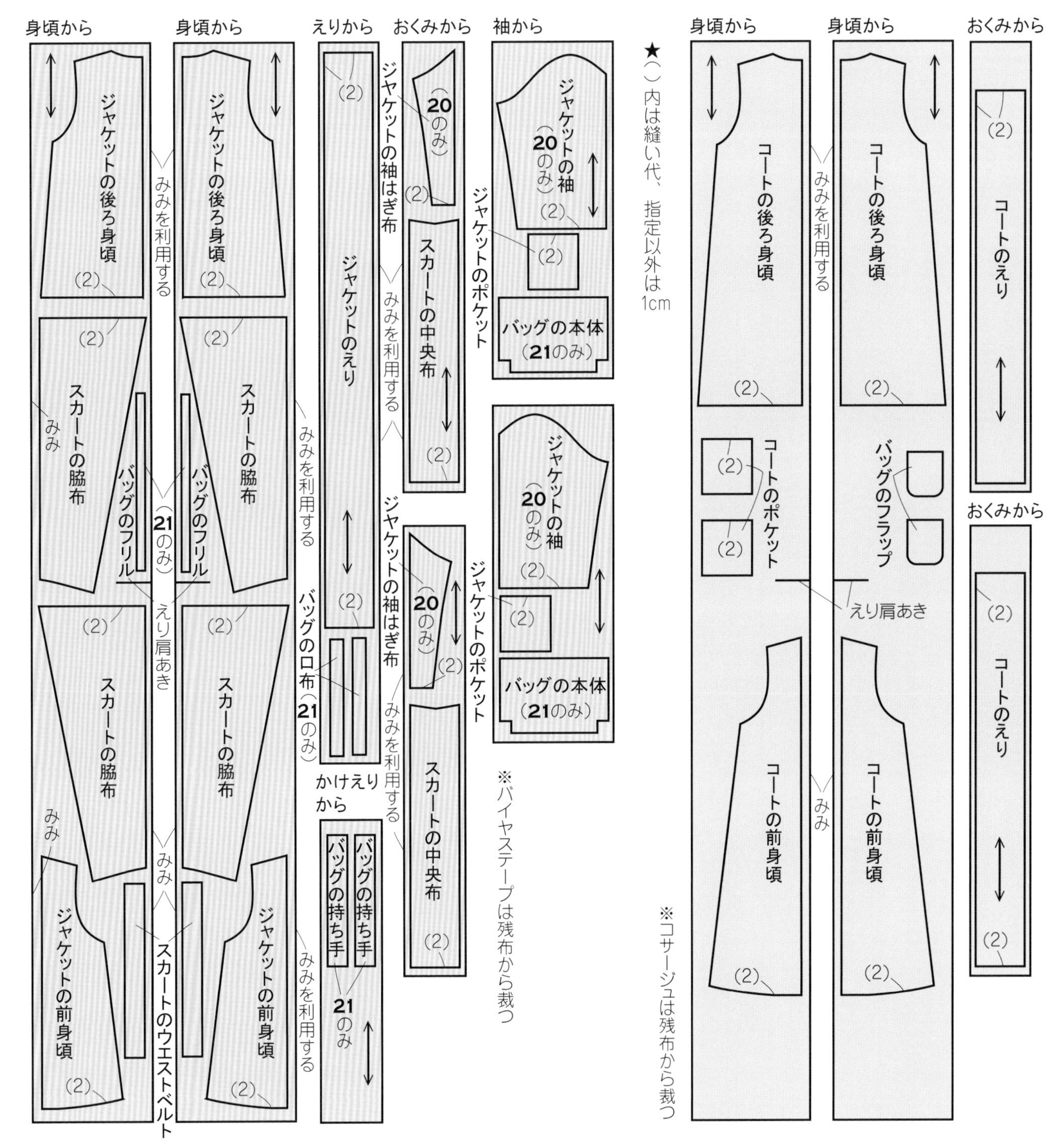

身頃から
身頃から
えりから
おくみから
袖から
ジャケットの後ろ身頃
(2)
みみを利用する
スカートの脇布
みみ
バッグのフリル
(21のみ)
えり肩あき
スカートの脇布
ジャケットの前身頃
スカートのウエストベルト
ジャケットのえり
バッグの口布(21のみ)
かけえりから
バッグの持ち手
21のみ
ジャケットの袖はぎ布
(20のみ)
スカートの中央布
ジャケットのポケット
ジャケットの袖
バッグの本体
(21のみ)
※バイヤステープは残布から裁つ
★( )内は縫い代、指定以外は1cm
身頃から
身頃から
おくみから
コートの後ろ身頃
コートのえり
コートのポケット
バッグのフラップ
えり肩あき
コートの前身頃
みみ
※コサージュは残布から裁つ

キットを使わない、手持ちのボタン利用のくるみボタンの作り方

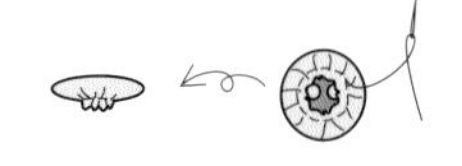

②糸を引きちぢめてとめる

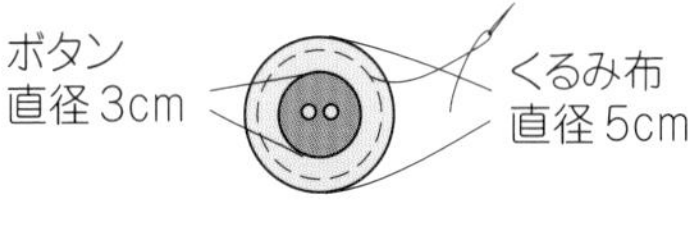

①布端をぐし縫いして
中にボタンを入れる
ボタン
直径3cm
くるみ布
直径5cm

作品15 **裁ち合わせ図**

紬の長着1枚

★( )内は縫い代、指定以外は1cm

身頃から
ブラウスの前身頃
(2)
ブラウスの後ろ身頃
(2)
ブラウスの前見返し
前スカート
(2)
後ろスカート
(2)
身頃から
ブラウスの前身頃
(2)
ブラウスの後ろ身頃
(2)
ブラウスの後ろ見返し
前スカート
(2)
後ろスカート
(2)
みみを利用する
見返し奥裁ち切り
えり肩あき
みみ
えりから
ストール
おくみから
ベルト
みみを利用する
おくみから
(2)
(2)
みみを利用する
袖はぎ布
スカートのウエストベルト
みみ
袖から
袖のフリル
(2)
袖のフリル
(2)
袖
袖から
袖
みみを利用する
フレンチスリーブブラウスの袖

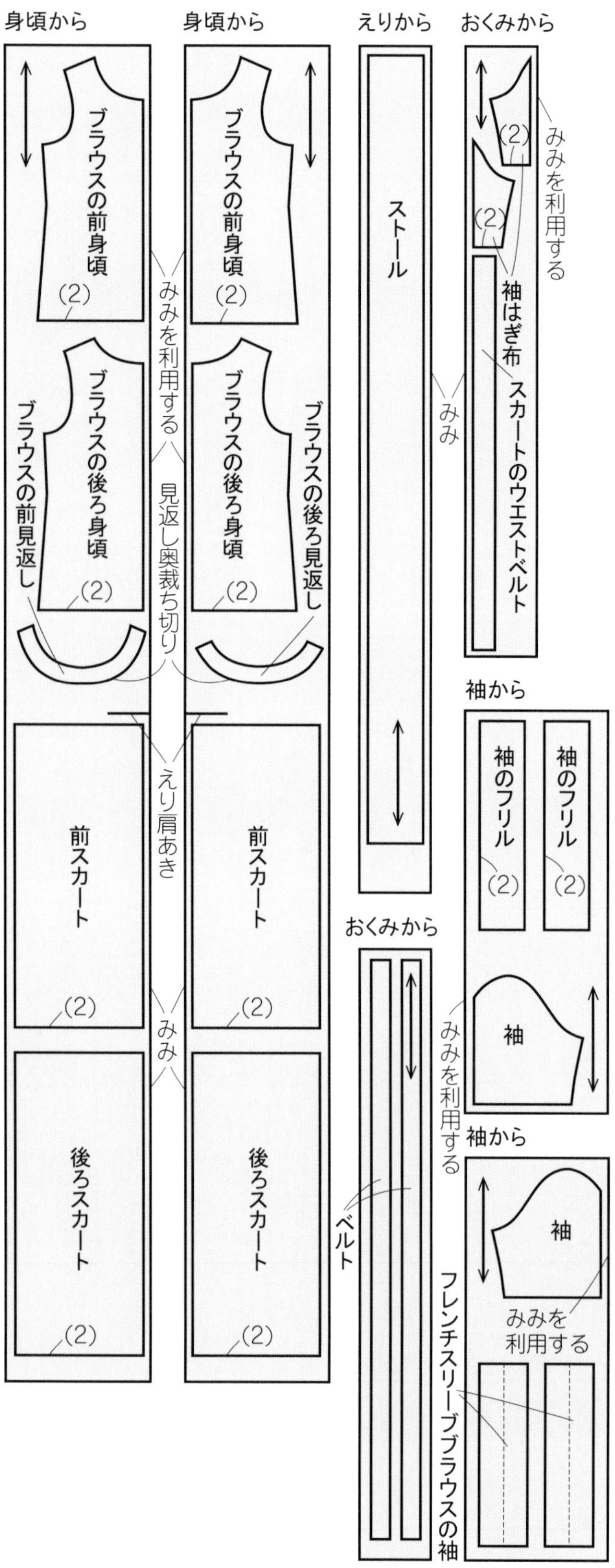

ブラウスの製図　3点共通

★八掛から裁つ。( )内は縫い代、指定以外は1cm

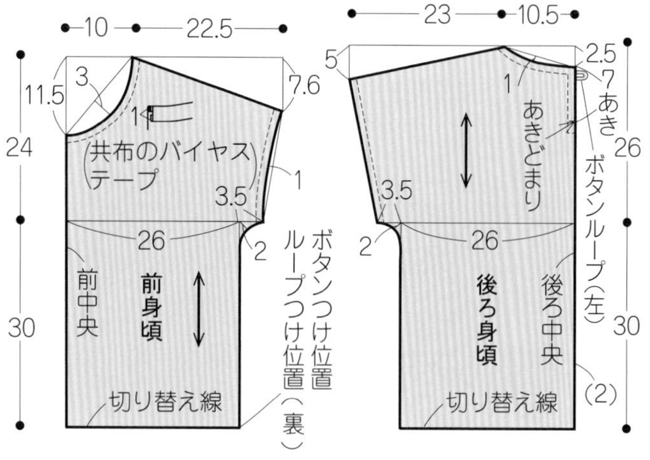

10
22.5
11.5
3
7.6
24
1
共布のバイヤステープ
1
3.5
26
2
前中央
前身頃
30
切り替え線
ボタンつけ位置
ループつけ位置(裏)
23
10.5
5
2.5
7あき
1
あきどまり
26
ボタンループ(左)
3.5
2
26
後ろ身頃
後ろ中央
30
(2)
切り替え線

ペプラム2枚

14
前・後ろ中央わ
26

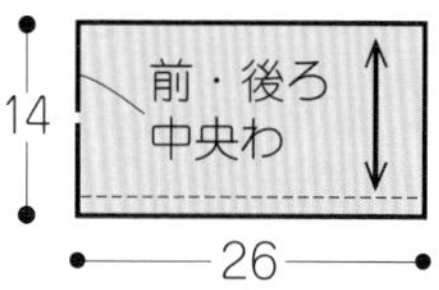

ボタンループ・後ろえり 1枚

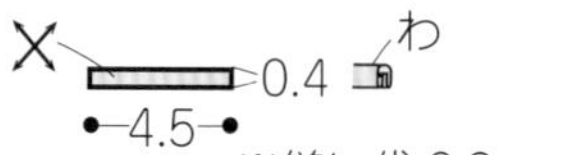

0.4
わ
4.5
※縫い代0.3cm

ボタンループ・脇 2枚

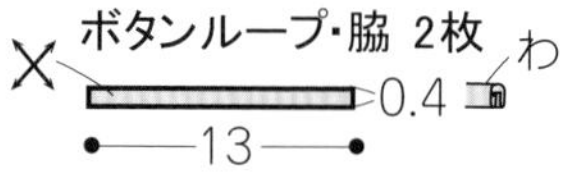

0.4
わ
13
※縫い代0.3cm

縫い方順序

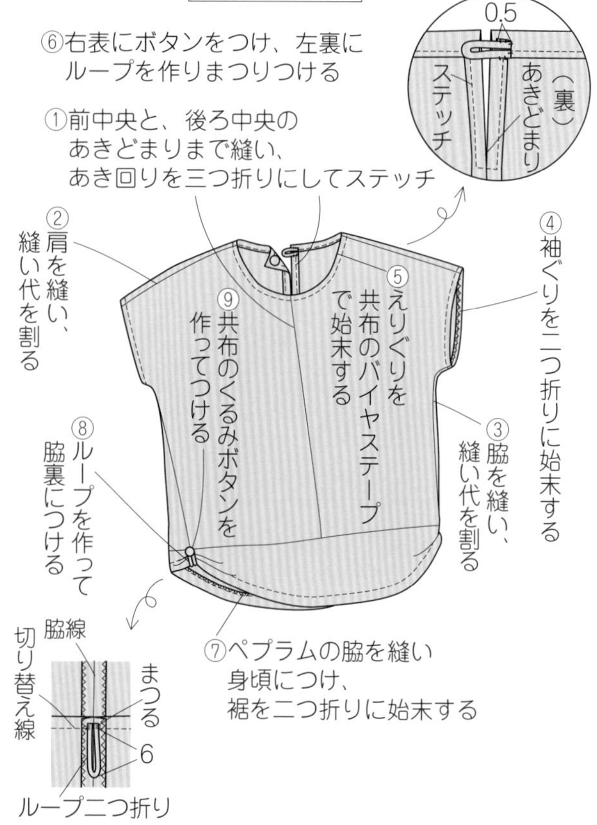

0.5
ステッチ
(裏)
あきどまり
⑥右表にボタンをつけ、左裏にループを作りまつりつける
①前中央と、後ろ中央のあきどまりまで縫い、あき回りを三つ折りにしてステッチ
②肩を縫い、縫い代を割る
④袖ぐりを二つ折りに始末する
⑤えりぐりを共布のバイヤステープで始末する
⑨共布のくるみボタンを作ってつける
⑧ループを作って脇裏につける
③脇を縫い、縫い代を割る
脇線
切り替え線
まつる
6
ループ二つ折り
⑦ペプラムの脇を縫い身頃につけ、裾を二つ折りに始末する

ジャケットの製図　3点共通

★指定以外の縫い代は 1cm
作品**17**は身頃裾を変更（92 ページ参照）

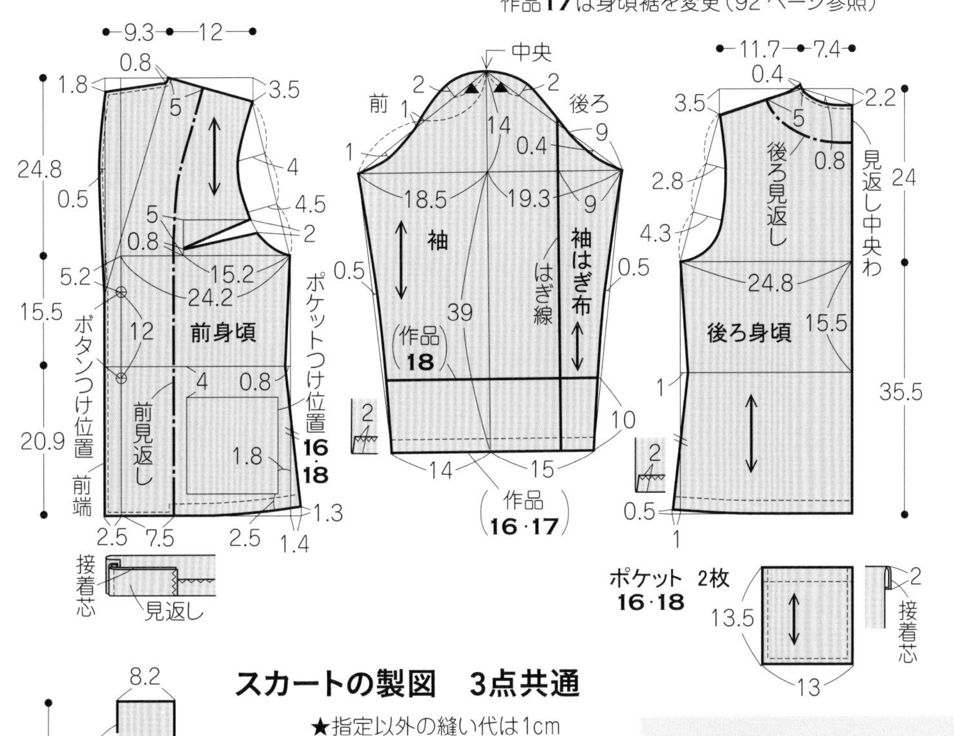

9.3
12
0.8
1.8
3.5
5
24.8
0.5
4
4.5
5
2
0.8
15.2
5.2
24.2
15.5
12
ボタンつけ位置
前身頃
ポケットつけ位置
16・18
4
0.8
前見返し
20.9
1.8
前端
1.3
2.5
7.5
2.5
1.4
接着芯
見返し
中央
前
後ろ
2
2
1
14
0.4
9
1
18.5
19.3
9
袖
袖はぎ布
はぎ線
0.5
0.5
39
（作品18）
2
10
14
15
（作品16・17）
11.7
7.4
0.4
3.5
2.2
5
後ろ見返し
0.8
見返し中央わ
24
2.8
4.3
24.8
後ろ身頃
15.5
1
35.5
2
0.5
1
ポケット 2枚
16・18
13.5
13
2
接着芯

スカートの製図　3点共通

★指定以外の縫い代は1cm

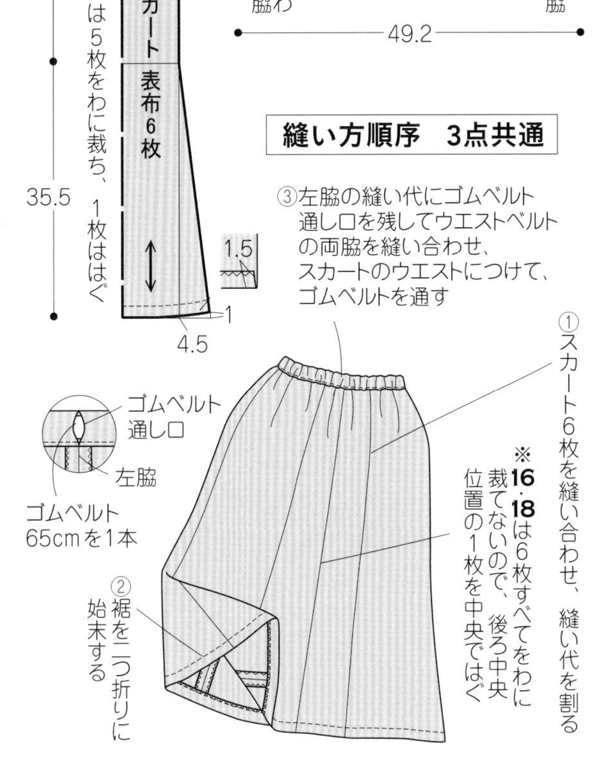

8.2
中央わ
※16・18は5枚をわに裁ち、1枚ははぐ
36.5
35.5
前・後ろスカート
表布6枚
1.5
1
4.5
ウエストベルト
表布・接着芯 各1枚
わ
3
脇わ
脇
49.2
縫い方順序　3点共通
③左脇の縫い代にゴムベルト通し口を残してウエストベルトの両脇を縫い合わせ、スカートのウエストにつけて、ゴムベルトを通す
①スカート6枚を縫い合わせ、縫い代を割る
※16・18は6枚すべてをわに裁てないので、後ろ中央位置の1枚を中央ではぐ
ゴムベルト通し口
左脇
ゴムベルト65cmを1本
②裾を二つ折りに始末する

16
75ページ

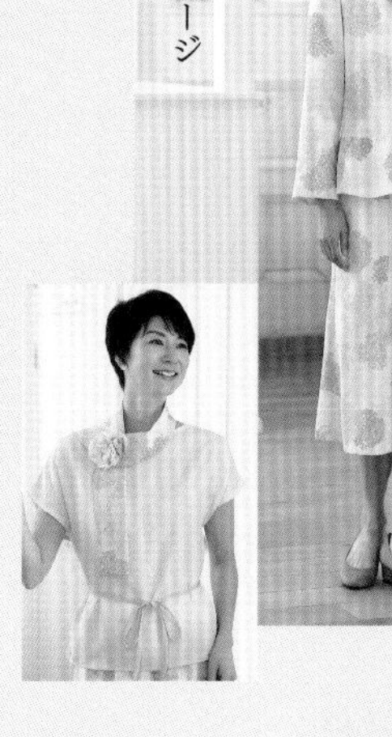

17
76ページ

18
77ページ

材料　3点共通

表布に女物の長着 1 枚
（八掛からブラウス、**17**はコサージュを裁つ）

ゴムベルト＝
2.5cm幅を70cm
（スカートのウエストベルト分）

接着芯＝45×80cm
（ジャケットの見返し、**16・18**はポケット口、**16**はタブ分）

くるみボタン＝1.2cmを2個
（**16**は6個）

▶作品**16** ネックレスに

接着芯＝17×17cm

ウッドビーズ＝16mm 幅を7個

ストロー＝2本

革ひも＝80cm

接着剤＝少々

▶作品**17** コサージュに

ブローチピン＝1個

厚紙＝4cm角

▶作品**18** 帽子に

裏布＝70×40cm

接着芯＝40×60cm

サイズテープ＝2.5cm幅を61cm

極太毛糸＝30cm

作品18　基本のジャケットの縫い方順序

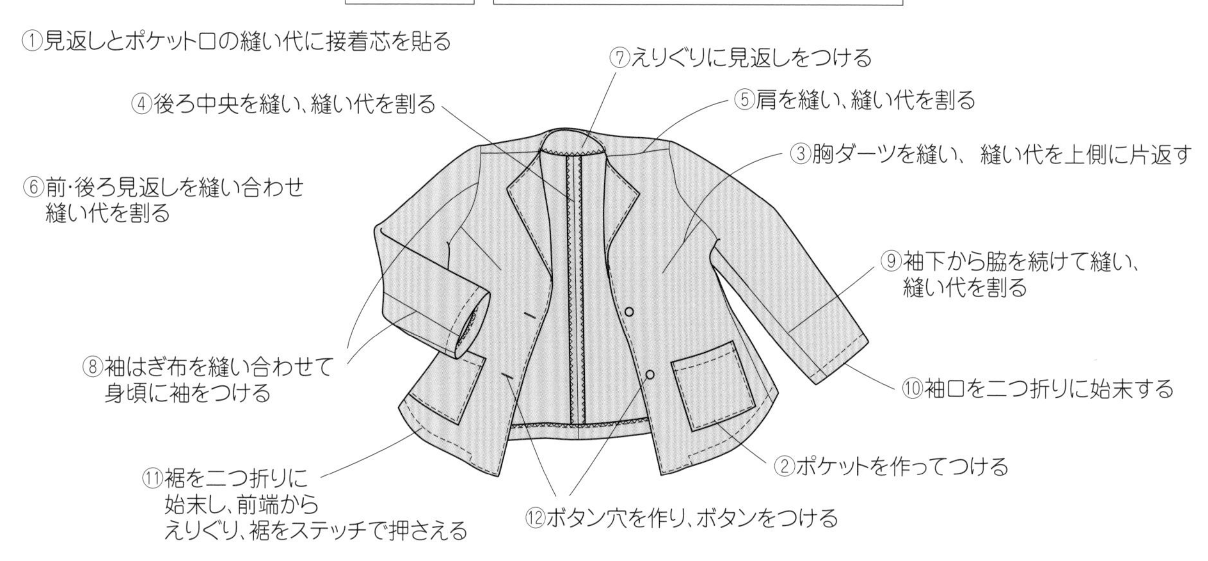

①見返しとポケット口の縫い代に接着芯を貼る
⑦えりぐりに見返しをつける
④後ろ中央を縫い、縫い代を割る
⑤肩を縫い、縫い代を割る
③胸ダーツを縫い、縫い代を上側に片返す
⑥前・後ろ見返しを縫い合わせ
縫い代を割る
⑨袖下から脇を続けて縫い、
縫い代を割る
⑧袖はぎ布を縫い合わせて
身頃に袖をつける
⑩袖口を二つ折りに始末する
②ポケットを作ってつける
⑪裾を二つ折りに
始末し、前端から
えりぐり、裾をステッチで押さえる
⑫ボタン穴を作り、ボタンをつける

作品16

☆**18**の縫い方の ①〜⑩まで同様に作り、
⑪で裾の両脇にタブを作る。⑫を同様に作り
⑬を加える

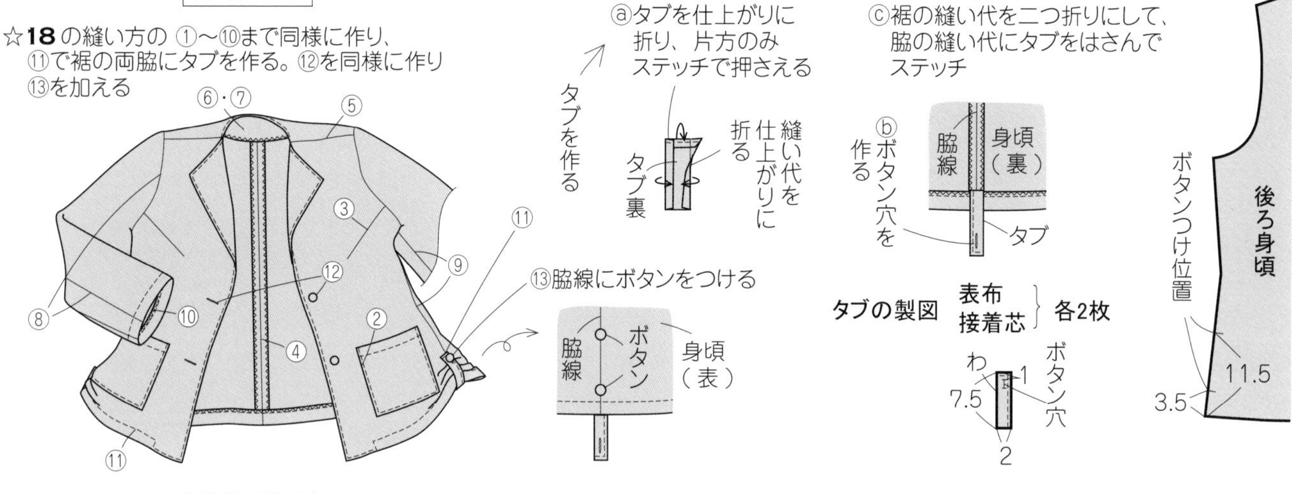

⑥・⑦
⑤
③
⑫
⑨
⑪
⑧
⑩
④
②
⑬脇線にボタンをつける
脇線
ボタン
身頃（表）
ⓐタブを仕上がりに
折り、片方のみ
ステッチで押さえる
タブを作る
タブ裏
折る
縫い代を仕上がりに
ⓒ裾の縫い代を二つ折りにして、
脇の縫い代にタブをはさんで
ステッチ
ⓑボタン穴を作る
脇線
身頃（裏）
タブ
タブの製図
表布
接着芯
各2枚
わ
1
7.5
2
ボタン穴
後ろ身頃
ボタンつけ位置
11.5
3.5

作品17

☆**18**の縫い方の ③〜⑥、⑧〜⑩まで同様に作り、
下記の⑪からを変更し、ペプラムをつける

①見返しに接着芯を貼る
⑤
⑬えりぐりに
見返しをつける
⑧
⑮ボタン穴を作り、
ボタンをつける
⑥
③
⑨
⑪ペプラムの脇を縫い、
縫い代を割る
⑩
④
⑫ペプラムにギャザーを
よせて身頃につけ、
縫い代を身頃側に片返して
表からステッチ
⑭裾を二つ折りに始末し、前端からえりぐり、
裾をステッチで押さえる

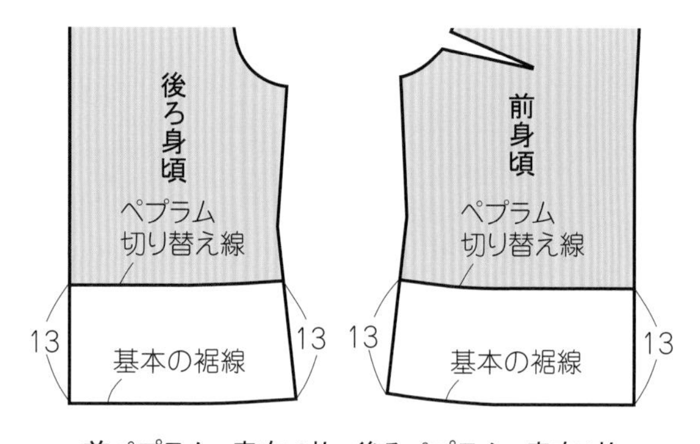

後ろ身頃
ペプラム
切り替え線
13
基本の裾線
前身頃
ペプラム
切り替え線
13
基本の裾線

前ペプラム　表布 2枚　後ろペプラム　表布1枚

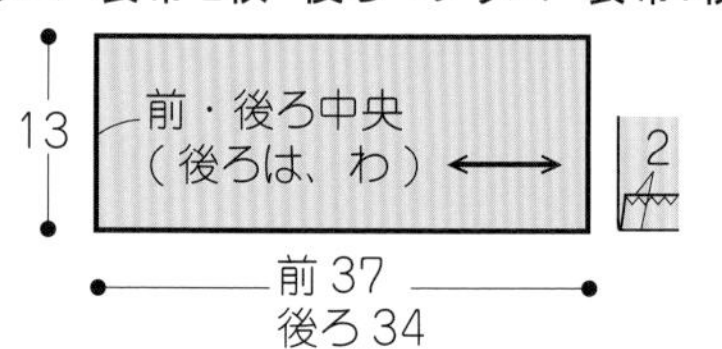

13
前・後ろ中央
（後ろは、わ）
2
前 37
後ろ 34

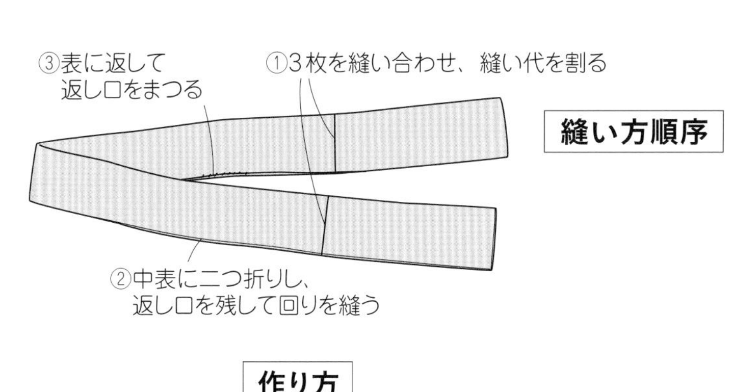

③表に返して
返し口をまつる
①3枚を縫い合わせ、縫い代を割る
縫い方順序
②中表に二つ折りし、
返し口を残して回りを縫う

作品17 ストールの製図

★縫い代は1cm

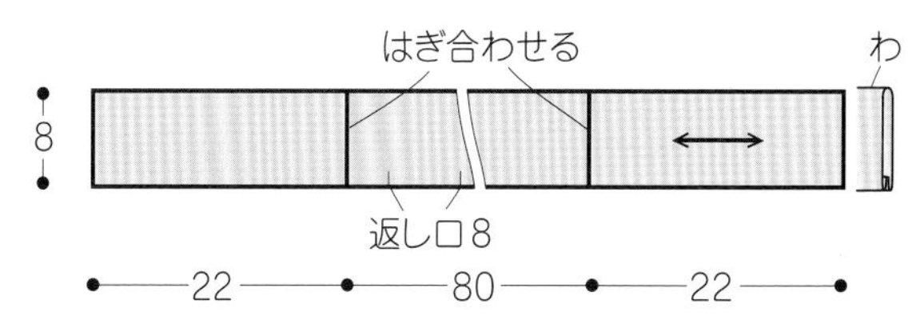

ストール 表布3枚
はぎ合わせる
わ
8
返し口8
22
80
22

作り方

作品17 コサージュの製図

★八掛のぼかし部分から裁つ。指定以外の縫い代は1cm

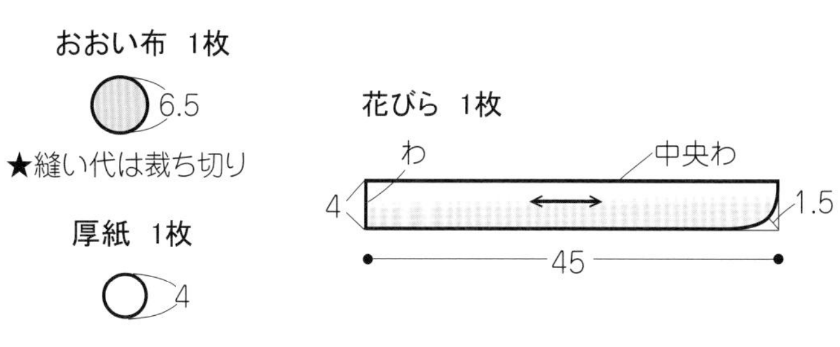

おおい布 1枚
6.5
★縫い代は裁ち切り
厚紙 1枚
4
花びら 1枚
わ
中央わ
4
1.5
45

①花びらを外表に二つ折りにして
布端をぐし縫いする

②花びらを端から巻いて
縫いどめる

③おおい布の回りを
ぐし縫いしてちぢめ、
厚紙を入れて
後ろ中央にまつる

④ブローチピンをつける

0.5

後ろ

厚紙

作品18 帽子の製図

★縫い代は1cm ※頭回り58cmサイズ

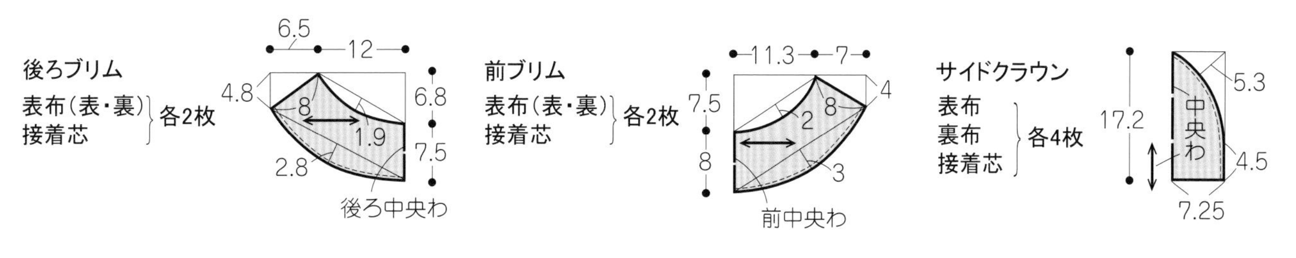

後ろブリム
表布(表・裏)
接着芯
各2枚
6.5
12
4.8
6.8
8
1.9
7.5
2.8
後ろ中央わ
前ブリム
表布(表・裏)
接着芯
各2枚
11.3
7
7.5
4
2
8
8
3
前中央わ
サイドクラウン
表布
裏布
接着芯
各4枚
5.3
17.2
中央わ
4.5
7.25

縫い方順序

帽子の飾りひもの製図

★縫い代は0.3cm

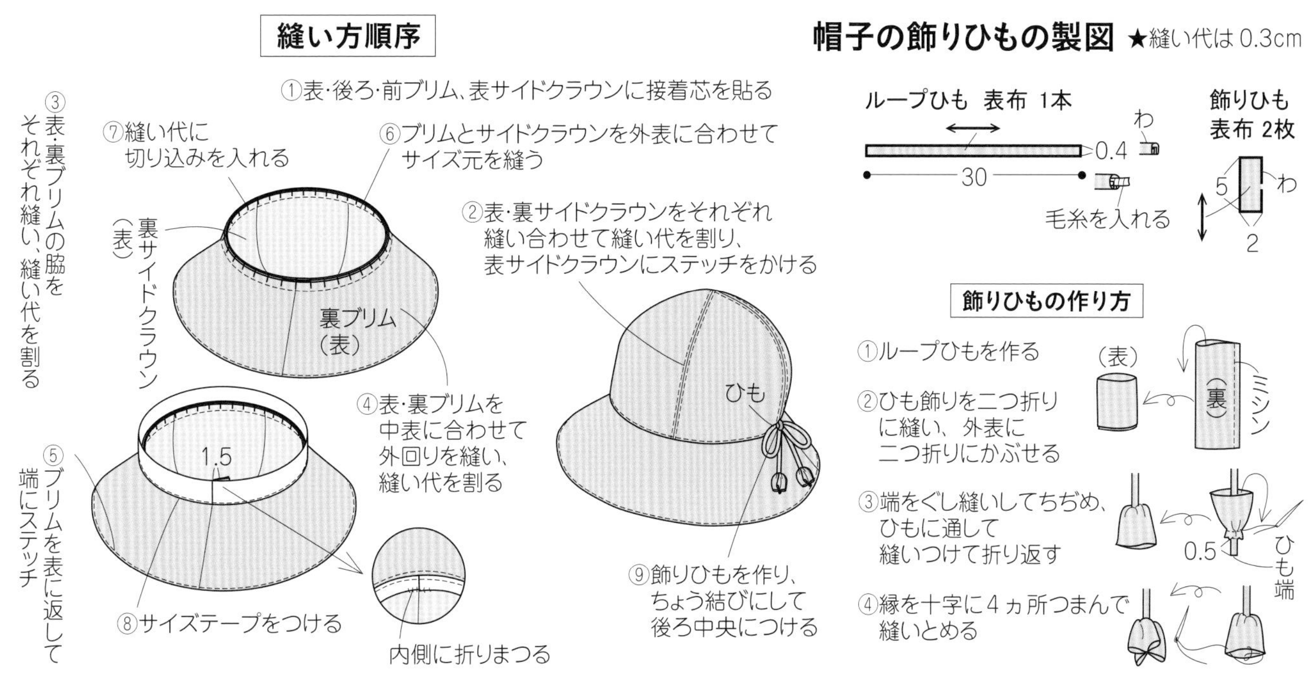

①表・後ろ・前ブリム、表サイドクラウンに接着芯を貼る
③表・裏ブリムの脇をそれぞれ縫い、縫い代を割る
⑦縫い代に
切り込みを入れる
⑥ブリムとサイドクラウンを外表に合わせて
サイズ元を縫う
裏サイドクラウン
(表)
裏ブリム
(表)
②表・裏サイドクラウンをそれぞれ
縫い合わせて縫い代を割り、
表サイドクラウンにステッチをかける
ひも
④表・裏ブリムを
中表に合わせて
外回りを縫い、
縫い代を割る
⑤ブリムを表に返して
端にステッチ
1.5
⑧サイズテープをつける
内側に折りまつる
⑨飾りひもを作り、
ちょう結びにして
後ろ中央につける
ループひも 表布 1本
わ
0.4
30
毛糸を入れる
飾りひも
表布 2枚
5
わ
2
飾りひもの作り方
①ループひもを作る
(表)
(裏)
ミシン
②ひも飾りを二つ折り
に縫い、外表に
二つ折りにかぶせる
③端をぐし縫いしてちぢめ、
ひもに通して
縫いつけて折り返す
0.5
ひも端
④縁を十字に4ヵ所つまんで
縫いとめる

作品17 裁ち合わせ図

小紋の長着1枚から ★( )内は縫い代、指定以外は1cm

ブラウスの製図 3点共通

★八掛から裁つ。( )内は縫い代、指定以外は1cm

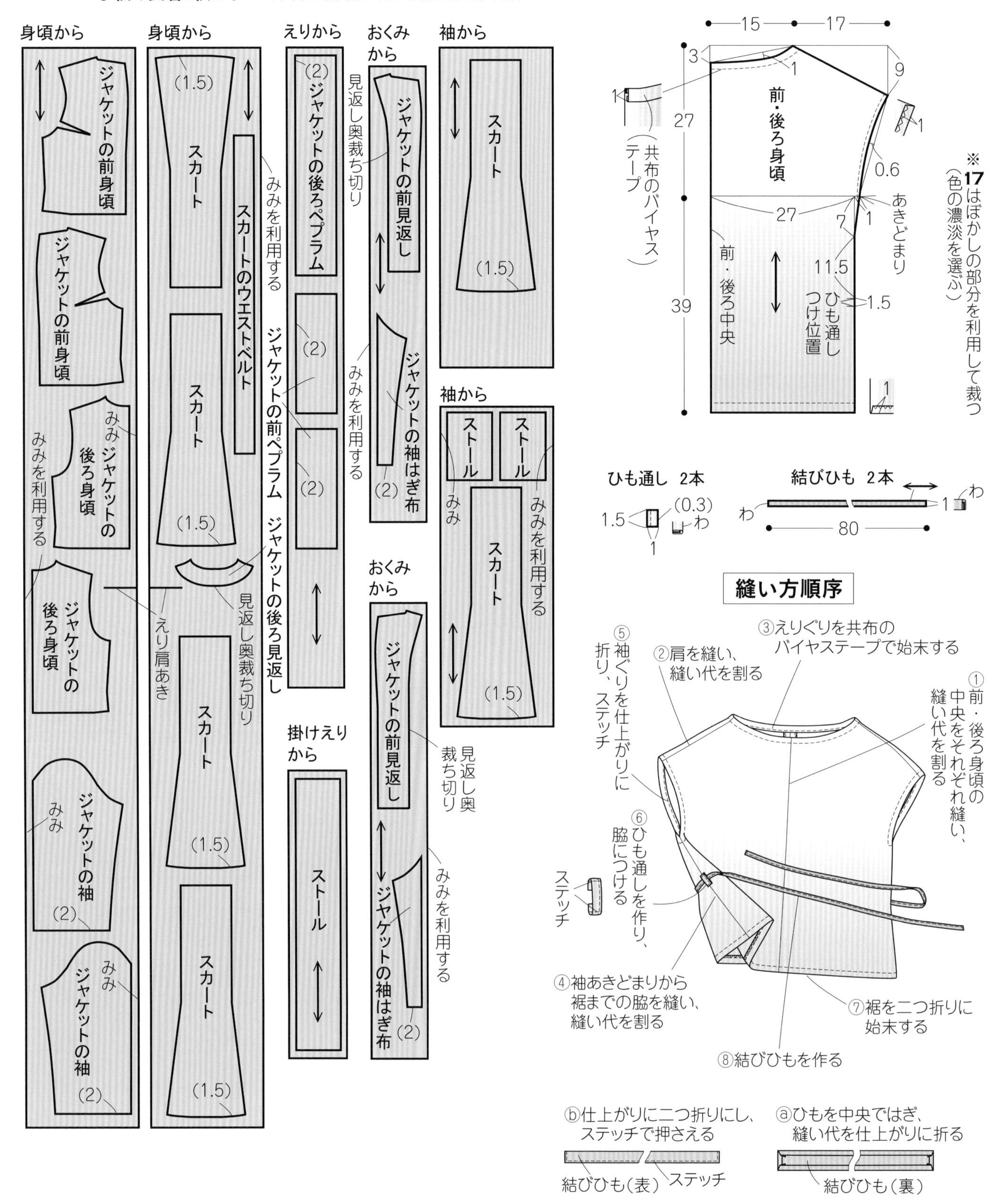

身頃から
ジャケットの前身頃
ジャケットの後ろ身頃
みみを利用する
えり肩あき
ジャケットの袖
みみ
(2)
スカート
(1.5)
スカートのウエストベルト
みみを利用する
見返し奥裁ち切り
ジャケットの後ろ見返し
ジャケットの前ペプラム
えりから
ジャケットの後ろペプラム
見返し奥裁ち切り
おくみから
ジャケットの前見返し
ジャケットの袖はぎ布
掛けえりから
ストール
見返し奥裁ち切り
袖から
ストール
前・後ろ身頃
前・後ろ中央
共布のバイヤステープ
あきどまり
ひも通しつけ位置
※17はぼかしの部分を利用して裁つ(色の濃淡を選ぶ)
15
17
3
9
27
0.6
7
11.5
1.5
39
ひも通し 2本
(0.3)
わ
結びひも 2本
80
縫い方順序
①前・後ろ身頃の中央をそれぞれ縫い、縫い代を割る
②肩を縫い、縫い代を割る
③えりぐりを共布のバイヤステープで始末する
④袖あきどまりから裾までの脇を縫い、縫い代を割る
⑤袖ぐりを仕上がりに折り、ステッチ
⑥ひも通しを作り、脇につける
ステッチ
⑦裾を二つ折りに始末する
⑧結びひもを作る
ⓑ仕上がりに二つ折りにし、ステッチで押さえる
結びひも(表)
ステッチ
ⓐひもを中央ではぎ、縫い代を仕上がりに折る
結びひも(裏)

作品16、18 裁ち合わせ図

16紬、18総絞りの長着1枚から ★( )内は縫い代、指定以外は1cm

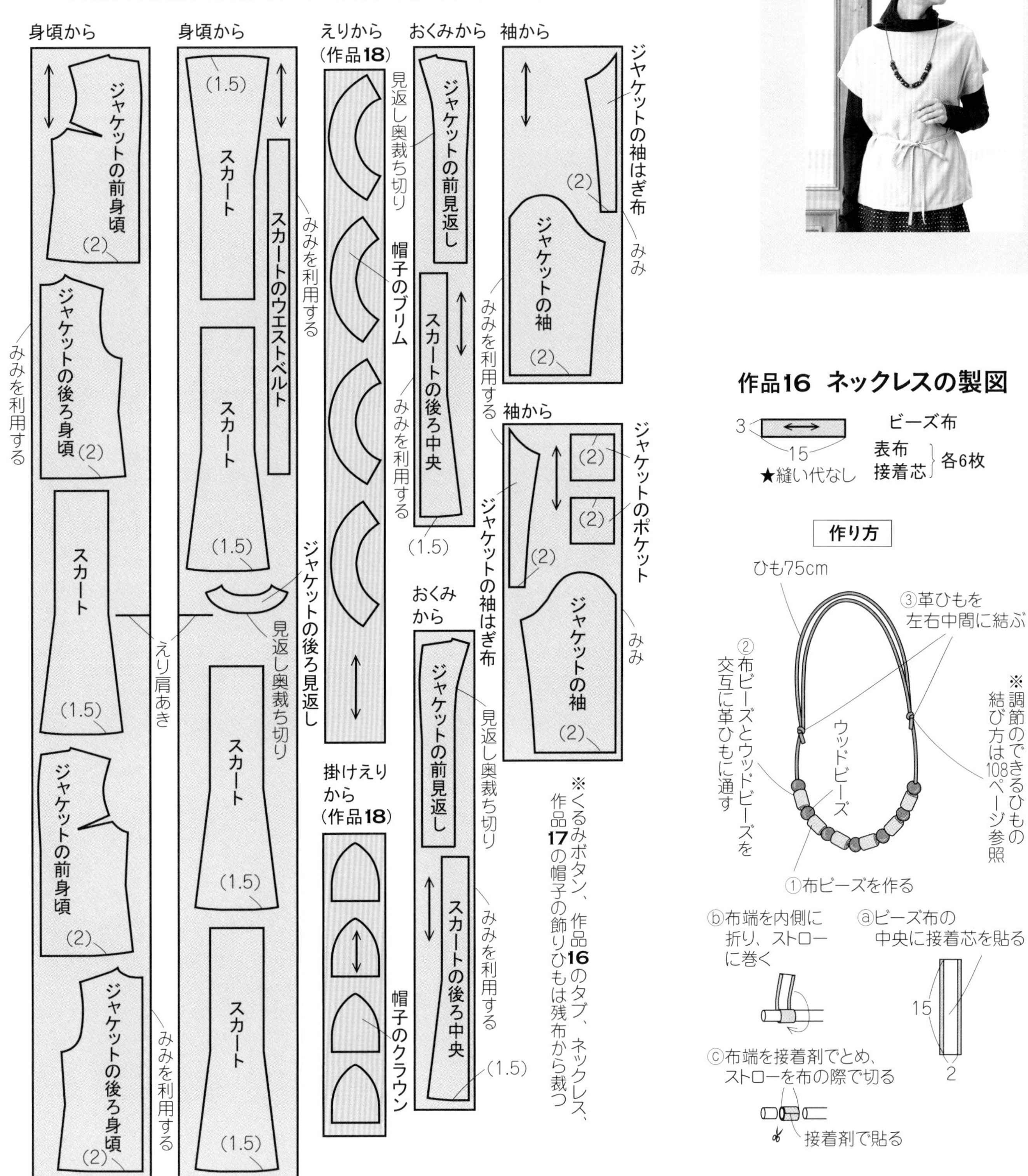

身頃から
ジャケットの前身頃
(2)
ジャケットの後ろ身頃
スカート
(1.5)
みみを利用する
えり肩あき
スカート
スカートのウエストベルト
みみを利用する
見返し奥裁ち切り
えりから
(作品18)
見返し奥裁ち切り
帽子のブリム
ジャケットの後ろ見返し
おくみから
ジャケットの前見返し
スカートの後ろ中央
みみを利用する
袖から
ジャケットの袖はぎ布
ジャケットの袖
みみ
ジャケットのポケット
掛けえりから
(作品18)
帽子のクラウン
※くるみボタン、作品16のタブ、ネックレス、作品17の帽子の飾りひもは残布から裁つ
作品16 ネックレスの製図
ビーズ布
3
15
★縫い代なし
表布
接着芯
各6枚
作り方
ひも75cm
③革ひもを左右中間に結ぶ
②布ビーズとウッドビーズを交互に革ひもに通す
ウッドビーズ
※調節のできるひもの結び方は108ページ参照
①布ビーズを作る
ⓑ布端を内側に折り、ストローに巻く
ⓐビーズ布の中央に接着芯を貼る
ⓒ布端を接着剤でとめ、ストローを布の際で切る
接着剤で貼る
2

22

着こなし豊富なワンセットワードローブ

粋な縞柄小紋を利用して、着こなしバリエを楽しむ小物を含めた、ご覧の6アイテムセット。すべて一枚の着物から仕立てています。これだけ作れれば大満足のリメイクになりますね。

デザイン 見崎智子

作り方 102ページ

ブーツ／フィン

元型

小紋

ネックレス／アビステ、ロングカーディガン／100% a hundred percent（マーク アンド プラス）、靴／Joli Encore（Charlotte）

ワンピースにひもベルトを締め、ロングカーディガンのインナーに。ワンピースの脇裾につけたボタンを外してヘムラインをプレーンな形に戻して着こなしています。

小紋から作ったスヌード＋ひもベルト＋八掛から作ったブラウスの着こなしバリエ。

パンツ／UNO

ワンピースの上にブラウスを重ね着して、首元にプチスカーフを巻いた着こなしバリエ。

シックな黒の持ち手がポイントのバッグにプチスカーフを巻いてオリジナル感をプラス。

デザイン 郷 裕隆

作り方 105ページ

23

女物の大島紬と傷みが多かった男物の大島紬の一部を組み合わせてリメイクした、オフタートルネックのワイドトップとクロップトパンツのモードなセットアップ。

靴／MAMIAN

元型

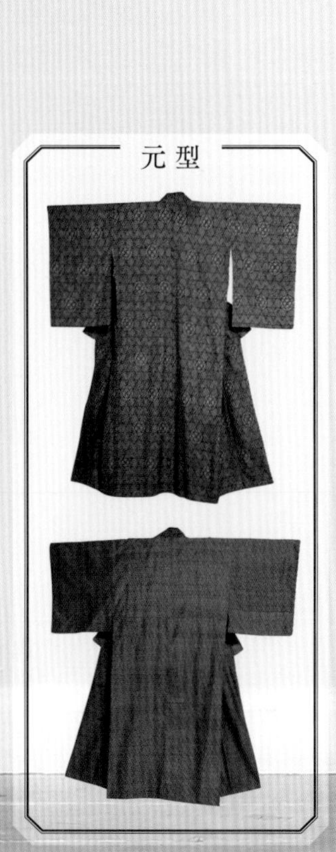

大島紬

大島紬の上下にロングベストを羽織った着こなしバリエ。

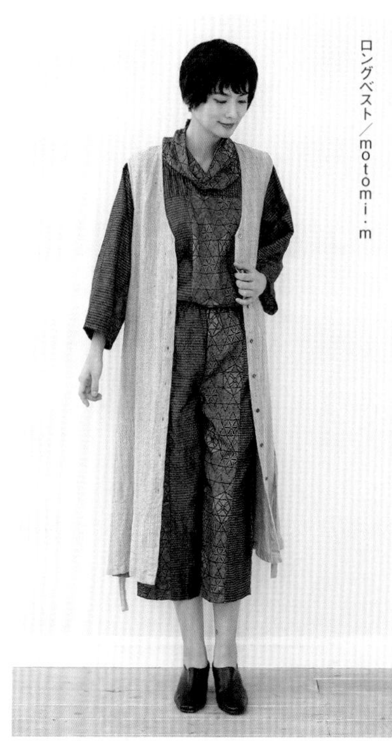

ロングベスト／motomi・m

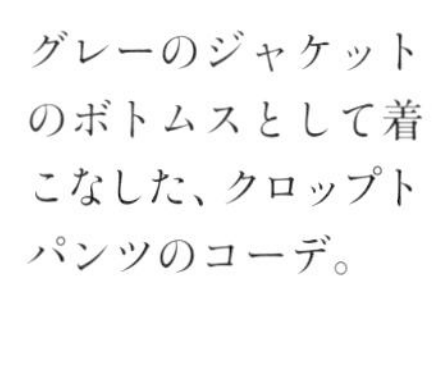

グレーのジャケットのボトムスとして着こなした、クロップトパンツのコーデ。

ジャケット／100% a hundred percent（マーク アンド プラス）、ブーツ／オリエンタルトラフィック（ダブルエー）

キュロットパンツ／IKUKO

切り替えをデザインポイントにした横広がりのスタイリッシュなワイドトップに、ベージュのキュロットパンツを組み合わせて。

—デザイン 見崎智子— 作り方108ページ—

ダークでシックな柄ゆきの大島紬から作ったコート、ベスト、バッグ、ネックレスに八掛利用のブラウスの5点。組み合わせ方、着方で印象も変わります。目的に合わせてアイテムをセレクトしてください。

24

元型

スカート／FERAL FLAIR、ブーツ／NUOVO

大島紬

黒のレースの添え方がおしゃれなバッグと、長さ調節ができる作りの便利ネックレス。

パンツ／FERAL FLAIR、靴／タラントン by ダイアナ（ダイアナ 銀座本店）

スタンドカラーコートのボタンを締めて、結びひもでウエストマーク、バッグを持って軽快なお出掛けコーデに。

鮮やかなオレンジ色が目を引く八掛利用のブラウス＋ネックレス。

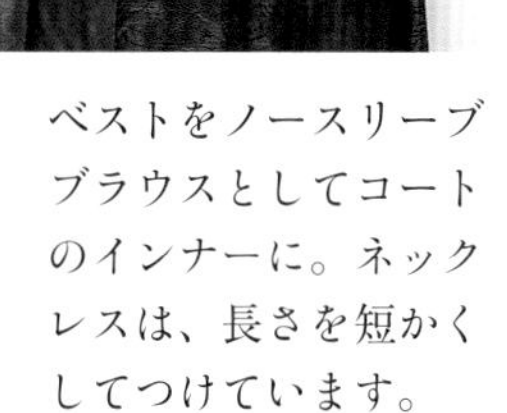

ベストをノースリーブブラウスとしてコートのインナーに。ネックレスは、長さを短かくしてつけています。

タートルカットソー／FERAL FLAIR

インナーにオフタートルネックのブラウスを合わせたベストの着こなし。

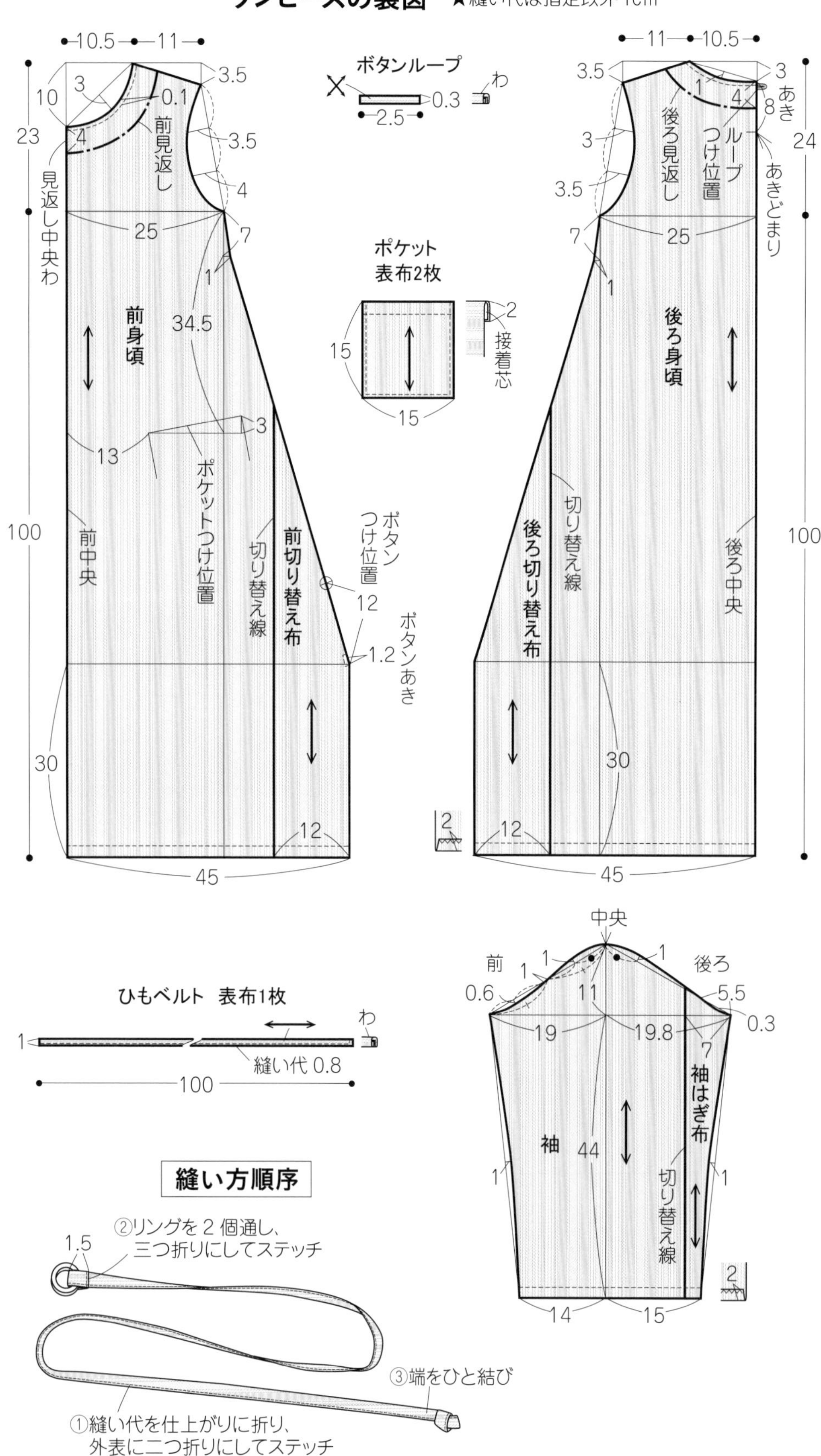
ワンピースの製図 ★縫い代は指定以外1cm
前身頃
前見返し
見返し中央わ
前中央
ポケットつけ位置
切り替え線
前切り替え布
ボタンつけ位置
ボタンあき
後ろ身頃
後ろ見返し
ループつけ位置
あき
あきどまり
後ろ中央
後ろ切り替え布
ボタンループ
ポケット 表布2枚
接着芯
ひもベルト 表布1枚
縫い代0.8
袖
袖はぎ布
中央
前
後ろ
縫い方順序
②リングを2個通し、三つ折りにしてステッチ
③端をひと結び
①縫い代を仕上がりに折り、外表に二つ折りにしてステッチ

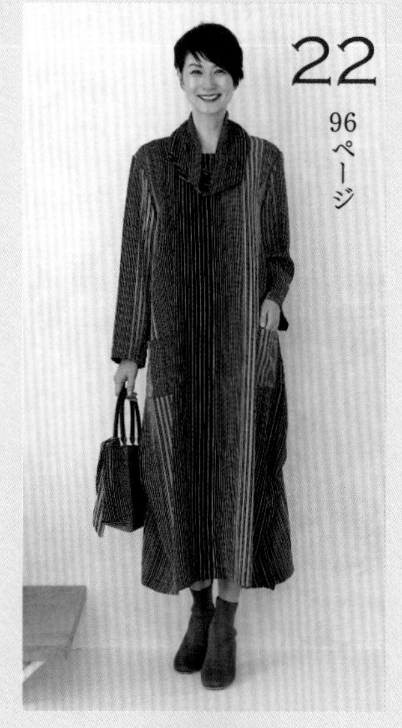

22

96ページ

材料

表布に小紋の長着1枚
（八掛からブラウスを裁つ）

接着芯＝90×50cm
（ワンピースの見返し、後ろあきとポケット口バッグ分）

裏布＝40×55cm（バッグ分）

持ち手＝プラスチック製の16.5×13.5cmを1組
（バッグ分）

リング＝内径1.5cm幅を2個
（ベルト分）

くるみボタン＝1.2cmを4個
（ワンピース、ブラウス分）

ワンピースの縫い方順序

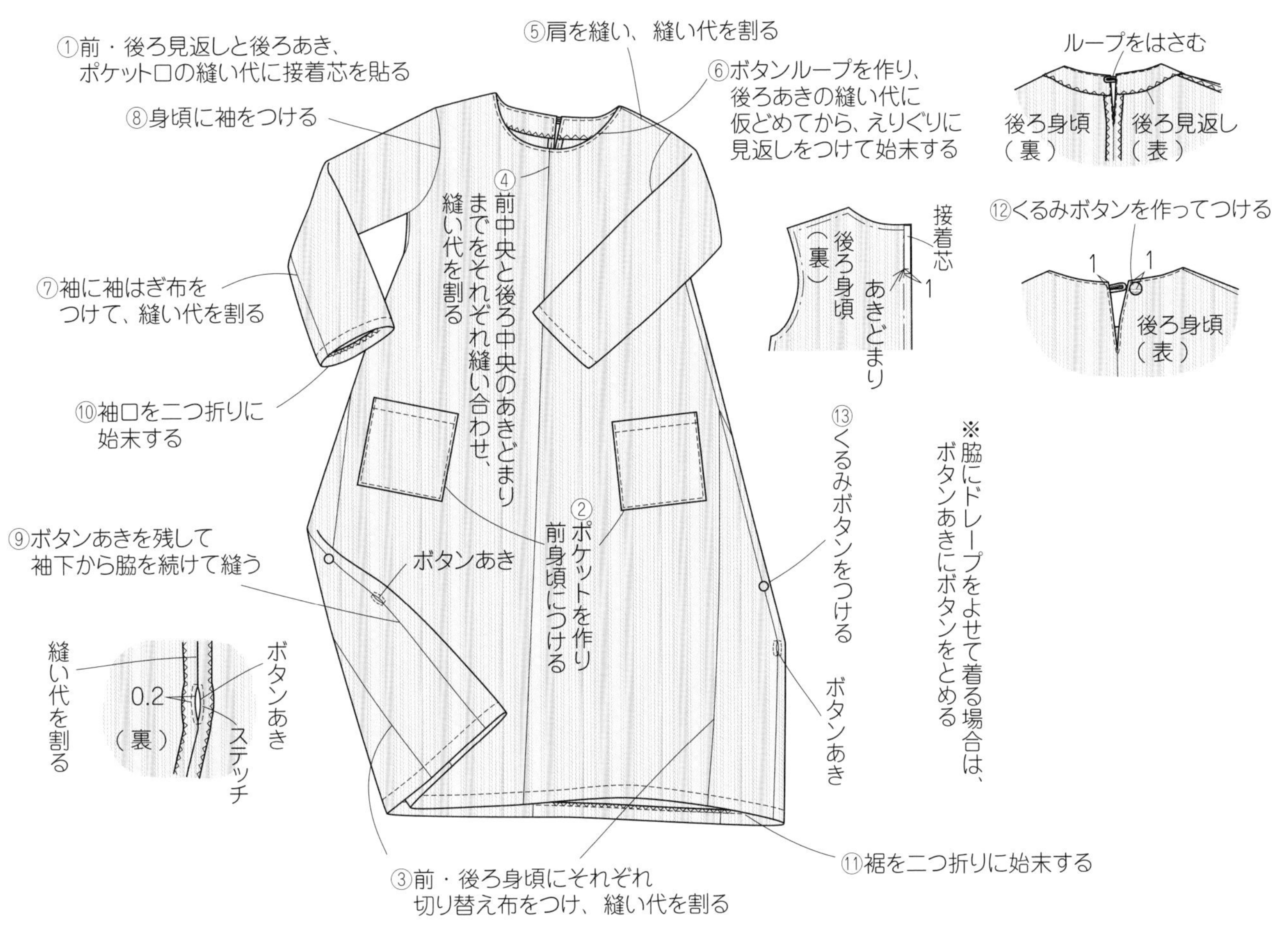

①前・後ろ見返しと後ろあき、ポケット口の縫い代に接着芯を貼る
⑤肩を縫い、縫い代を割る
⑥ボタンループを作り、後ろあきの縫い代に仮どめてから、えりぐりに見返しをつけて始末する
ループをはさむ
後ろ身頃（裏）
後ろ見返し（表）
⑧身頃に袖をつける
④前中央と後ろ中央のあきどまりまでをそれぞれ縫い合わせ、縫い代を割る
接着芯
後ろ身頃（裏）
あきどまり
1
⑫くるみボタンを作ってつける
1
1
後ろ身頃（表）
⑦袖に袖はぎ布をつけて、縫い代を割る
⑩袖口を二つ折りに始末する
⑬くるみボタンをつける
※脇にドレープをよせて着る場合は、ボタンあきにボタンをとめる
②ポケットを作り前身頃につける
⑨ボタンあきを残して袖下から脇を続けて縫う
ボタンあき
縫い代を割る
0.2
（裏）
ボタンあき
ステッチ
ボタンあき
③前・後ろ身頃にそれぞれ切り替え布をつけ、縫い代を割る
⑪裾を二つ折りに始末する

縫い方順序

バッグの製図

★( )内は縫い代、指定以外1cm

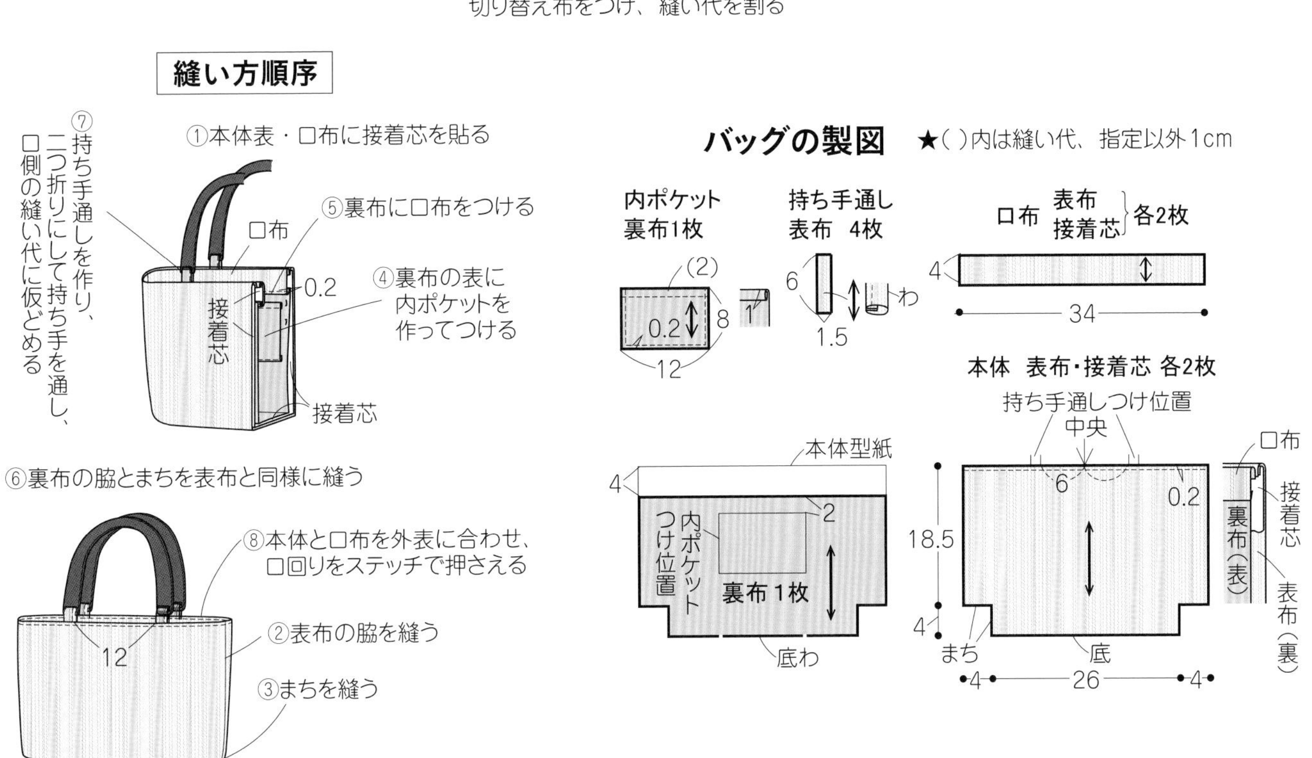

⑦持ち手通しを作り、二つ折りにして持ち手を通し、口側の縫い代に仮どめる
①本体表・口布に接着芯を貼る
⑤裏布に口布をつける
口布
0.2
接着芯
④裏布の表に内ポケットを作ってつける
接着芯
⑥裏布の脇とまちを表布と同様に縫う
⑧本体と口布を外表に合わせ、口回りをステッチで押さえる
12
②表布の脇を縫う
③まちを縫う
内ポケット
裏布1枚
(2)
8
0.2
12
1
持ち手通し
表布 4枚
6
1.5
わ
口布
表布
接着芯
各2枚
4
34
本体 表布・接着芯 各2枚
持ち手通しつけ位置
中央
本体型紙
4
2
内ポケットつけ位置
裏布 1枚
底わ
6
0.2
18.5
4
まち
底
4
26
4
口布
接着芯
裏布(表)
表布(裏)

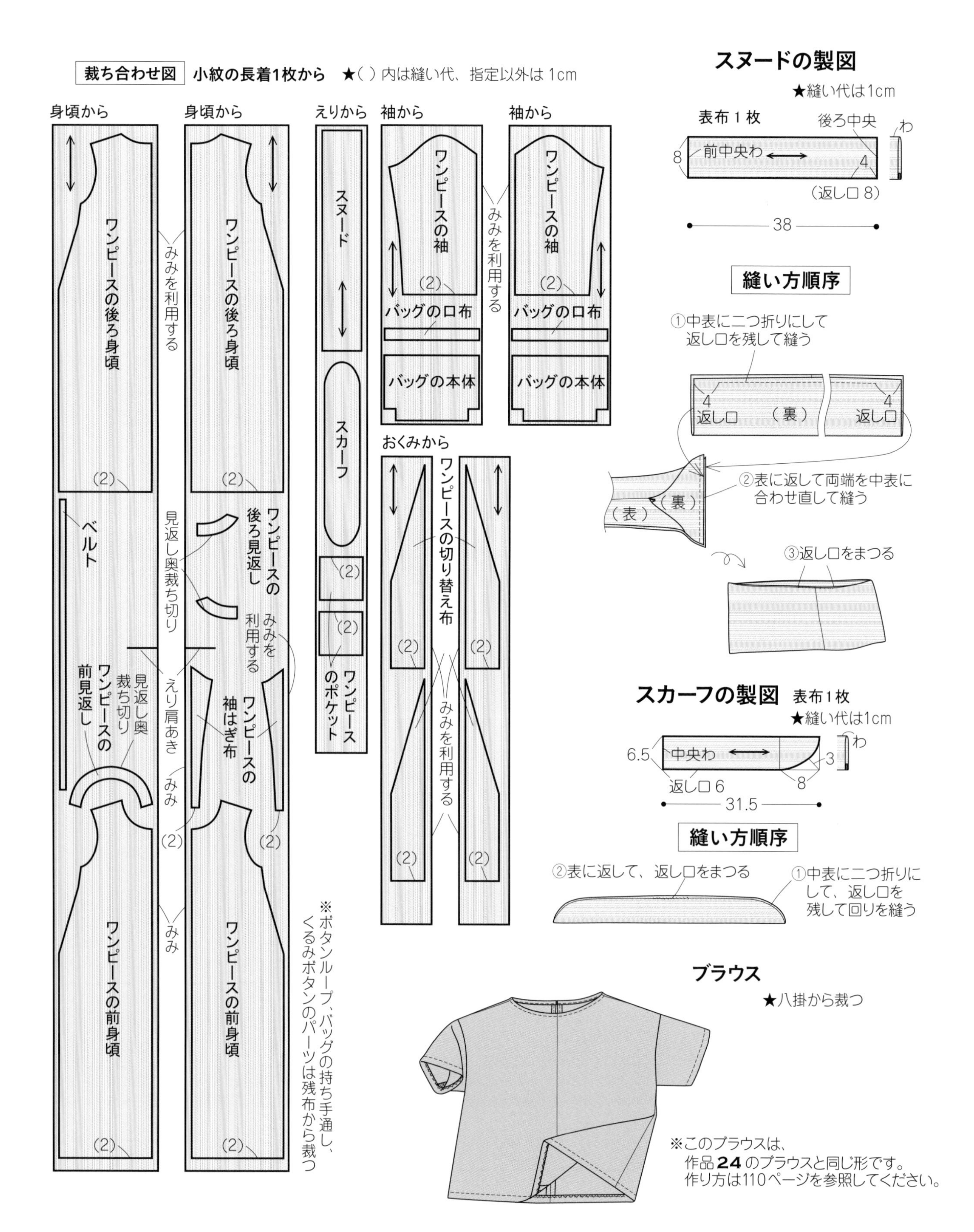

裁ち合わせ図
小紋の長着1枚から
★( )内は縫い代、指定以外は1cm
身頃から
身頃から
えりから
袖から
袖から
ワンピースの後ろ身頃
ワンピースの後ろ身頃
みみを利用する
スヌード
スカーフ
ワンピースのポケット
ワンピースの袖
ワンピースの袖
みみを利用する
バッグの口布
バッグの口布
バッグの本体
バッグの本体
おくみから
ワンピースの切り替え布
みみを利用する
ベルト
見返し奥裁ち切り
ワンピースの後ろ見返し
みみを利用する
えり肩あき
ワンピースの袖はぎ布
見返し奥裁ち切り
ワンピースの前見返し
みみ
みみ
ワンピースの前身頃
ワンピースの前身頃
※ボタンループ、バッグの持ち手通し、くるみボタンのパーツは残布から裁つ
(2)
スヌードの製図
★縫い代は1cm
表布1枚
後ろ中央
わ
前中央わ
8
4
(返し口 8)
38
縫い方順序
①中表に二つ折りにして返し口を残して縫う
4
4
返し口
(裏)
返し口
②表に返して両端を中表に合わせ直して縫う
(表)
(裏)
③返し口をまつる
スカーフの製図
表布1枚
★縫い代は1cm
6.5
中央わ
わ
3
返し口 6
8
31.5
縫い方順序
②表に返して、返し口をまつる
①中表に二つ折りにして、返し口を残して回りを縫う
ブラウス
★八掛から裁つ
※このブラウスは、作品24のブラウスと同じ形です。作り方は110ページを参照してください。

ワイドトップの製図 ★指定以外の縫い代は1cm

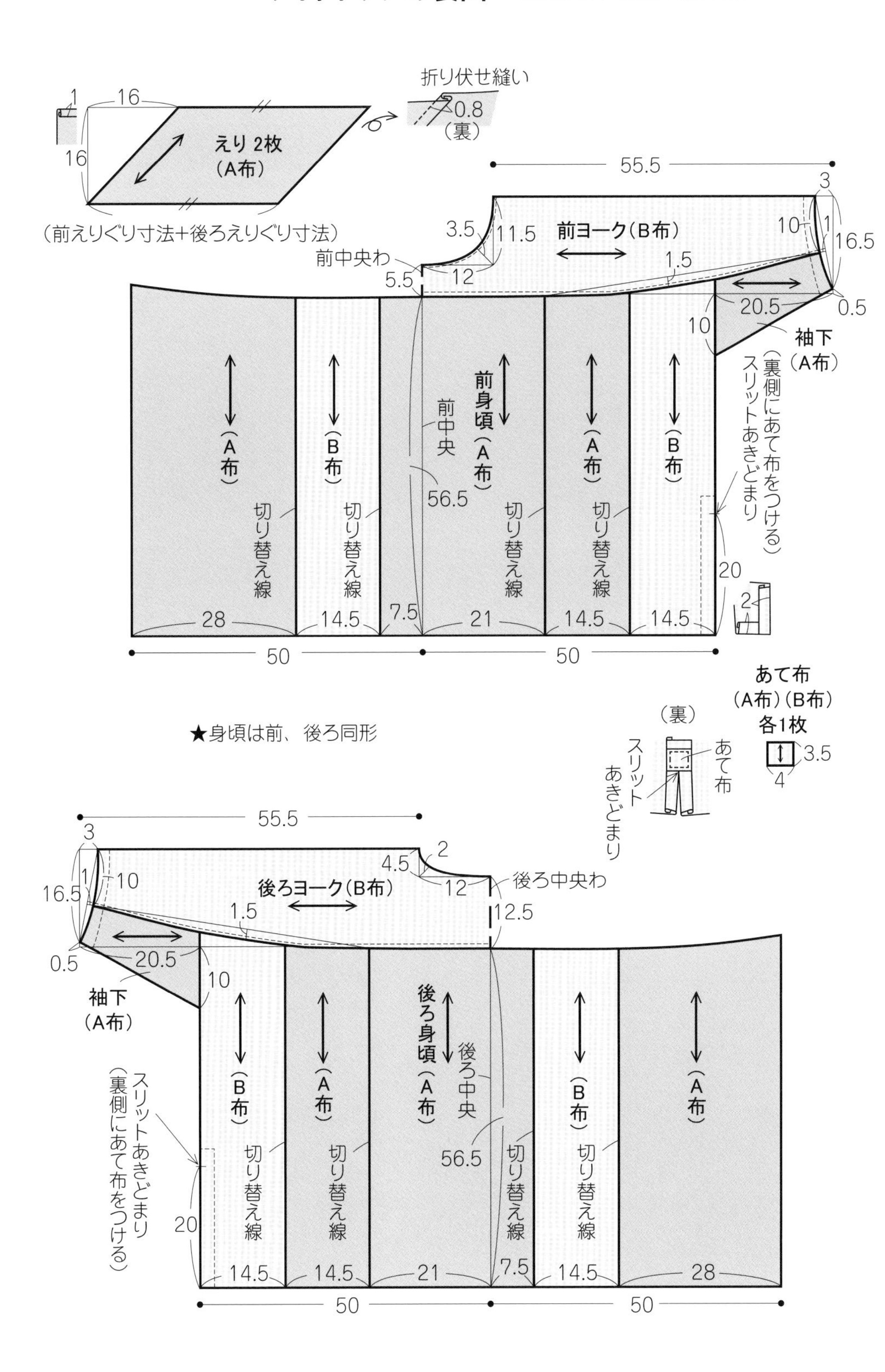

折り伏せ縫い
0.8
(裏)
えり 2枚
(A布)
(前えりぐり寸法+後ろえりぐり寸法)
55.5
前ヨーク(B布)
前中央わ
袖下
(A布)
(裏側にあて布をつける)
スリットあきどまり
前身頃(A布)
前中央
(A布)
(B布)
切り替え線
50
★身頃は前、後ろ同形
あて布
(A布)(B布)
各1枚
(裏)
あて布
スリットあきどまり
後ろヨーク(B布)
後ろ中央わ
後ろ身頃(A布)
後ろ中央
スリットあきどまり
(裏側にあて布をつける)

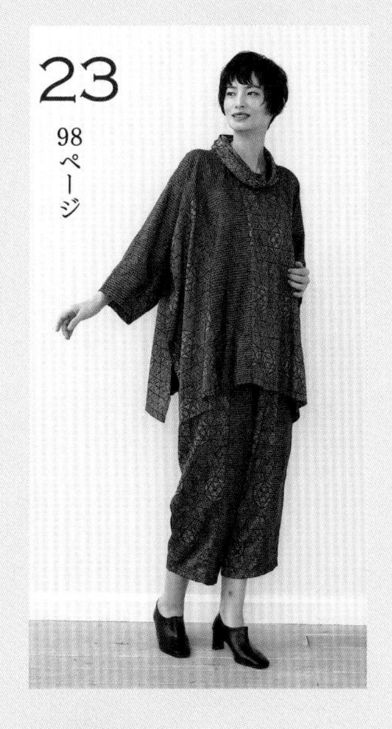

23
98ページ

材料

A布に大島紬の女物の長着1枚

B布に大島紬の男物の長着1枚

ゴムベルト＝
2.5cm幅を72cm
(パンツ分)

作り方要点

● A布の花菱柄の女物の紬は、布の表面が少し焼けていたので裏面を表に使用、B布の文人柄の男物の紬は身頃裾側に傷、汚れなどがあったため使っていません。

● **ワイドトップ**
元型の着物地の使える部分と身幅、着たけを考慮して、先に配色はぎをしてから型紙を置いて裁断します。

折り伏せ縫いの縫い方

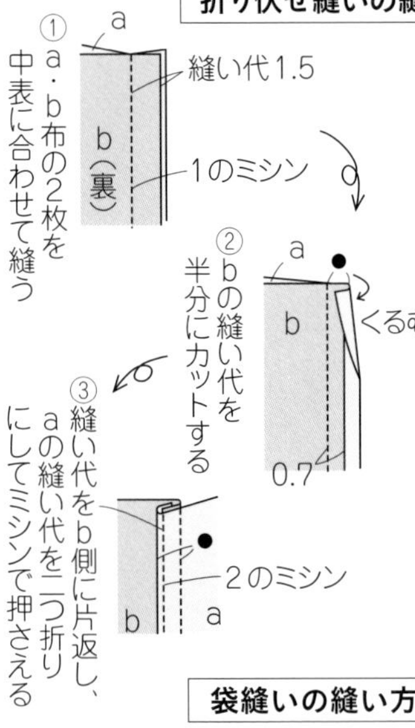

①a・b布の2枚を中表に合わせて縫う
a
縫い代1.5
b（裏）
1のミシン
②bの縫い代を半分にカットする
a
b
くるむ
0.7
③縫い代をb側に片返し、aの縫い代を二つ折りにしてミシンで押さえる
2のミシン
b
a

袋縫いの縫い方

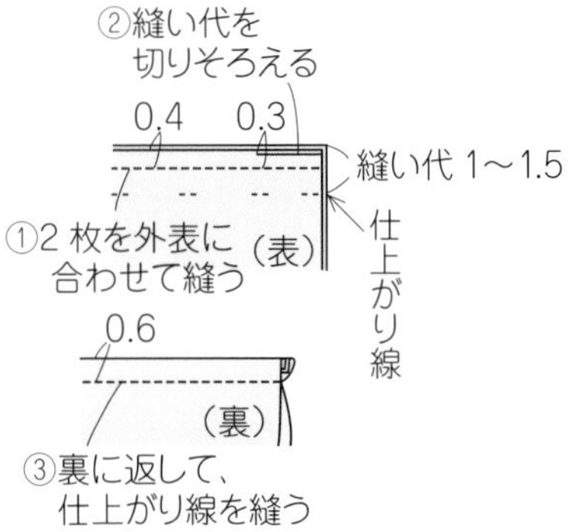

②縫い代を切りそろえる
0.4
0.3
縫い代 1～1.5
①2枚を外表に合わせて縫う
（表）
仕上がり線
0.6
（裏）
③裏に返して、仕上がり線を縫う

ワイドトップの縫い方順序

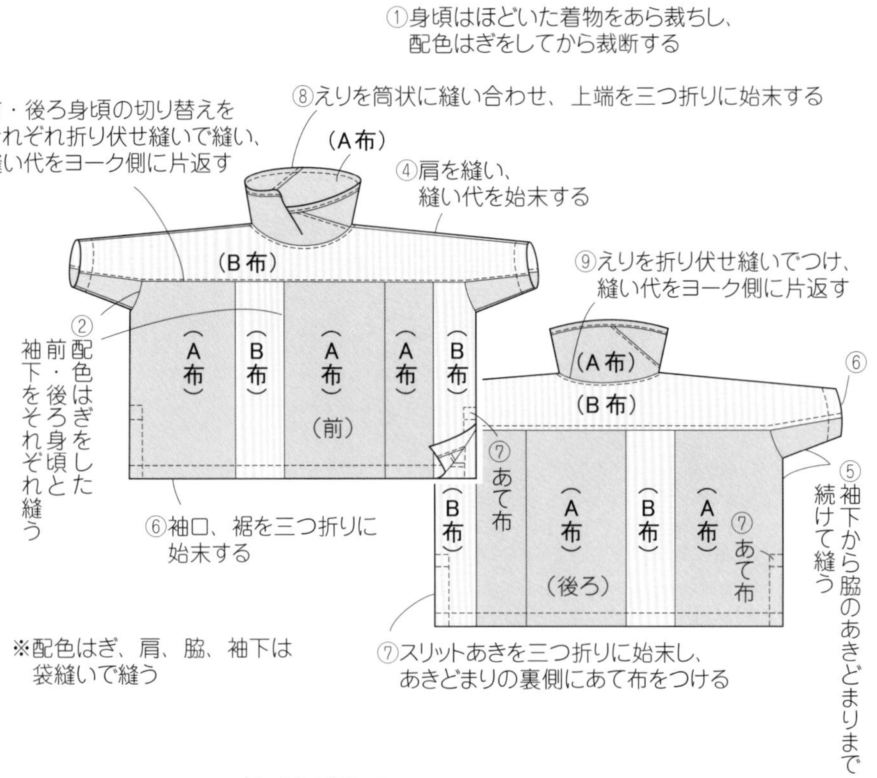

①身頃はほどいた着物をあら裁ちし、配色はぎをしてから裁断する
③前・後ろ身頃の切り替えをそれぞれ折り伏せ縫いで縫い、縫い代をヨーク側に片返す
⑧えりを筒状に縫い合わせ、上端を三つ折りに始末する
（A布）
④肩を縫い、縫い代を始末する
（B布）
⑨えりを折り伏せ縫いでつけ、縫い代をヨーク側に片返す
②配色はぎをした前・後ろ身頃とそれぞれ縫う
（A布）
（B布）
（A布）
（A布）
（B布）
（前）
（A布）
（B布）
⑥
⑦あて布
（B布）
（A布）
（B布）
（A布）
⑦あて布
（後ろ）
⑤袖下から脇のあきどまりまで続けて縫う
⑥袖口、裾を三つ折りに始末する
⑦スリットあきを三つ折りに始末し、あきどまりの裏側にあて布をつける

※配色はぎ、肩、脇、袖下は袋縫いで縫う

縫い方順序

①前・後ろパンツの切り替え線を縫う
③股上を縫う
左右パンツを中表に合わせ、前後の股上を続けて縫う
袋縫い
（裏）
⑤後ろ中央の縫い代をゴム通し口に縫い残してウエストを三つ折りに始末し、ゴムベルトを通す
（A布）
（B布）
（A布）
（B布）
（前）
（A布）
（A布）
（A布）
（後ろ）
（B布）
（裏）
股下を縫う
脇を縫う
②前・後ろパンツの脇と後ろ股下布をそれぞれ縫う
④裾を三つ折りに始末する

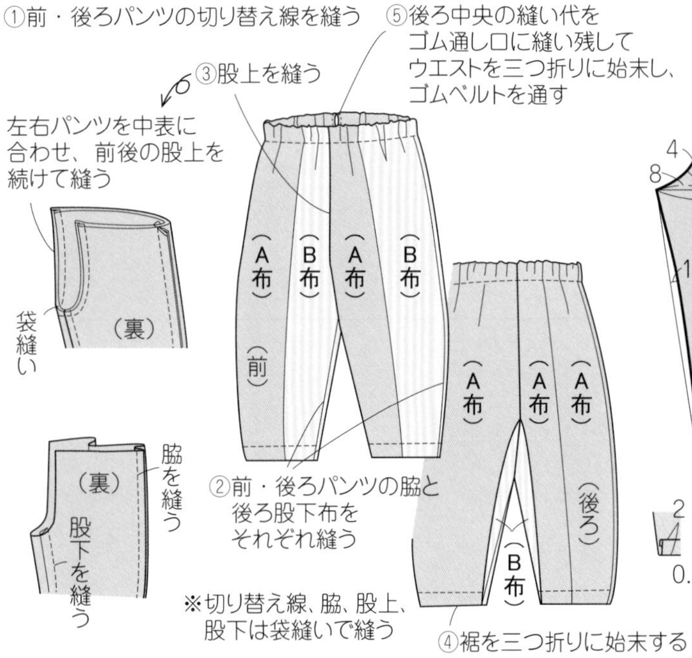

※切り替え線、脇、股上、股下は袋縫いで縫う

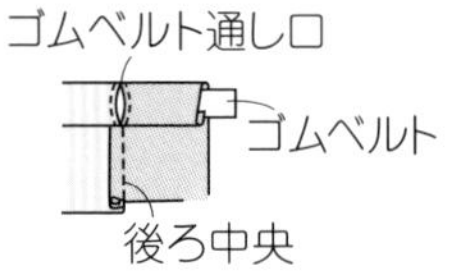

ゴムベルト通し口
ゴムベルト
後ろ中央

パンツの製図

★指定以外の縫い代は1cm

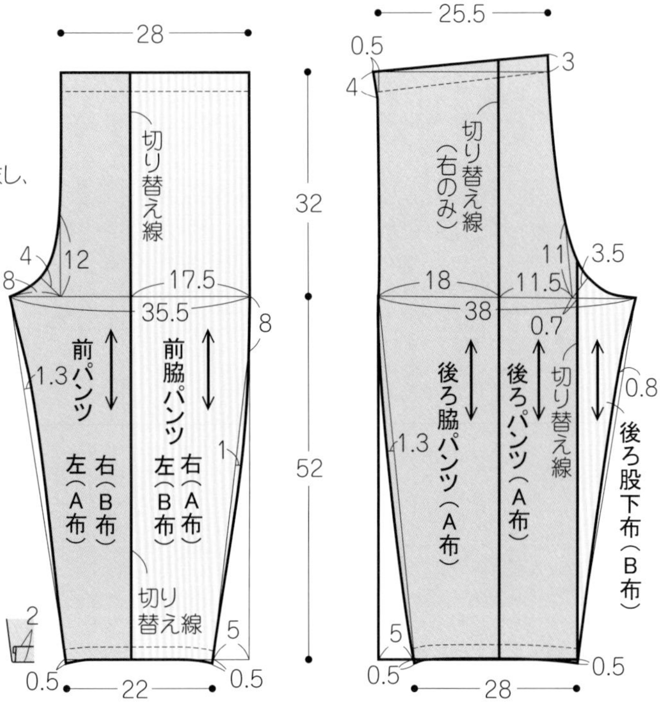

28
切り替え線
4
12
8
17.5
35.5
8
前パンツ
前脇パンツ
1.3
左（A布） 右（B布）
左（B布） 右（A布）
1
32
52
切り替え線
2
5
0.5
22
0.5
25.5
0.5
3
4
切り替え線（右のみ）
11
3.5
18
11.5
38
0.7
後ろ脇パンツ（A布）
後ろパンツ（A布）
切り替え線
0.8
後ろ股下布（B布）
1.3
5
0.5
28
0.5

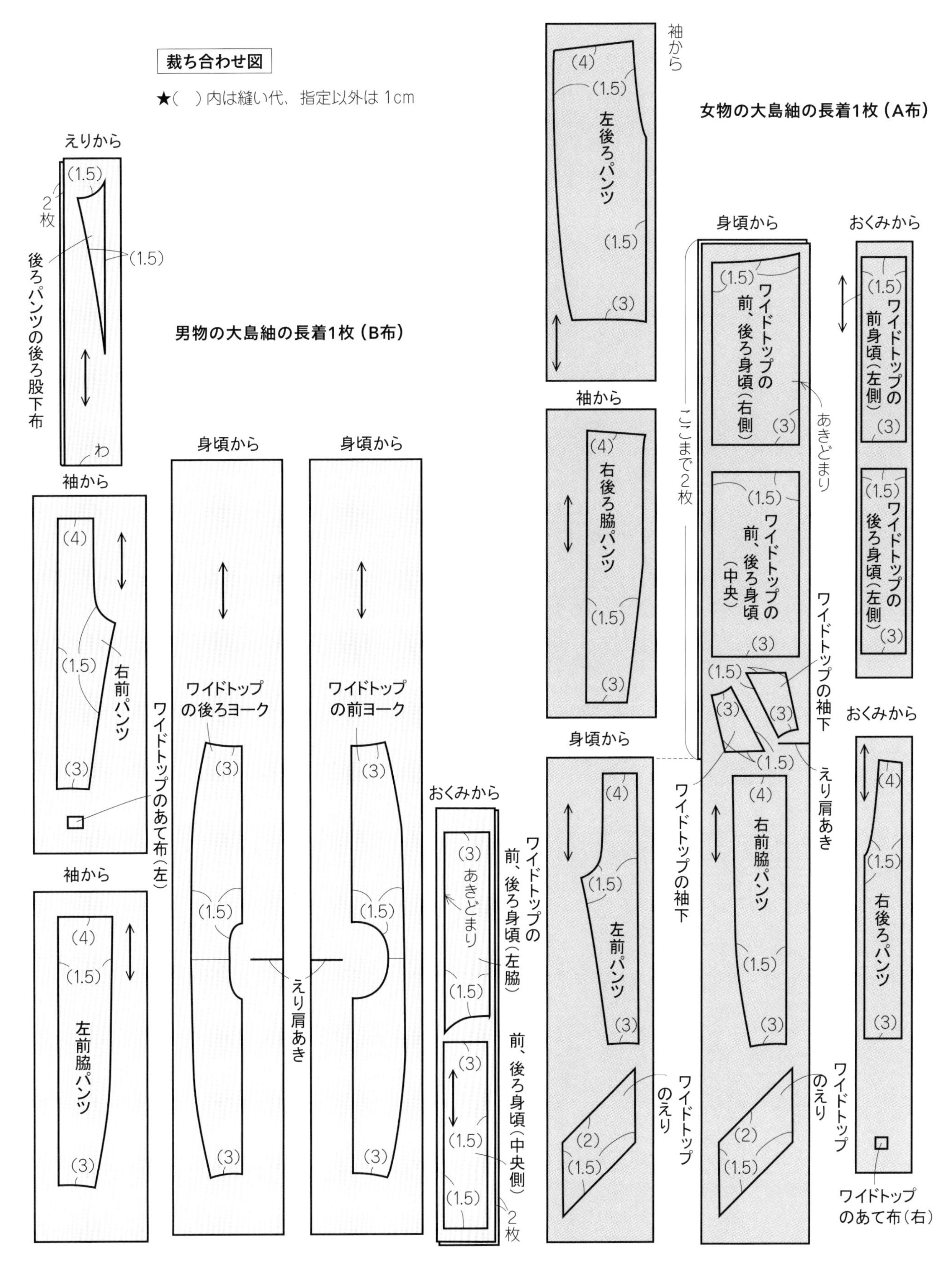
裁ち合わせ図
★(　)内は縫い代、指定以外は1cm
男物の大島紬の長着1枚（B布）
女物の大島紬の長着1枚（A布）
えりから
後ろパンツの後ろ股下布
2枚
わ
袖から
右前パンツ
ワイドトップのあて布（左）
左前脇パンツ
身頃から
ワイドトップの後ろヨーク
ワイドトップの前ヨーク
えり肩あき
おくみから
ワイドトップの前、後ろ身頃（左脇）
あきどまり
前、後ろ身頃（中央側）
左後ろパンツ
右後ろ脇パンツ
左前パンツ
ワイドトップのえり
ここまで2枚
ワイドトップの前、後ろ身頃（右側）
ワイドトップの前、後ろ身頃（中央）
ワイドトップの袖下
右前脇パンツ
ワイドトップの前身頃（左側）
ワイドトップの後ろ身頃（左側）
右後ろパンツ
ワイドトップのあて布（右）

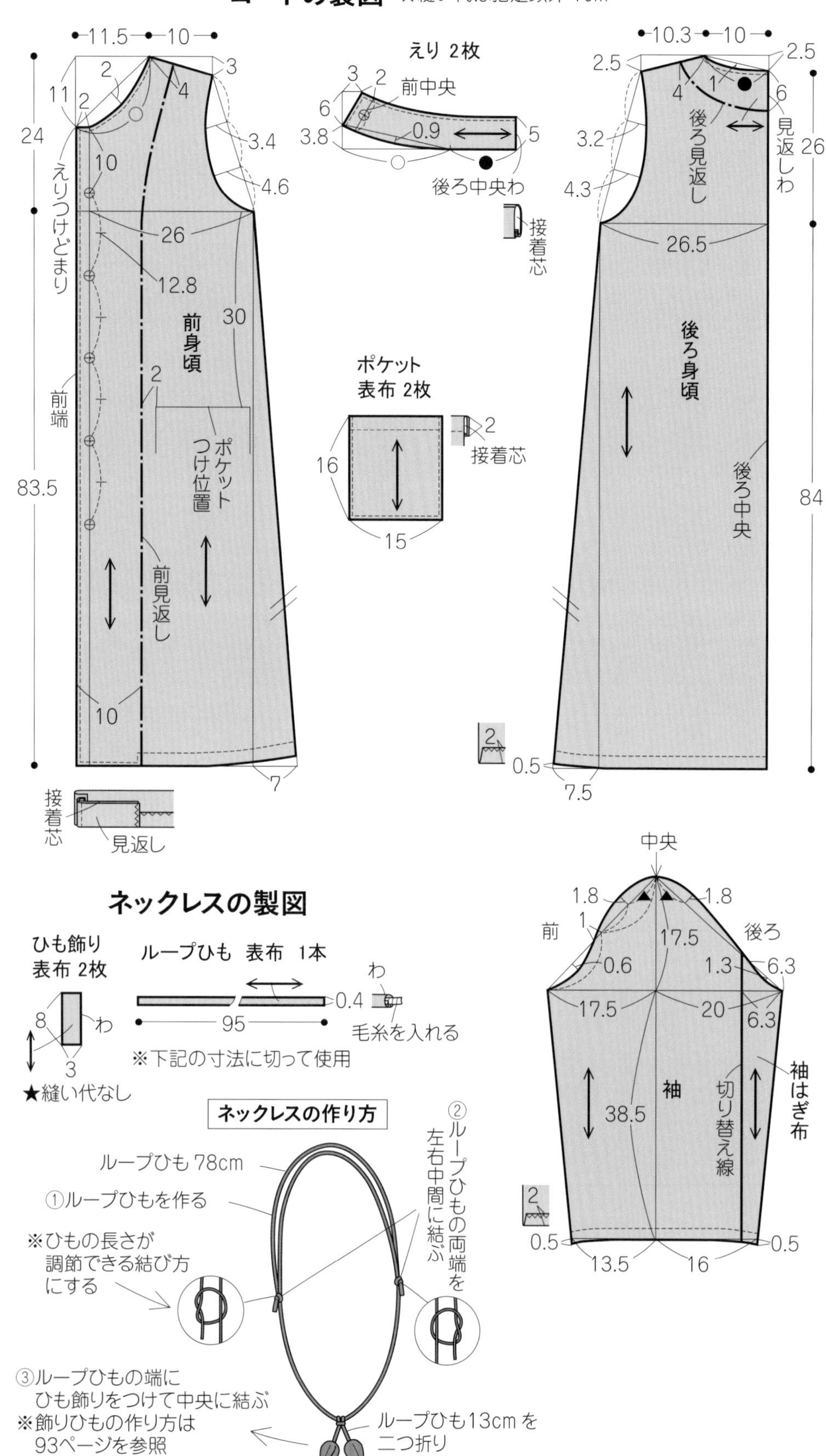
コートの製図 ★縫い代は指定以外 1cm
11.5
10
2
11
2
4
3
24
10
3.4
4.6
えりつけどまり
26
12.8
前身頃
30
2
前端
ポケットつけ位置
83.5
前見返し
10
7
接着芯
見返し
えり 2枚
3
2
前中央
6
3.8
0.9
5
後ろ中央わ
接着芯
ポケット
表布 2枚
2
接着芯
16
15
2
0.5
7.5
10.3
10
2.5
2.5
4
1
6
後ろ見返し
見返しわ
26
3.2
4.3
26.5
後ろ身頃
後ろ中央
84
中央
1.8
1.8
前
1
後ろ
17.5
0.6
1.3
6.3
17.5
20
6.3
袖
切り替え線
袖はぎ布
38.5
2
0.5
0.5
13.5
16
ネックレスの製図
ひも飾り
表布 2枚
8
わ
3
★縫い代なし
ループひも 表布 1本
わ
0.4
95
毛糸を入れる
※下記の寸法に切って使用
ネックレスの作り方
ループひも 78cm
①ループひもを作る
※ひもの長さが
調節できる結び方
にする
②ループひもの両端を左右中間に結ぶ
③ループひもの端に
ひも飾りをつけて中央に結ぶ
※飾りひもの作り方は
93ページを参照
ループひも13cmを
二つ折り

24

100ページ

材料

表布に大島紬の長着1枚
（八掛からブラウスを裁つ）

接着芯＝90×180cm
（コートとベストの見返し、コートのえり、ポケット口、バッグ分）

裏布＝60cm幅で60cm
（バッグ分）

くるみボタン＝1.2cmを7個
（コート、ブラウス分）

レースブレード＝
6cm幅を40cm（バッグ分）

ビーズ＝1cm幅を1個
（バッグ分）

ボタン＝長さ3cmを1個
（バッグ分）

毛糸＝1.2m
（バッグ、ネックレス分）

接着剤＝適宜（バッグ分）

コートの縫い方順序

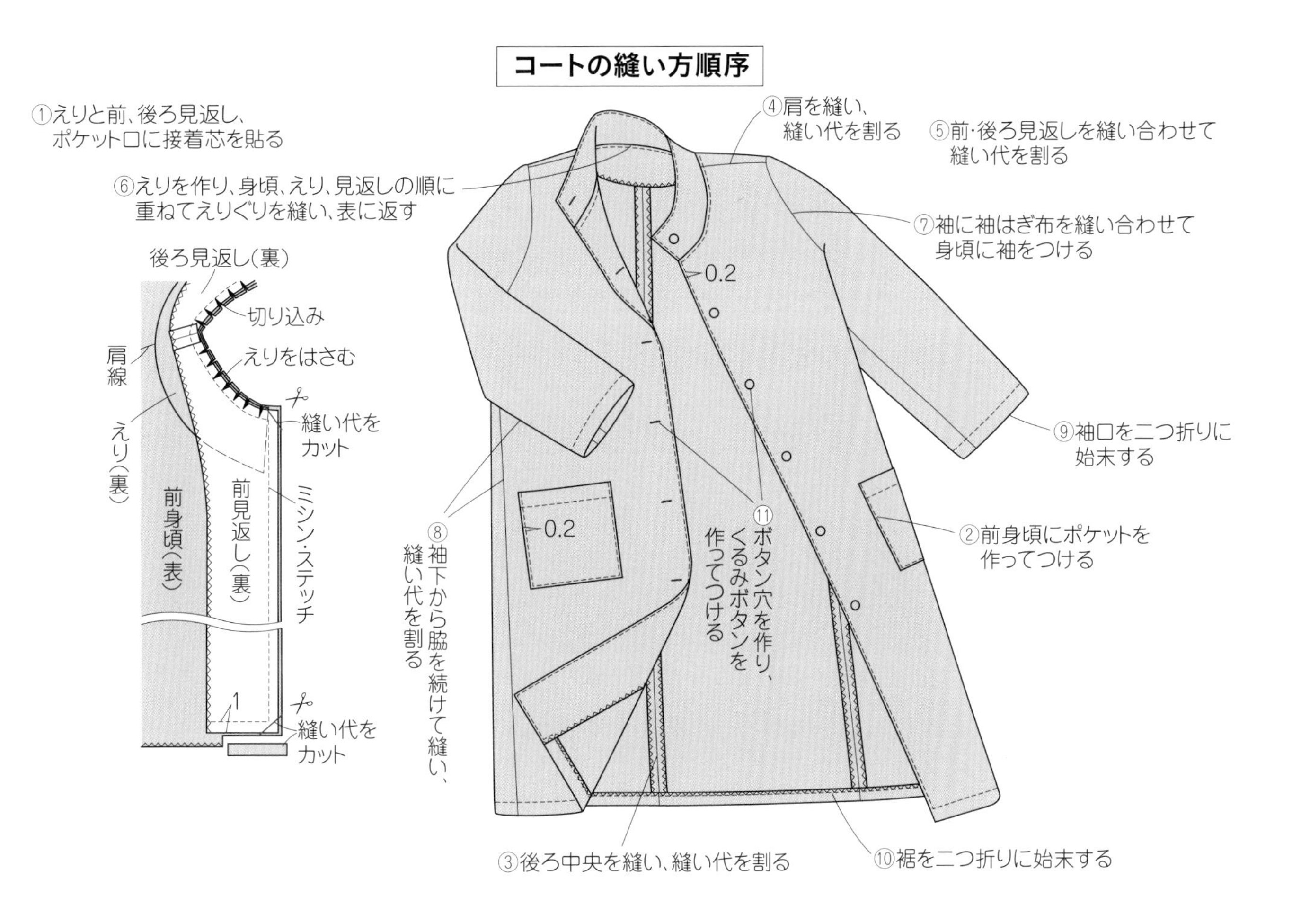

①えりと前、後ろ見返し、
ポケット口に接着芯を貼る
④肩を縫い、
縫い代を割る
⑤前・後ろ見返しを縫い合わせて
縫い代を割る
⑥えりを作り、身頃、えり、見返しの順に
重ねてえりぐりを縫い、表に返す
⑦袖に袖はぎ布を縫い合わせて
身頃に袖をつける
後ろ見返し(裏)
切り込み
えりをはさむ
肩線
えり(裏)
縫い代を
カット
前身頃(表)
前見返し(裏)
ミシン・ステッチ
1
縫い代を
カット
0.2
⑨袖口を二つ折りに
始末する
⑧袖下から脇を続けて縫い、
縫い代を割る
0.2
⑪ボタン穴を作り、
くるみボタンを
作ってつける
②前身頃にポケットを
作ってつける
③後ろ中央を縫い、縫い代を割る
⑩裾を二つ折りに始末する

ベストの縫い方順序

①見返しに接着芯を貼る
⑤前・後ろ見返しを縫い合わせ、身頃につけ、
表からステッチ
④肩を縫い、縫い代を割る
②前・後ろ中央を縫い合わせ、
縫い代を割る
⑦袖ぐりを
共布バイヤス
テープで始末する
⑥脇をスリット
あきどまりまで縫い、
縫い代を割る
⑧スリットと裾を
二つ折りに始末する
③前・後ろペプラムをそれぞれ
身頃につけ、縫い代を上側に
片返して表からステッチ

ベストの製図 ★縫い代は指定以外1cm

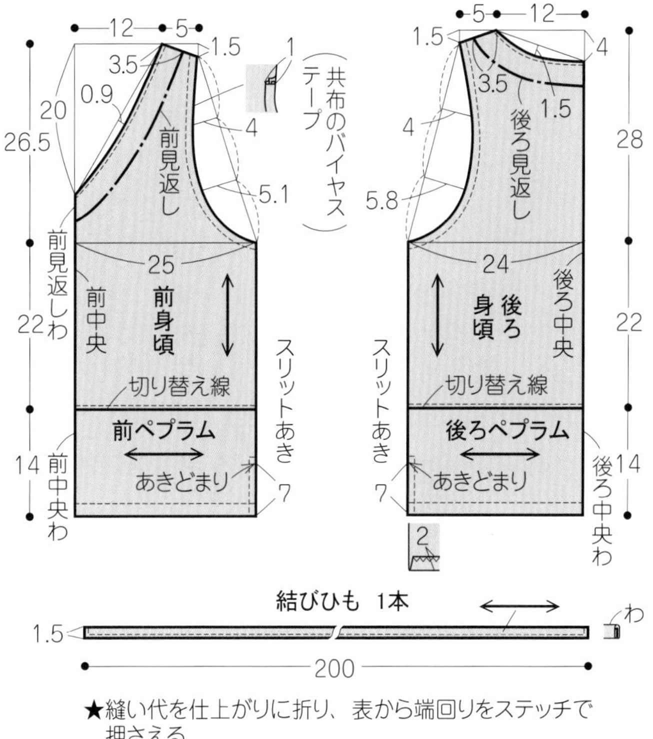

12
5
1.5
3.5
0.9
20
26.5
1
共布のバイヤステープ
4
5.1
前見返し
前見返しわ
25
前中央
前身頃
22
スリットあき
切り替え線
前ペプラム
14
前中央わ
あきどまり
7
5
12
1.5
4
3.5
1.5
後ろ見返し
4
5.8
28
24
後ろ身頃
後ろ中央
22
スリットあき
切り替え線
後ろペプラム
あきどまり
7
14
後ろ中央わ
2
結びひも 1本
1.5
わ
200

★縫い代を仕上がりに折り、表から端回りをステッチで押さえる

縫い方順序

①前中央と後ろ中央はあきどまりまでをそれぞれ縫い、縫い代を割る
④えりぐりを共布のバイヤステープで始末する
まつる
0.2
後ろ（裏）
⑩くるみボタンを作ってつける
後ろ（表）
0.5
⑨ボタンループを作り、つける
②肩を縫い、縫い代を割る
③あき回りにステッチ
⑦袖ぐりを二つ折りに始末する
⑧裾を二つ折りに始末する
⑤袖をつけて、袖下を縫い、縫い代を割る
ⓐ袖つけどまりまで縫い、縫い代を割る
身頃（裏）
袖（裏）
袖つけどまり
ⓑ袖下を袖つけどまりまで縫い、縫い代を割る
⑥袖つけどまりから脇を縫い、縫い代を割る
身頃（裏）
袖（裏）
袖つけどまり
縫い代をよける

ブラウスの製図

★着物の八掛から裁つ
縫い代は指定以外1cm

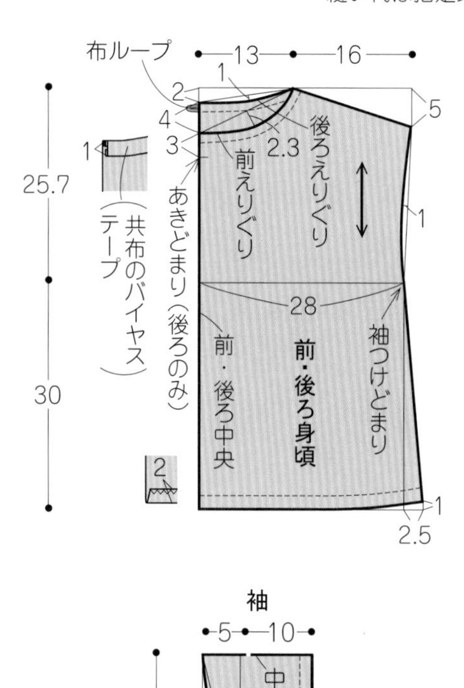

布ループ
13
16
1
2
4
3
5
2.3
後ろえりぐり
前えりぐり
25.7
1
（共布のバイヤステープ）
あきどまり（後ろのみ）
1
28
30
前・後ろ中央
前・後ろ身頃
袖つけどまり
2
1
2.5
袖
5
10
中央わ
20.2
1
2
2.7
前・後ろ袖ぐり

バッグの縫い方順序

①本体表（上・下）、口布、持ち手に接着芯を貼る

⑫表布の入れ口に持ち手とループを仮どめし、表・裏布を中表に合わせて口回りを縫う

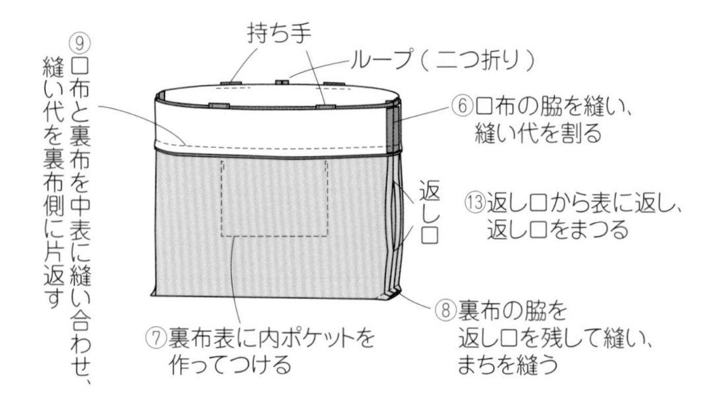

⑨口布と裏布を中表に縫い合わせ、縫い代を裏布側に片返す
持ち手
ループ（二つ折り）
⑥口布の脇を縫い、縫い代を割る
返し口
⑬返し口から表に返し、返し口をまつる
⑦裏布表に内ポケットを作ってつける
⑧裏布の脇を返し口を残して縫い、まちを縫う

⑪ループを作り、二つ折りにしてビーズを通し指定位置に接着剤をつけて固定させる

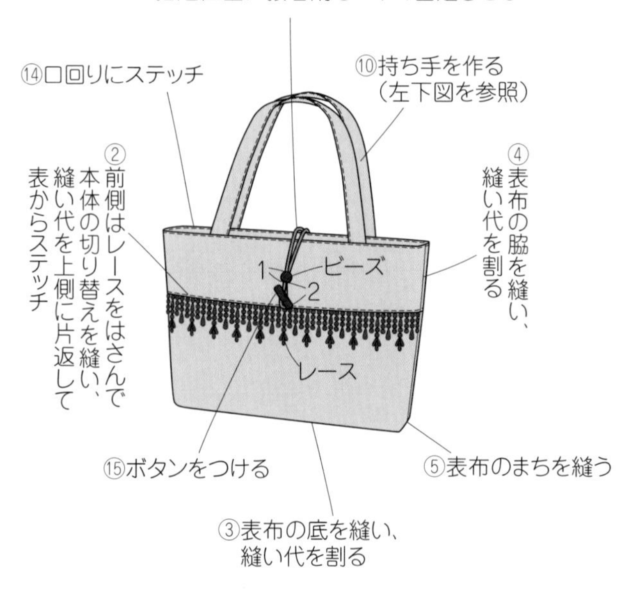

⑭口回りにステッチ
⑩持ち手を作る（左下図を参照）
②前側はレースをはさんで本体の切り替えを縫い、縫い代を上側に片返して表からステッチ
④表布の脇を縫い、縫い代を割る
1
ビーズ
2
レース
⑮ボタンをつける
⑤表布のまちを縫う
③表布の底を縫い、縫い代を割る

持ち手の作り方

ⓑ仕上がりに二つ折りにし、ステッチ

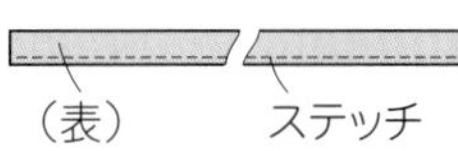
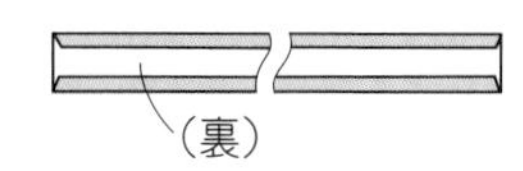

（表）
ステッチ

ⓐ縫い代を仕上がりに折る

（裏）

裁ち合わせ図

大島紬の長着1枚から

★( ) 内は縫い代、指定以外は1cm

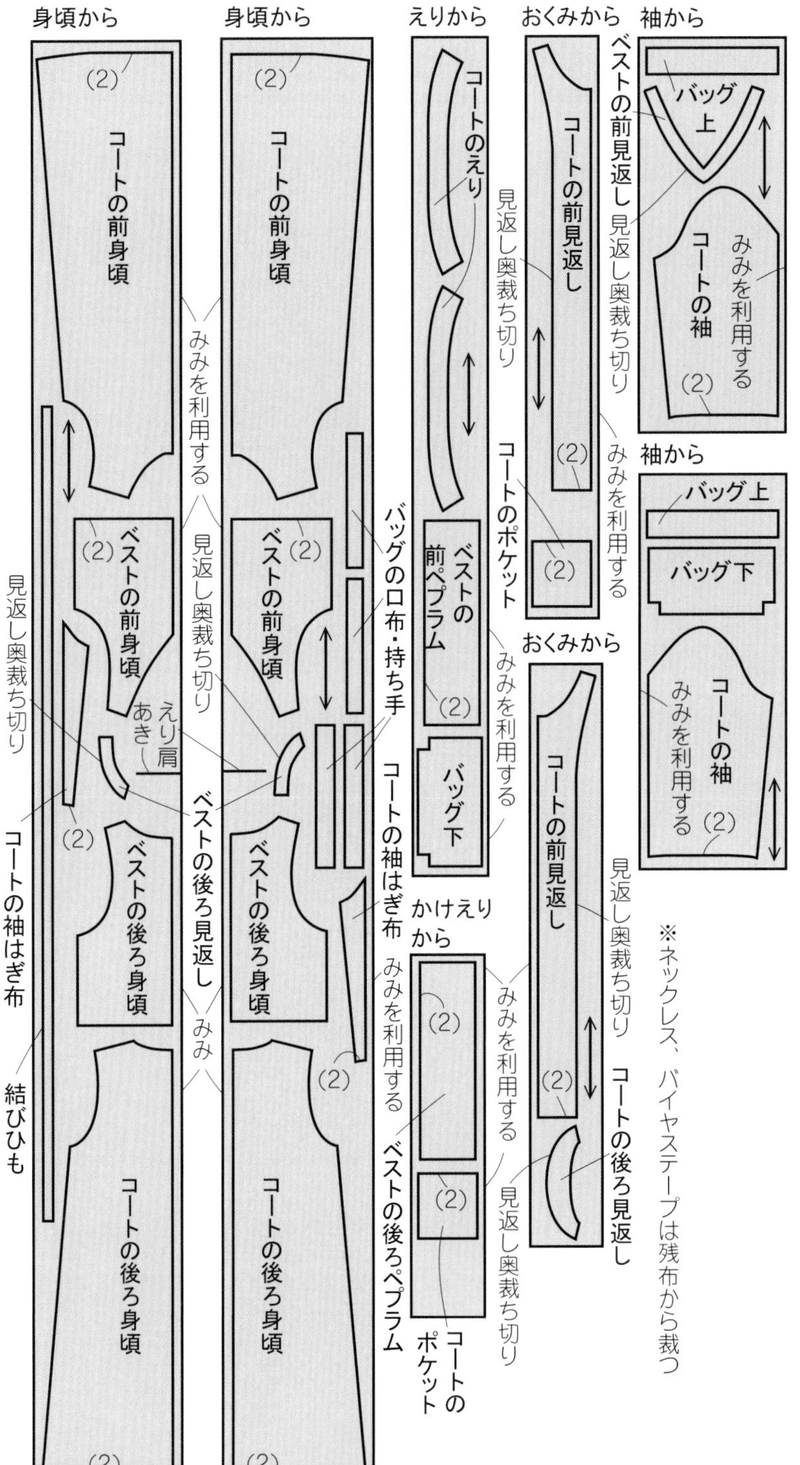

身頃から

コートの前身頃
ベストの前身頃
ベストの後ろ身頃
コートの後ろ身頃
コートの袖はぎ布
結びひも
見返し奥裁ち切り

身頃から

コートの前身頃
ベストの前身頃
ベストの後ろ身頃
コートの後ろ身頃
みみを利用する
見返し奥裁ち切り
みみ
えり肩
あき
ベストの後ろ見返し
バッグの口布・持ち手
コートの袖はぎ布

えりから

コートのえり
ベストの前ペプラム
バッグ下
見返し奥裁ち切り
コートのポケット
みみを利用する

かけえりから

ベストの後ろペプラム
コートのポケット
みみを利用する

おくみから

コートの前見返し
ベストの前見返し
見返し奥裁ち切り
みみを利用する

おくみから

コートの前見返し
コートの後ろ見返し
見返し奥裁ち切り
みみを利用する

袖から

バッグ上
コートの袖
みみを利用する

袖から

バッグ上
バッグ下
コートの袖
みみを利用する

※ネックレス、バイヤステープは残布から裁つ

バッグの製図

★( )内は縫い代、指定以外1cm

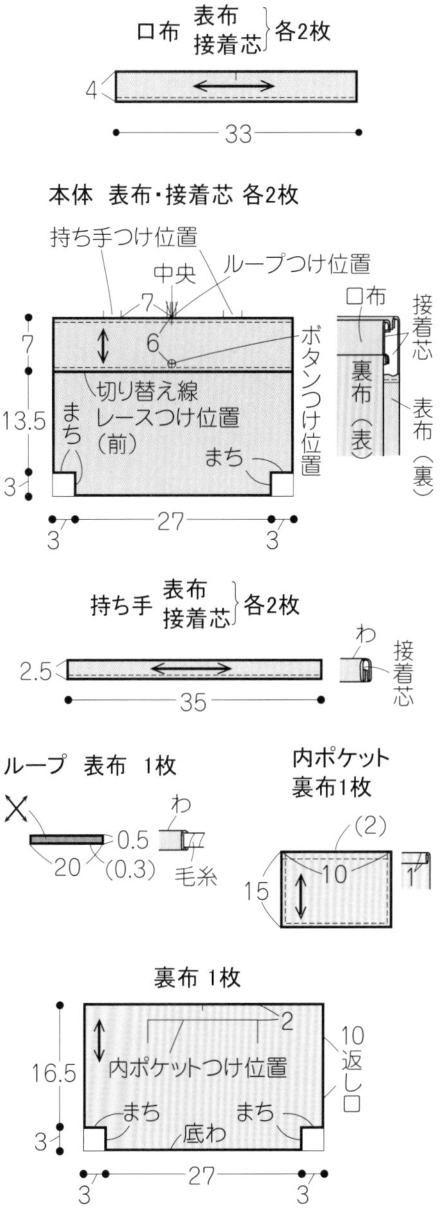

口布 表布・接着芯 各2枚

4 / 33

本体 表布・接着芯 各2枚

持ち手つけ位置
中央
ループつけ位置
ボタンつけ位置
切り替え線
レースつけ位置
(前)
まち
7 / 6 / 7 / 13.5 / 3 / 27 / 3 / 3

口布 / 接着芯 / 裏布 / 表布(表) / 表布(裏)

持ち手 表布・接着芯 各2枚

2.5 / 35
わ / 接着芯

ループ 表布 1枚

20 / 0.5 / (0.3)
わ / 毛糸

内ポケット 裏布1枚

(2) / 10 / 15 / 1

裏布 1枚

内ポケットつけ位置
まち
底わ
2 / 10 返し口 / 16.5 / 3 / 27 / 3 / 3

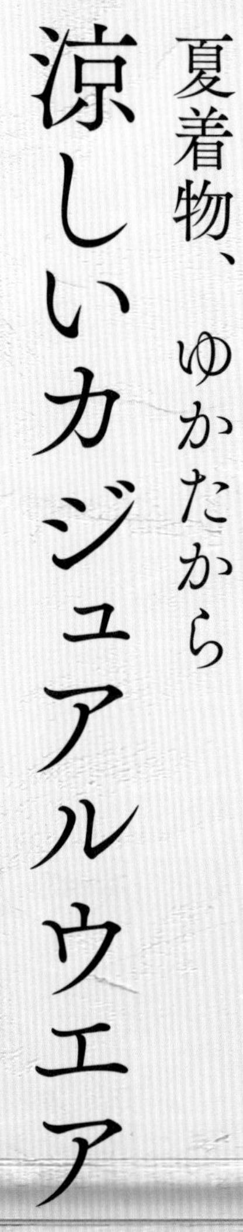

夏着物、ゆかたから
涼しいカジュアルウエア

25

大胆に描かれた花模様が魅力のゆかたから、ゆったりシルエットのワンピースとトートバックに。リメイク初心者の方なら、扱いやすくて縫いやすい木綿のゆかたリメイクから、はじてみてはいかがでしょう。

デザイン 見崎智子

作り方 118ページ

元型

帽子／ATRENA、靴／AREZZO

ゆかた

木綿のゆかたから作ったゆったりシルエットのワンピースは、風通しもよく涼しさ抜群。夏アイテムにおすすめの一枚です。

お買い物用にも便利な大きめのトートバッグ。ショルダーにもなる持ち手の長さが、使いやすさのポイントです。

デザイン 見崎智子

作り方 120ページ

ゆかた利用のアロハペアシャツ。とてもリメイクとは思えない仕上がりです。メンズアイテムにリメイクする場合、元型になるゆかたの柄がメンズにも似合うかがセレクトのポイントになります。

27

26

カットソー／UNO、スカート／motomi・m、靴／AREZZO

帽子／ATRENA、靴／Hawkins Sport（ABC-MART）

元型

メンズ仕様にも似合う、涼しげな藍染めのゆかたを使ったアロハシャツ。定番型の着やすいフォルムがおすすめです。

メンズと同じ定番型で、レディース用にはオリジナルのネックレスを手作り。アクセを加えることで優しさが添えられます。

元型

28

デザイン 郷 裕隆

作り方122ページ

伝統模様の麻の葉絣（かすり）の夏着物を利用して、素朴な香りとスタイリッシュな個性を融合させた一着に。仕上げにジャケットの切り替え位置とえりストール、前中央のあて布に刺し子を添えて手作り感をプラスしています。

靴／ダイアナ ウェルフィット（ダイアナ 銀座本店）

麻の葉絣

麻の葉絣に濃紺の木綿の別布をアクセントにプラス。ストールえりをつけたえりぐりのディテール、後ろたけは長く、ポイントに白糸で刺し子をあしらった細部にこだわったデザインに惹かれます。

ボトムスも個性派のサルエルパンツに。ジャケットの前をあけたラフな着こなし方もさわやかで素敵。

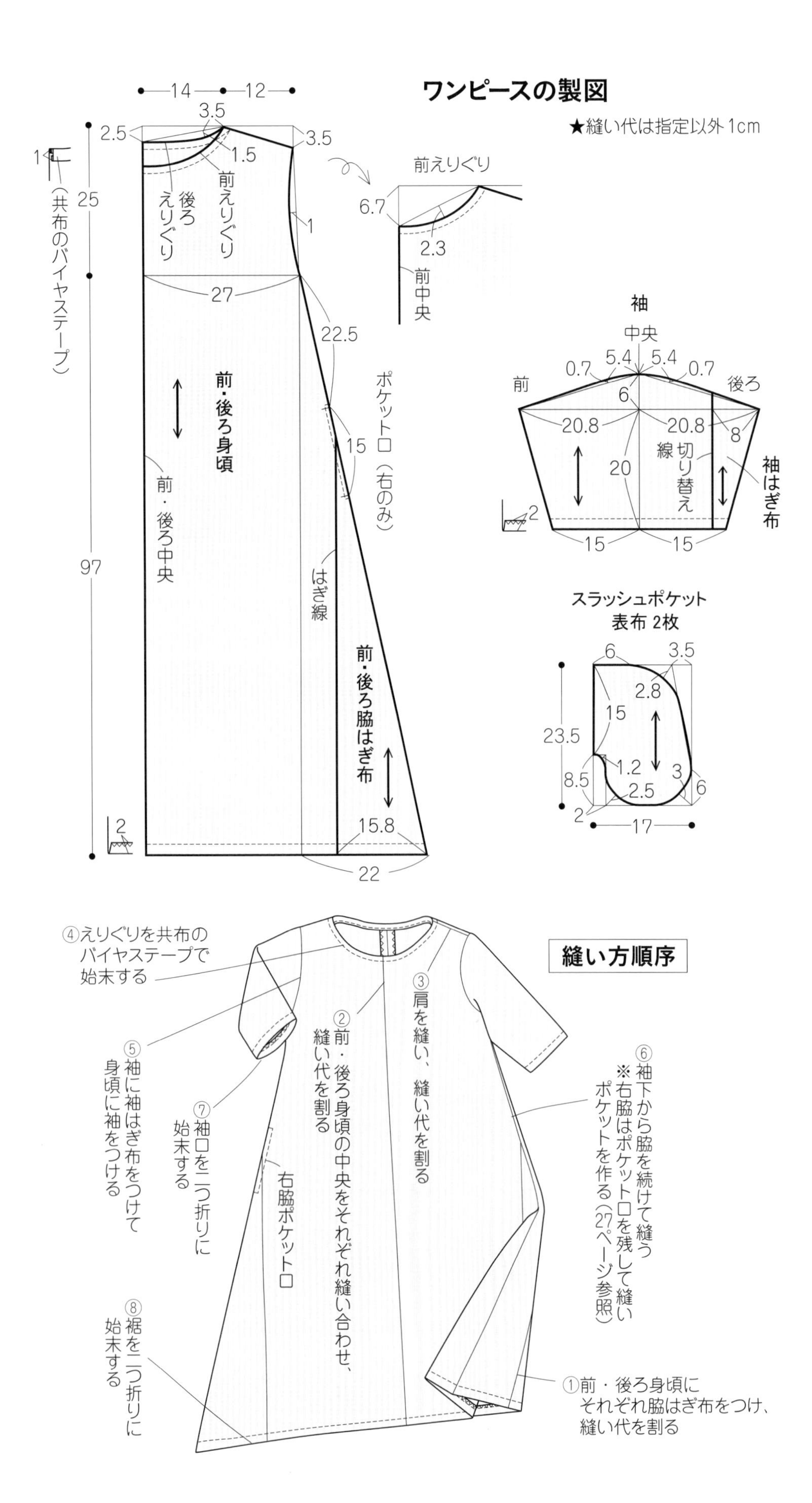
ワンピースの製図
★縫い代は指定以外1cm
14
12
3.5
2.5
3.5
1.5
1
25
（共布のバイヤステープ）
前えりぐり
後ろえりぐり
前えりぐり
6.7
2.3
前中央
1
27
22.5
前・後ろ身頃
ポケット口（右のみ）
15
前・後ろ中央
97
はぎ線
前・後ろ脇はぎ布
2
15.8
22
袖
中央
5.4
5.4
0.7
0.7
前
後ろ
6
20.8
20.8
8
20
切り替え線
袖はぎ布
2
15
15
スラッシュポケット
表布 2枚
6
3.5
2.8
15
23.5
1.2
3
8.5
2.5
6
2
17
縫い方順序
④えりぐりを共布のバイヤステープで始末する
③肩を縫い、縫い代を割る
②前・後ろ身頃の中央をそれぞれ縫い合わせ、縫い代を割る
⑤袖に袖はぎ布をつけて身頃に袖をつける
⑦袖口を二つ折りに始末する
右脇ポケット口
⑥袖下から脇を続けて縫う
※右脇はポケット口を残して縫いポケットを作る（27ページ参照）
⑧裾を二つ折りに始末する
①前・後ろ身頃にそれぞれ脇はぎ布をつけ、縫い代を割る

25
112ページ

材料

表布にゆかたの長着 1 枚

裏布＝70×65cm
（バッグ用）

接着芯＝90×100cm
（バッグの本体、口布、持ち手分）

裁ち合わせ図

ゆかたの長着1枚から ★( )内は縫い代、指定以外は1cm

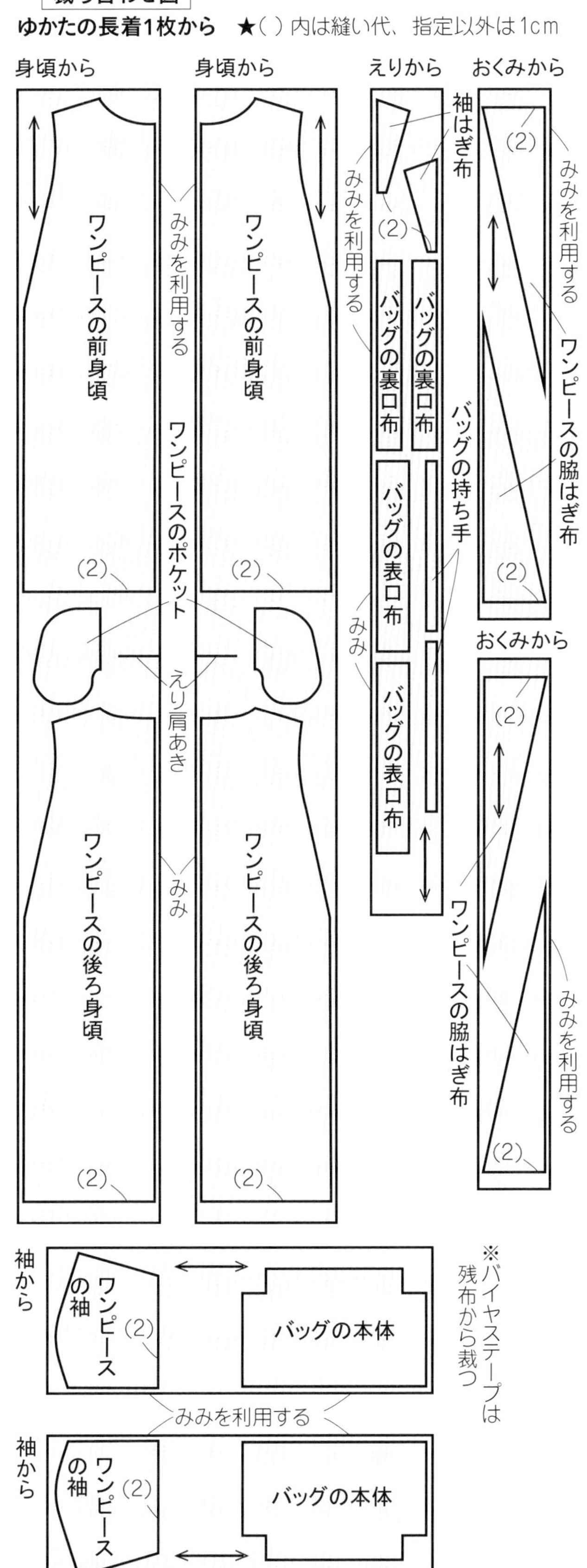

身頃から
身頃から
えりから
おくみから
ワンピースの前身頃
ワンピースの前身頃
みみを利用する
ワンピースのポケット
えり肩あき
ワンピースの後ろ身頃
ワンピースの後ろ身頃
みみ
袖はぎ布
みみを利用する
バッグの裏口布
バッグの裏口布
バッグの表口布
バッグの表口布
バッグの持ち手
みみ
ワンピースの脇はぎ布
みみを利用する
おくみから
ワンピースの脇はぎ布
みみを利用する
(2)
袖から
ワンピースの袖
バッグの本体
みみを利用する
袖から
ワンピースの袖
バッグの本体
※バイヤステープは残布から裁つ

バッグの製図 ★( )内は縫い代、指定以外は1cm

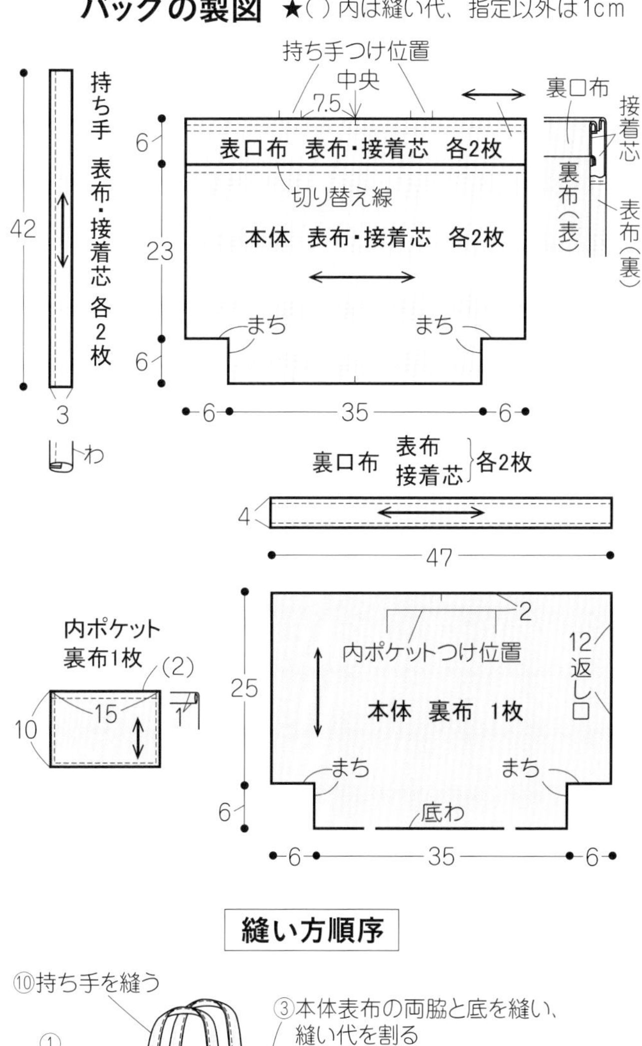

持ち手 表布・接着芯 各2枚
42
3
わ
持ち手つけ位置
中央
7.5
表口布 表布・接着芯 各2枚
切り替え線
本体 表布・接着芯 各2枚
まち
まち
6
23
6
6
35
6
裏口布
接着芯
裏布(表)
表布(裏)
裏口布 表布 接着芯 各2枚
4
47
内ポケット 裏布1枚
(2)
15
10
1
2
内ポケットつけ位置
12 返し口
本体 裏布 1枚
25
まち
まち
底わ
6
6
35
6

縫い方順序

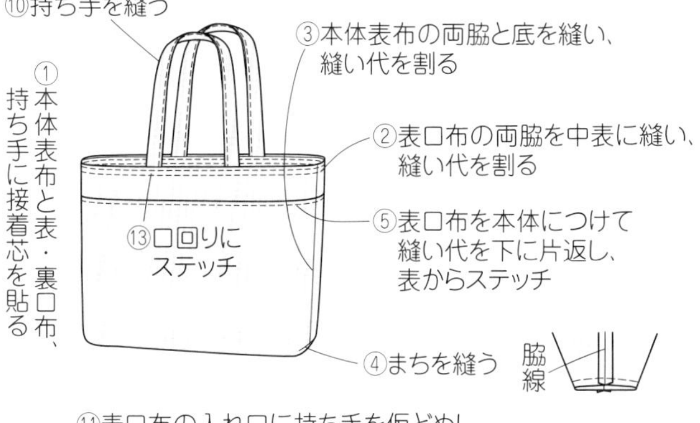

⑩持ち手を縫う
①本体表布と表・裏口布、持ち手に接着芯を貼る
③本体表布の両脇と底を縫い、縫い代を割る
②表口布の両脇を中表に縫い、縫い代を割る
⑬口回りにステッチ
⑤表口布を本体につけて縫い代を下に片返し、表からステッチ
④まちを縫う
脇線

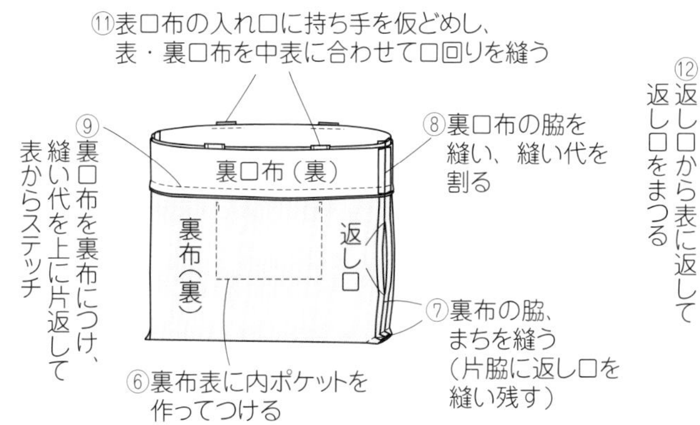

⑪表口布の入れ口に持ち手を仮どめし、表・裏口布を中表に合わせて口回りを縫う
⑫返し口から表に返して返し口をまつる
⑨裏口布を裏布につけ、縫い代を上に片返して表からステッチ
⑧裏口布の脇を縫い、縫い代を割る
裏口布(裏)
裏布(裏)
返し口
⑦裏布の脇、まちを縫う(片脇に返し口を縫い残す)
⑥裏布表に内ポケットを作ってつける

アロハシャツの製図 ★縫い代は指定以外 1cm

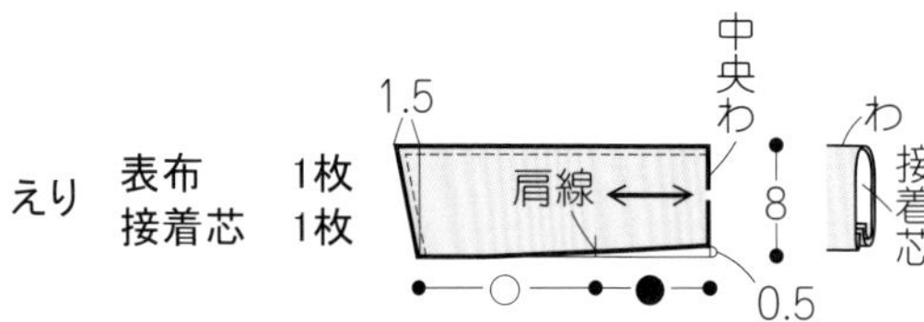

えり
表布 1枚
接着芯 1枚
1.5
中央わ
肩線
8
わ
接着芯
0.5

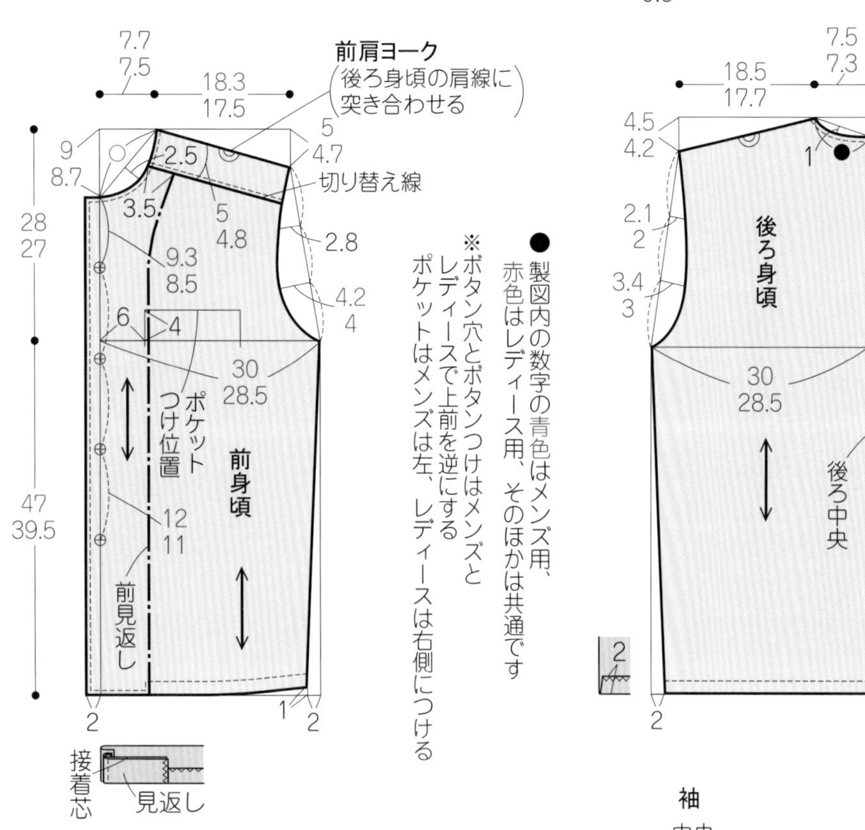

7.7
7.5
18.3
17.5
前肩ヨーク
(後ろ身頃の肩線に突き合わせる)
9
8.7
2.5
5
4.7
切り替え線
28
27
3.5
5
4.8
2.8
9.3
8.5
4.2
4
6
4
30
28.5
ポケットつけ位置
前身頃
47
39.5
12
11
前見返し
2
1
2
●製図内の数字の青色はメンズ用、赤色はレディース用、そのほかは共通です
※ボタン穴とボタンつけはメンズとレディースで上前を逆にする
ポケットはメンズは左、レディースは右側につける
7.5
7.3
18.5
17.7
2.5
4.5
4.2
1
30.5
29.5
2.1
2
後ろ身頃
3.4
3
30
28.5
後ろ中央
46
38.5
2
2

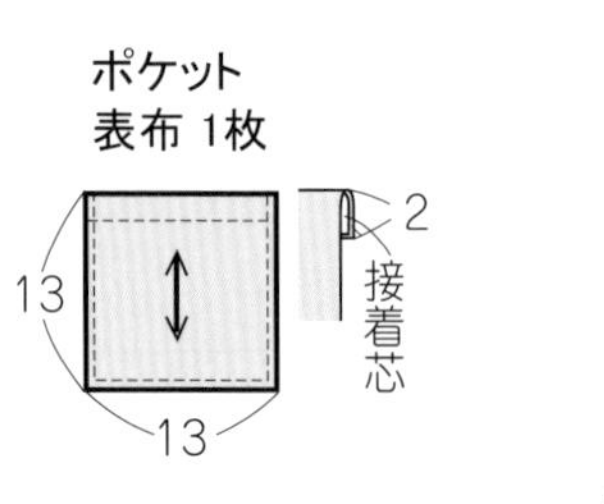

接着芯
見返し

※肩線の突き合わせ方は62ページの作品**9**を参考にしてください

ポケット
表布 1枚

2
13
接着芯
13

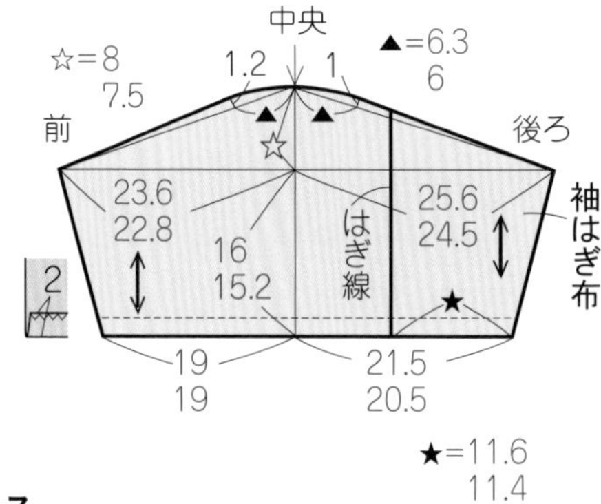

袖
中央
☆=8
7.5
1.2
1
▲=6.3
6
前
後ろ
23.6
22.8
16
15.2
はぎ線
25.6
24.5
袖はぎ布
2
19
19
21.5
20.5
★=11.6
11.4

ネックレス
ペンダントの製図

おおい布 ★回り裁ち切り
表布 2枚 厚紙 1枚

5
3

26
114ページ

27
114ページ

材料

表布にゆかたの長着 1 枚

接着芯＝90×90cm
(えり、前見返し、ポケット口のシャツ2枚分)

ボタン＝1.2cmを8個
(シャツ 2 枚分)

革ひも＝3mm幅を120cm
(ネックレス分)

くるみボタン＝3cmを1個
(ネックレス分)

ウッドビーズ＝1cmを1個
(ネックレス分)

厚紙＝3cm角を1枚
(ネックレス分)

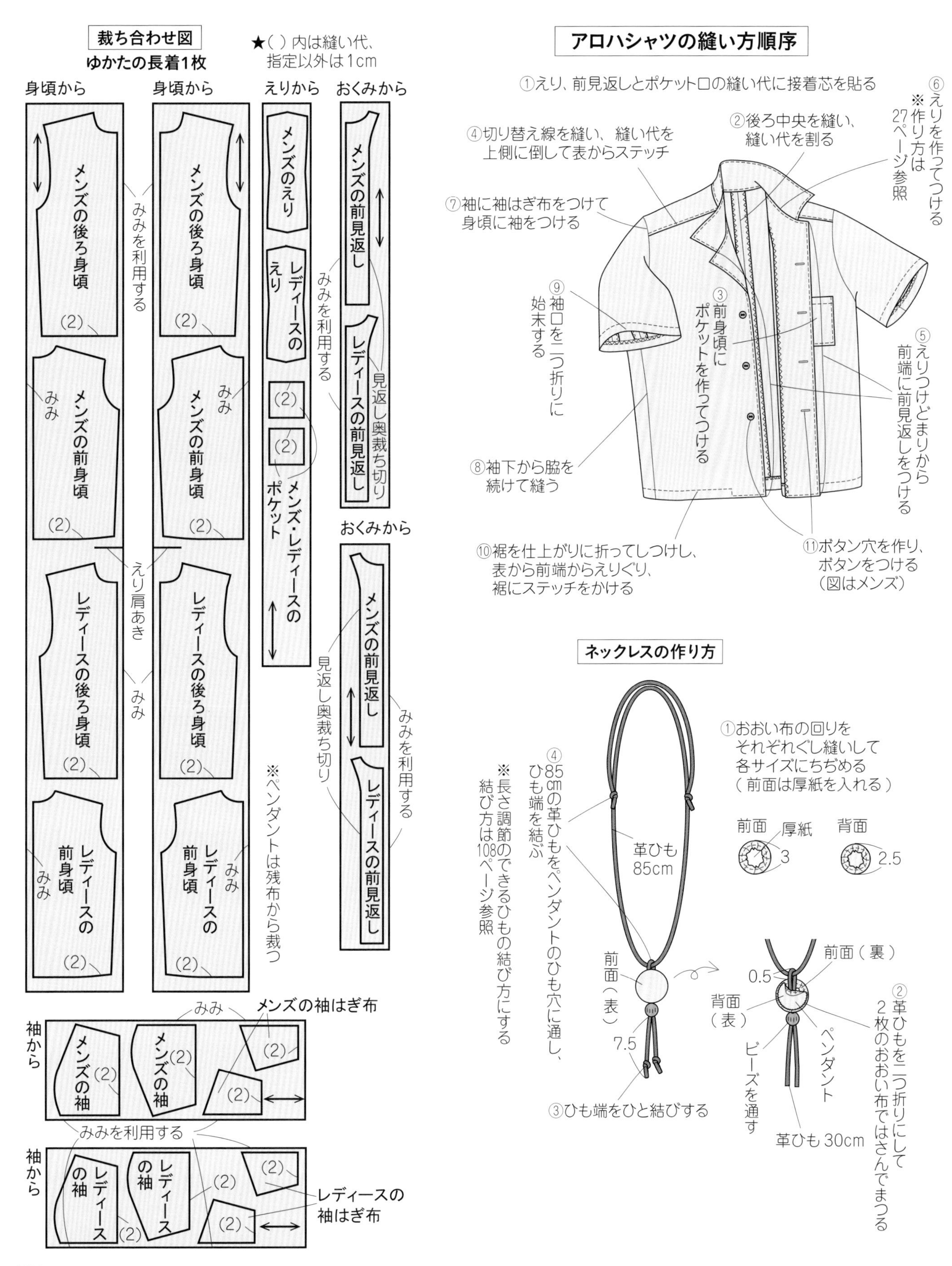

裁ち合わせ図
ゆかたの長着1枚
★( )内は縫い代、
指定以外は1cm
身頃から
身頃から
えりから
おくみから
メンズの後ろ身頃
メンズの後ろ身頃
みみを利用する
メンズのえり
レディースのえり
メンズの前見返し
見返し奥裁ち切り
みみを利用する
メンズの前身頃
メンズの前身頃
みみ
みみ
えり肩あき
(2)
メンズ・レディースのポケット
レディースの前見返し
おくみから
メンズの前見返し
レディースの後ろ身頃
レディースの後ろ身頃
みみ
見返し奥裁ち切り
みみを利用する
※ペンダントは残布から裁つ
レディースの前身頃
レディースの前身頃
レディースの前見返し
袖から
メンズの袖
メンズの袖
メンズの袖はぎ布
みみ
みみを利用する
袖から
レディースの袖
レディースの袖
レディースの袖はぎ布
アロハシャツの縫い方順序
①えり、前見返しとポケット口の縫い代に接着芯を貼る
②後ろ中央を縫い、縫い代を割る
③前身頃にポケットを作ってつける
④切り替え線を縫い、縫い代を上側に倒して表からステッチ
⑤えりつけどまりから前端に前見返しをつける
⑥えりを作ってつける
※作り方は27ページ参照
⑦袖に袖はぎ布をつけて身頃に袖をつける
⑧袖下から脇を続けて縫う
⑨袖口を二つ折りに始末する
⑩裾を仕上がりに折ってしつけし、表から前端からえりぐり、裾にステッチをかける
⑪ボタン穴を作り、ボタンをつける（図はメンズ）
ネックレスの作り方
①おおい布の回りをそれぞれぐし縫いして各サイズにちぢめる（前面は厚紙を入れる）
前面
厚紙
3
背面
2.5
②革ひもを二つ折りにして2枚のおおい布ではさんでまつる
③ひも端をひと結びする
④85cmの革ひもをペンダントのひも穴に通し、ひも端を結ぶ
※長さ調節のできるひもの結び方は108ページ参照
革ひも85cm
前面（表）
7.5
0.5
前面（裏）
背面（表）
ビーズを通す
ペンダント
革ひも 30cm

ジャケットの製図 ★指定以外の縫い代は1cm

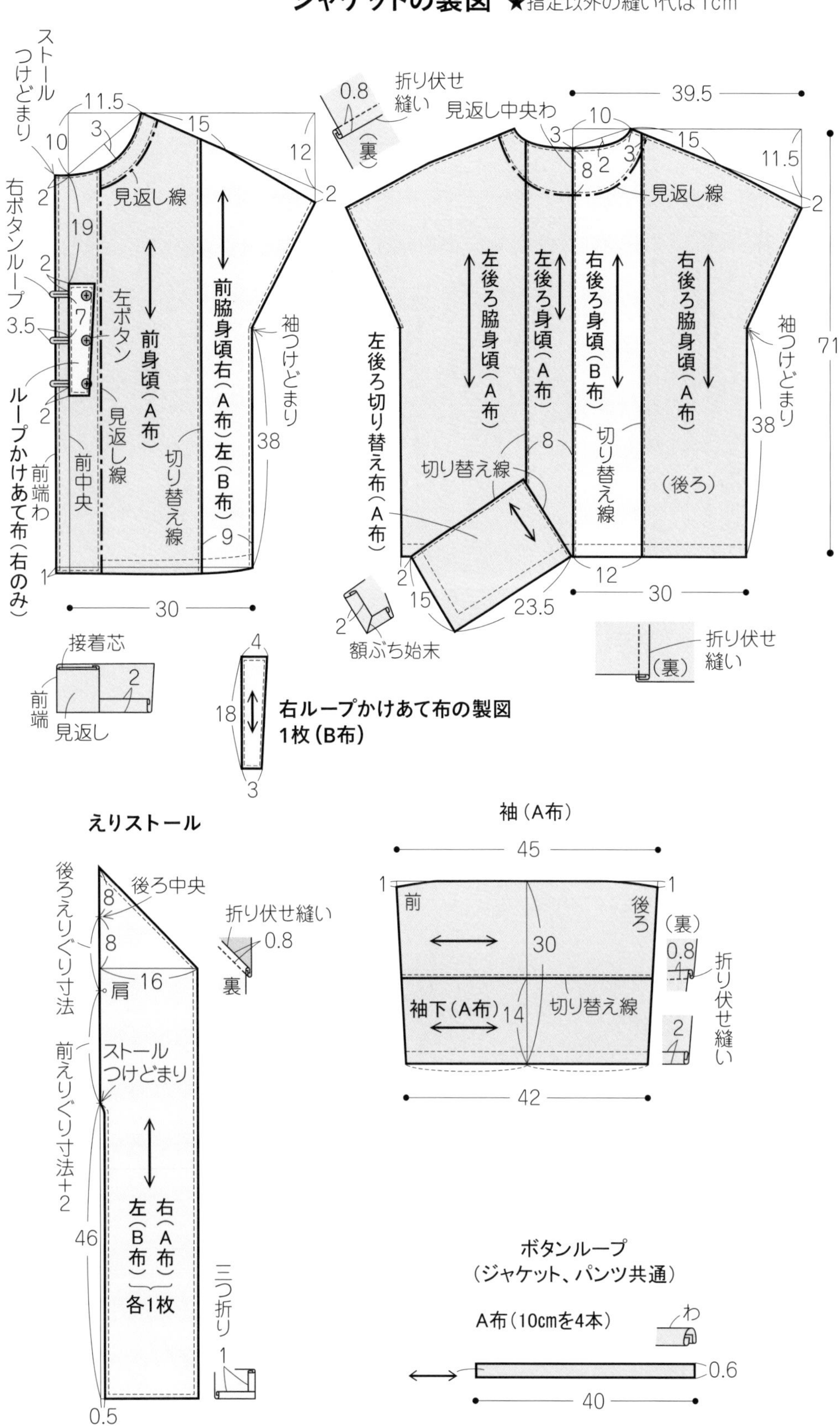
ストールつけどまり
11.5
3
15
12
10
2
見返し線
19
右ボタンループ
左ボタン
3.5
71
7
前身頃(A布)
前脇身頃右(A布)左(B布)
袖つけどまり
38
見返し線
ループかけあて布(右のみ)
前端わ
前中央
切り替え線
9
1
30
折り伏せ縫い
0.8
(裏)
見返し中央わ
39.5
10
3
8
2
11.5
左後ろ脇身頃(A布)
左後ろ身頃(A布)
右後ろ身頃(B布)
右後ろ脇身頃(A布)
左後ろ切り替え布(A布)
切り替え線
切り替え線
(後ろ)
12
15
23.5
額ぶち始末
接着芯
前端
見返し
4
18
右ループかけあて布の製図
1枚(B布)
えりストール
後ろえりぐり寸法
後ろ中央
肩
16
前えりぐり寸法+2
ストールつけどまり
46
左(B布) 右(A布) 各1枚
三つ折り
0.5
袖(A布)
45
前
後ろ
30
袖下(A布)
14
切り替え線
42
ボタンループ
(ジャケット、パンツ共通)
A布(10cmを4本)
わ
0.6
40

28
116ページ

材料

A布に麻の葉絣の長着1枚

B布に綿無地を90cm幅で1m

接着芯＝70×40cm
(ジャケットの前端見返し、えりぐり見返し、ループかけあて布分)

ゴムベルト＝
2.5cm幅を1.5m
(パンツ分)

くるみボタン＝2.3cm幅を4個
(ジャケット、パンツ分)

手刺し糸＝約7m
(ジャケット分)

作り方要点

●麻の葉絣と綿無地の配色切り替えにします。

●ジャケットの身頃の指定切り替え位置、えりストール、ループかけあて布回りに、白糸で刺し子ステッチ(手刺し)をします。

ジャケットの縫い方順序

★指定以外の縫い代は、折り伏せ縫いで始末する（106 ページ参照）

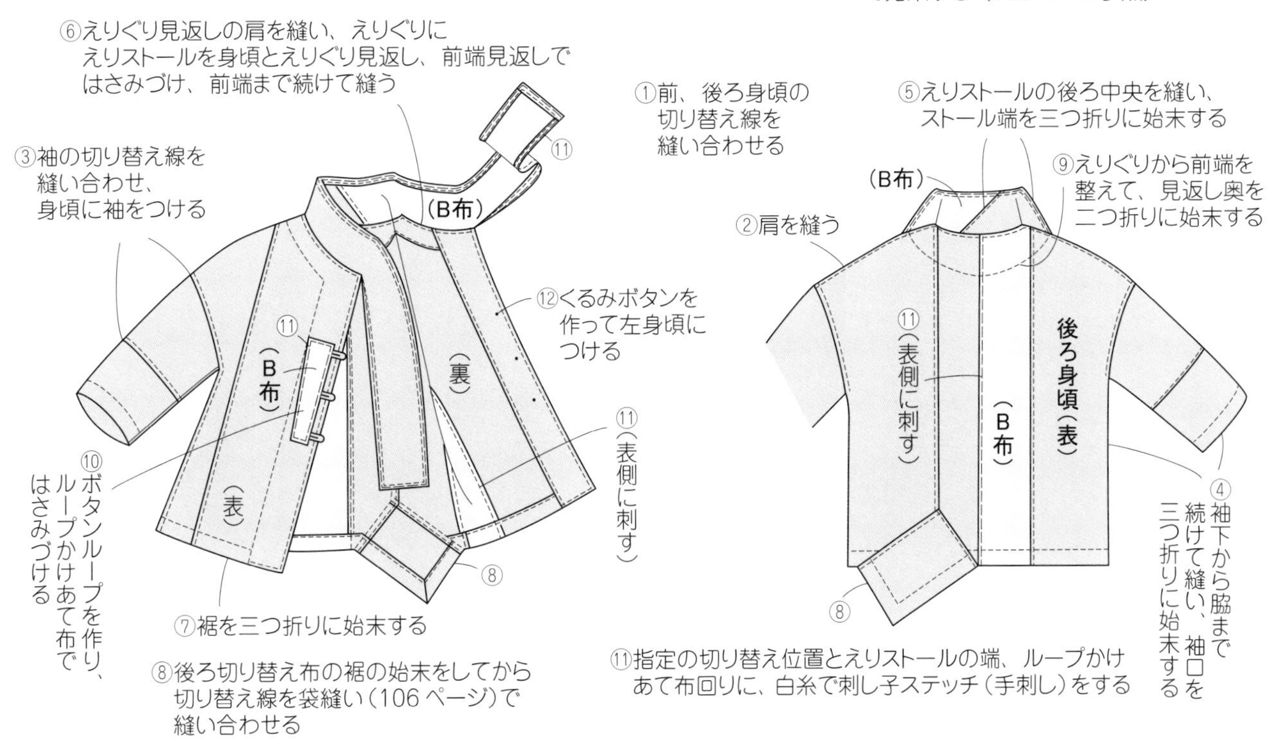

⑥えりぐり見返しの肩を縫い、えりぐりにえりストールを身頃とえりぐり見返し、前端見返しではさみづけ、前端まで続けて縫う
③袖の切り替え線を縫い合わせ、身頃に袖をつける
(B布)
⑪
⑪
(B布)
(裏)
(表)
⑫くるみボタンを作って左身頃につける
⑪(表側に刺す)
⑩ボタンループを作り、ループかけあて布ではさみづける
⑧
⑦裾を三つ折りに始末する
⑧後ろ切り替え布の裾の始末をしてから切り替え線を袋縫い（106 ページ）で縫い合わせる
①前、後ろ身頃の切り替え線を縫い合わせる
⑤えりストールの後ろ中央を縫い、ストール端を三つ折りに始末する
(B布)
⑨えりぐりから前端を整えて、見返し奥を二つ折りに始末する
②肩を縫う
⑪(表側に刺す)
(B布)
後ろ身頃(表)
④袖下から脇まで続けて縫い、袖口を三つ折りに始末する
⑧
⑪指定の切り替え位置とえりストールの端、ループかけあて布回りに、白糸で刺し子ステッチ（手刺し）をする

サルエルパンツの製図

★指定以外の縫い代は 1cm

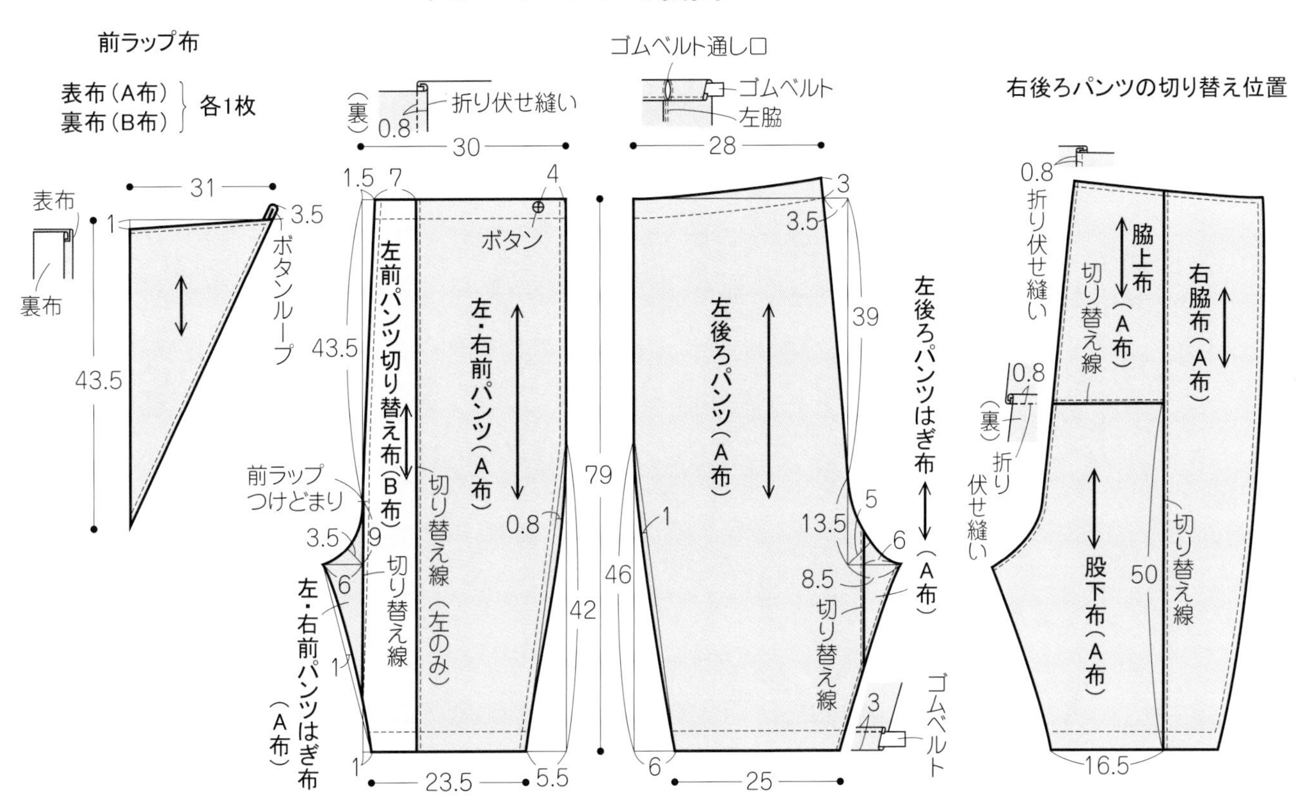

前ラップ布
表布（A布）
裏布（B布）
各1枚
表布
裏布
31
1
3.5
ボタンループ
43.5
(裏)
0.8
折り伏せ縫い
30
1.5
7
4
ボタン
43.5
左前パンツ切り替え布(B布)
左・右前パンツ(A布)
切り替え線（左のみ）
0.8
前ラップつけどまり
3.5
9
6
切り替え線
左・右前パンツはぎ布(A布)
1
1
23.5
5.5
79
42
ゴムベルト通し口
ゴムベルト
左脇
28
3
3.5
39
左後ろパンツ(A布)
1
46
13.5
5
6
8.5
切り替え線
左後ろパンツはぎ布(A布)
3
ゴムベルト
6
25
右後ろパンツの切り替え位置
0.8
折り伏せ縫い
脇上布(A布)
切り替え線
右脇布(A布)
0.8
(裏)
折り伏せ縫い
股下布(A布)
50
切り替え線
16.5

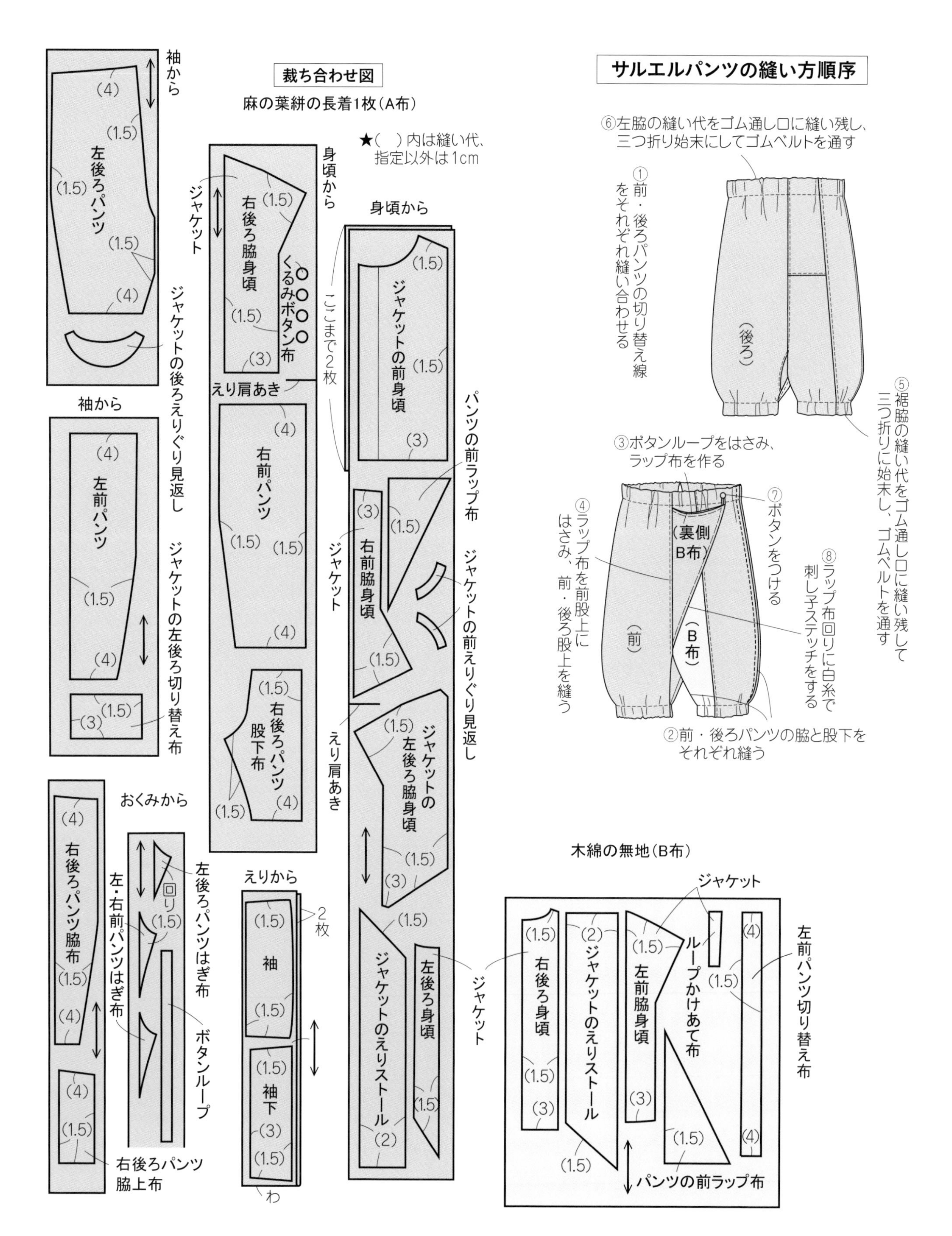
裁ち合わせ図
麻の葉絣の長着1枚（A布）
★（　）内は縫い代、
指定以外は1cm
袖から
左後ろパンツ
ジャケットの後ろえりぐり見返し
袖から
左前パンツ
ジャケットの左後ろ切り替え布
おくみから
右後ろパンツ脇布
右後ろパンツ
脇上布
左・右前パンツはぎ布
左後ろパンツはぎ布
回り
ボタンループ
身頃から
ジャケット
右後ろ脇身頃
くるみボタン布
えり肩あき
右前パンツ
右後ろパンツ
股下布
えりから
袖
袖下
2
枚
わ
身頃から
ここまで2枚
ジャケットの前身頃
パンツの前ラップ布
ジャケット
右前脇身頃
ジャケットの前えりぐり見返し
えり肩あき
ジャケットの左後ろ脇身頃
ジャケットのえりストール
左後ろ身頃
ジャケット
サルエルパンツの縫い方順序
⑥左脇の縫い代をゴム通し口に縫い残し、
三つ折り始末にしてゴムベルトを通す
①前・後ろパンツの切り替え線をそれぞれ縫い合わせる
（後ろ）
⑤裾脇の縫い代をゴム通し口に縫い残して三つ折りに始末し、ゴムベルトを通す
③ボタンループをはさみ、
ラップ布を作る
⑦ボタンをつける
④ラップ布を前股上にはさみ、前・後ろ股上を縫う
（裏側B布）
（前）
（B布）
⑧ラップ布回りに白糸で刺し子ステッチをする
②前・後ろパンツの脇と股下を
それぞれ縫う
木綿の無地（B布）
ジャケット
右後ろ身頃
ジャケットのえりストール
左前脇身頃
ループかけあて布
左前パンツ切り替え布
パンツの前ラップ布

型紙の作り方――囲み製図の引き方とパターンのサイズの変え方

囲み製図とは

服を作るための製図の基本は、まず原型を割り出し、その原型にゆとり分やデザイン線などを追加していきますが、その方法では、洋裁初心者には難しい作業になります。囲み製図の場合は、基本線の枠から指定寸法を記入していく方法なので、難しい情報がなく、誰にでもかんたんに製図できることが利点です。

本書に掲載の作品は、すべてこの囲み製図で紹介しています。ここでは、その囲み製図の引き方の基本を、後ろ身頃のパーツを例に解説します。服の製図は、まず、後ろ身頃から作図していきますが、前身頃、袖、スカート、パンツなどのパーツも引き方は同じです。

17 12 5 2.2 0.8 後ろ身頃 26 0.9 27 後ろ中央 39.5 0.3 2

囲み製図の引き方

※書いた線が見える透明定規と洋裁用のカーブ尺を用意します。

❶ 後ろ中央線と横の線を引く

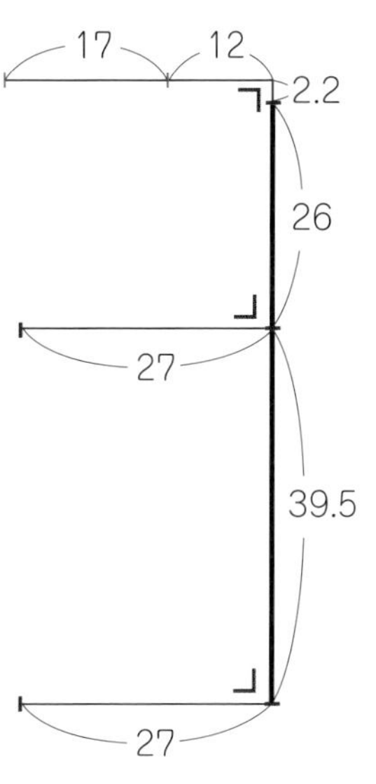

17
12
2.2
26
27
39.5
27

はじめに後ろ中央線を垂直に引き、案内製図に表示の寸法位置に印をつける。次に肩線、胸回り線、裾線の横線を後ろ中央線に対して直角に引く。

❷ えりぐりを引く

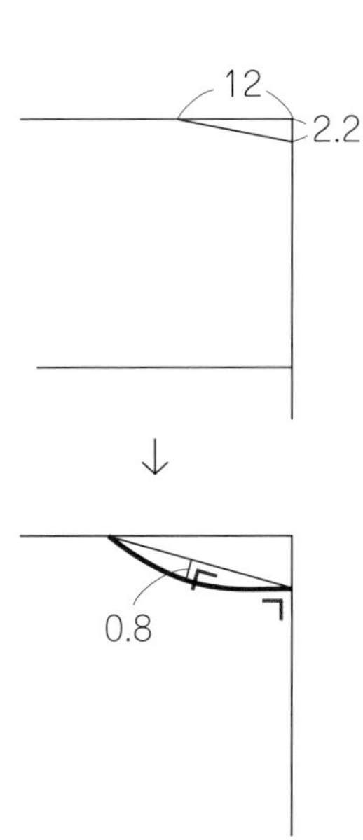

12
2.2
0.8

後ろ2.2cmと横12cmの線を結ぶ。次にその線の中央位置に表示の0.8cmを直角に取り、0.8cmを通るようにカーブ尺を使って自然なカーブ線を引く。※後ろ中央位置は直角にして引く。

❸ 肩線を引く

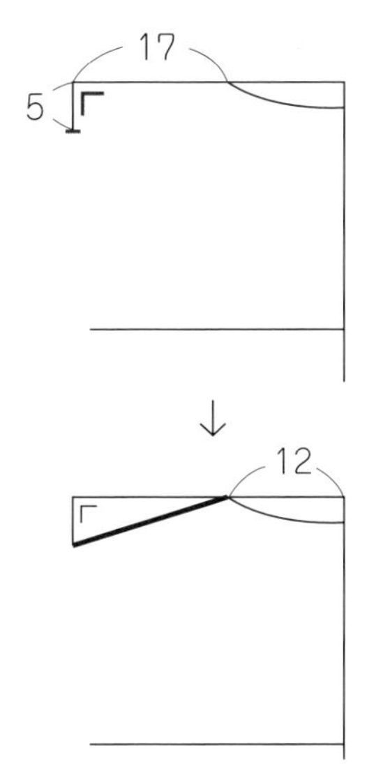

17
5
12

肩線端から直角に下げた5cmを引き、5cm下とえりぐり角の12cmを結ぶ。

えりの製図

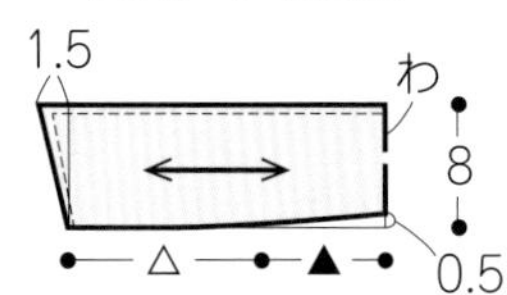

1.5
わ
8
△
▲
0.5

★ えりの製図は、囲み製図で引いた▲の後ろえりぐり寸法と後ろ身頃と同じように製図して出た前えりぐり寸法をプラスした寸法がえりつけ寸法になる。

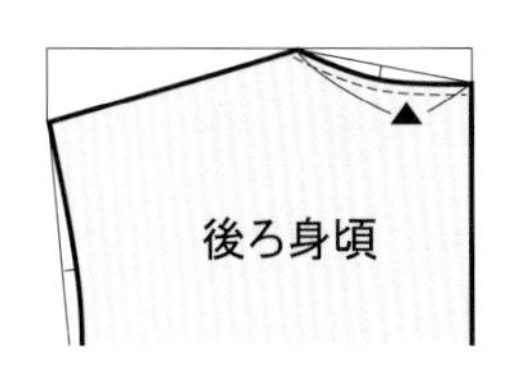

▲
後ろ身頃

製図内の△▲や○●の記号について

上記のえりの製図内にあるような記号は、同寸法の合い印に使われます。製図を引く上で割り出た寸法を測り、それと同じ寸法を入れるという意味に使われます。

❺裾線と脇線を引く

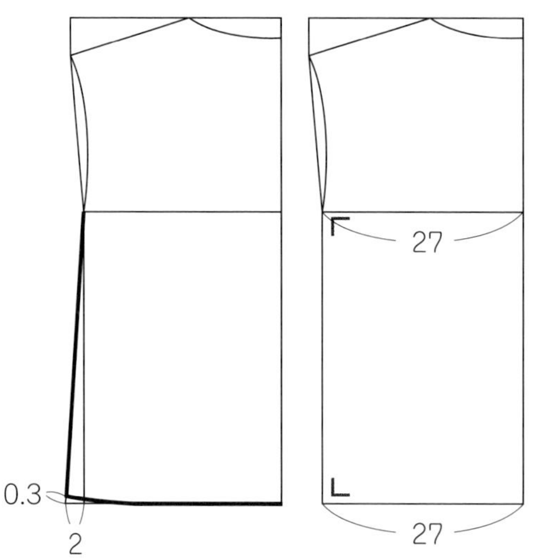

27
0.3
2
27

裾の案内線の端から直角に2cm横に伸ばした線から0.3cm上げた位置と胸回り線を結ぶ。

❹袖ぐりを引く

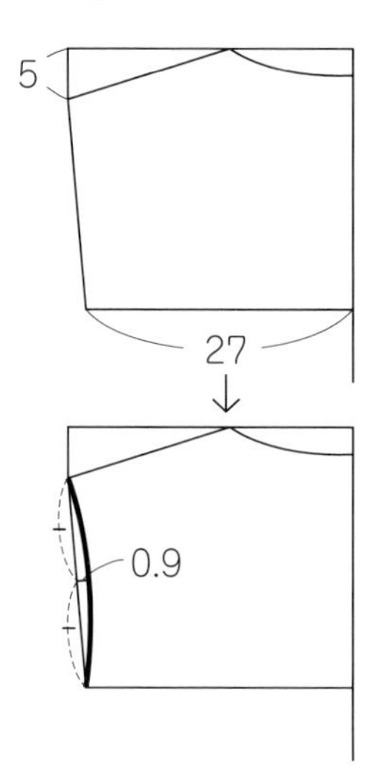

5
27
0.9

肩線の5cm下と胸回り線の端を結ぶ。その線を二分割した中央から内側に0.9cm直角に取り、0.9cmを通るようにカーブ尺を使って自然なカーブ線を引く。

型紙を切り開く・たたむ・変更線を入れる

身頃

〈たたんで小さくする〉

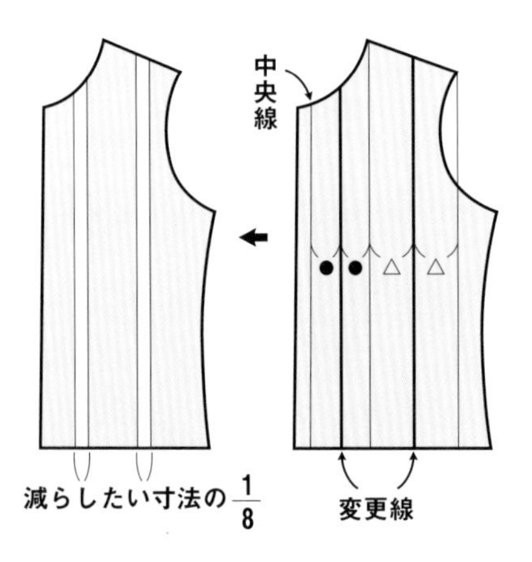

中央線
● ● △ △
減らしたい寸法の1/8
変更線

〈切り開いて大きくする〉

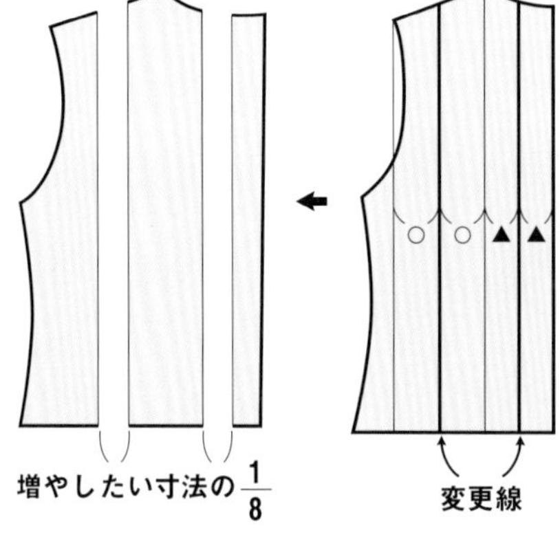

○ ○ ▲ ▲
増やしたい寸法の1/8
変更線

えり ← 減らしたい寸法の$\frac{1}{8}$×2

えり → 増やしたい寸法の$\frac{1}{8}$×2

切り開いてサイズを大きくしたい場合は、増やしたい寸法を8等分にし、その寸法を切り開く2本の変更線の間に加えて、えりぐり、肩、裾の型紙線をつながりよく引き直します。前身頃も同じ。えりぐり寸法が増えたので、えりの後ろ中央で8等分した寸法×2の寸法を加えて、引き直します。たたんでサイズを小さくしたい場合は同じ要領で、減らした寸法分をたたみます。

パターンのサイズのかえ方

本書に掲載の作品のサイズは、ゆとり分の多いものはM・Lサイズのワンサイズ。ゆとり分の少ない作品については一部S・M・Lサイズで展開していますが、表示の案内製図が基準になります。作品の案内製図パターンが自分サイズに合うかどうかの確認は、胸回り寸法が基準になります。作品の案内製図パターンを自分サイズに変更する場合は、このパターンのサイズの変え方を参考に変更してください。

パンツ

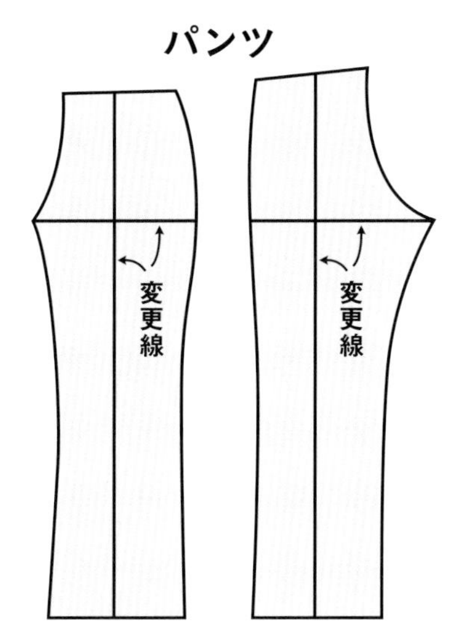

変更線
変更線

大きくしたい場合は、パンツ中央線で切り開き、増やしたい寸法を4等分にし、その寸法分を前・後ろパンツに加えます。増やしたい寸法分が大きいときは、股上寸法もヒップ線で切り開きます。サイズを小さくしたい場合は、同じ要領で、たたみます。

〈たたんで小さくする〉〈切り開いて大きくする〉

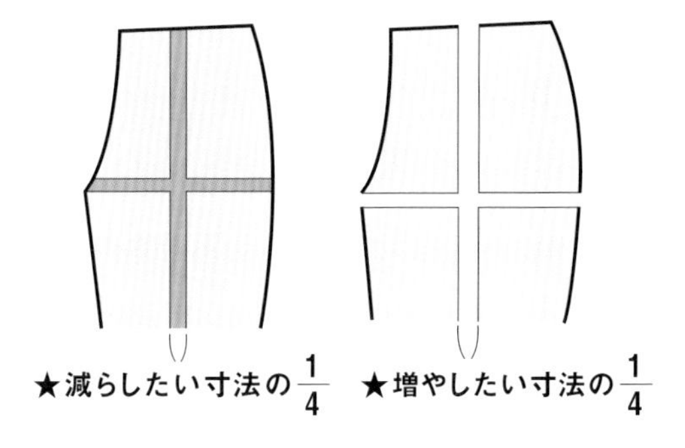

★減らしたい寸法の$\frac{1}{4}$　★増やしたい寸法の$\frac{1}{4}$

布目線について

製図内に表示の矢印は、布地の布目線を表示しています。型紙の矢印の方向に合わせて布地を裁断することが大切です。

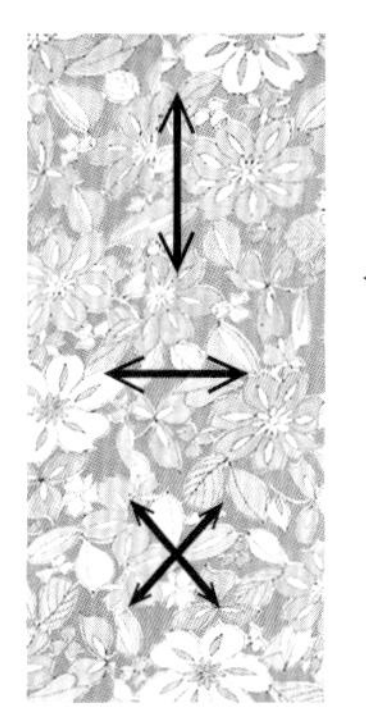

↕ = **たて地**（布地のたて糸の方向に矢印を合わせる。伸びにくい）

↔ = **よこ地**（布地のよこ糸の方向に合わせる。やや伸びる）

╳ = **バイヤス地**（バイヤスは斜め方向のこと。たて地に対して45度の角度が正バイヤス。最も伸びやすい）

袖

〈袖幅を広げる〉

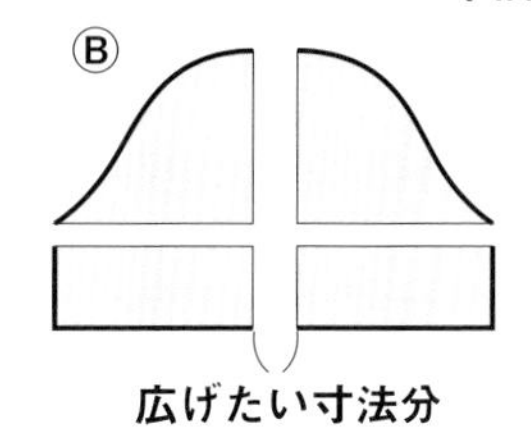

Ⓑ

広げたい寸法分

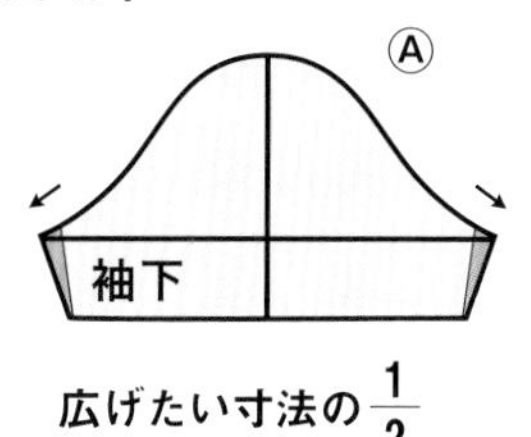

Ⓐ
袖下

広げたい寸法の$\frac{1}{2}$

身頃

袖幅を少し広げる場合は、Ⓐ広げたい寸法分を2等分し、袖下の両端に加えます。袖ぐり寸法が変わるので身頃の袖ぐりも、脇の袖下位置を下げて、袖ぐり寸法を合わせます。袖幅をかなり広げる場合は、Ⓑ変更線を入れて切り開きます。袖幅をせまくしたい場合は、同じ要領で、たたみます。

スカート

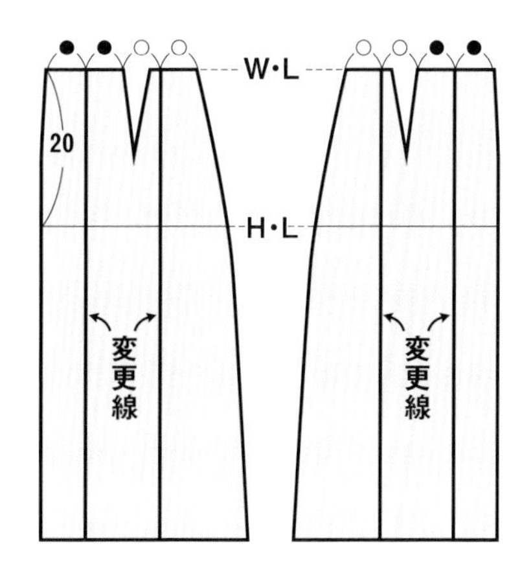

W・L
20
H・L
変更線
変更線

型紙にヒップラインと変更線を入れ、切り開いて大きくしたい場合は、増やしたい寸法を8等分にし、その寸法分を2本の変更線の間に加えます。減らしたい場合は、同じ要領でたたみます。増やしたい寸法が少しなら、脇で出すだけでもよいでしょう。

〈切り開いて大きくする〉〈たたんで小さくする〉

★増やしたい寸法の$\frac{1}{8}$　★減らしたい寸法の$\frac{1}{8}$

●ヒップは大きくしても、ウエストは、それほど大きくしたくない場合

いせる
またはカットする

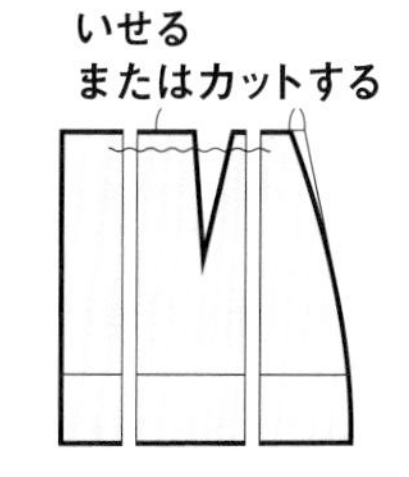

余分がウエスト回りで2cm弱なら、いせ込み、2cm以上なら、その分をウエスト脇でカット。またはダーツを1本増やします。

※いせる・いせ込み（細かくぐし縫いして縫いちぢめる）

デザイン	柿沼みさと
撮　影	武内俊明・本間伸彦（プロセス）
モデル	伽奈・寺田 椿・ナオ
ヘア＆メーク	高松由佳
スタイリスト	荻津えみこ
編集制作	荷見弘子
編集協力	株式会社シーオーツー　木戸紀子
編集担当	ナツメ出版企画株式会社　田丸智子

〈撮影協力〉

アトリエブルージュ ☎03-5354-7658
東京都渋谷区代々木 1-59-1　オーハシビル新館 3F

ATRENA ☎0120-554-810
東京都中央区東日本橋 1-4-6　東日本橋 1丁目ビル 4F

アビステ ☎03-3401-7124
東京都港区南青山 3-18-17　エイジービル

AREZZO www.arezzo-kobe.jp/

IKUKO ☎03-5467-3098
東京都港区南青山 5-6-14-1F

UNO ☎03-6427-9981
東京都板橋区南町 50-3　サンプレシャス 1F

ダイアナ銀座本店 ☎03-3573-4005
東京都中央区銀座 6-9-6 https://www.dianashoes.com

ダブルエー ☎0120-575-393
東京都渋谷区恵比寿 1-20-18 6F

NUOVO ☎03-3476-5629
東京都渋谷区道玄坂 1-12-1　マークシティウエスト 19F

FERAL FLAIR ☎03-5775-6537
東京都渋谷区千駄ヶ谷 2-34-8　テラス外苑 303

フィン ☎03-5651-7550
東京都中央区日本橋横山町 5-2　ホリーズ日本橋ビル 6F

Blondoll 新丸の内ビル店　TEL：03-3287-1230
東京都千代田区丸の内 1-5-1　新丸の内ビルディング 3F

マーク アンド プラス ☎03-3406-6662
東京都渋谷区神宮前 5-45-3　CASA 中澤 1F

マミアン カスタマーサポート ☎078-691-9066
兵庫県神戸市長田区細田町 2-2-11

motomi.m　http://www.motomi-m.jp/

※一部、『かんたんソーイング』『今、着たい服に作り直す きものリメイク』の資料を使用しています

はじめてでも失敗(しっぱい)しない
素敵(すてき)に作(つく)れる着物(きもの)リメイク

2021年3月8日　初版発行
2022年3月10日　第3刷発行

発行者　田村正隆

発行所　株式会社ナツメ社
東京都千代田区神田神保町 1-52　ナツメ社ビル 1F（〒101-0051）
電話　03-3291-1257（代表）　FAX　03-3291-5761
振替　00130-1-58661

制　作　ナツメ出版企画株式会社
東京都千代田区神田神保町 1-52　ナツメ社ビル 3F（〒101-0051）
電話　03-3295-3921（代表）

印刷所　図書印刷株式会社

ISBN978-4-8163-6959-9　Printed in Japan